ELOGIOS PARA
CULTURA Y CASH

"Como una latina First-Gen que ha logrado romper ciclos generacionales, una de las relaciones que más necesitaba mejorar era mi relación con el dinero. En este libro, Gigi ofrece una perspectiva muy necesaria sobre cómo comenzar y mantener la riqueza generacional, considerando las implicaciones culturales que a menudo no se abordan en la educación financiera convencional".

—**Katya Echazarreta,** activista y primera mexicana en el espacio

"*Cultura y Cash* presenta una transformación significativa para las latinas First-Gen como yo. Es como tener una amiga cercana que te acompaña y te ayuda a navegar por el mundo de las finanzas con sensibilidad cultural. Si deseas activar tu potencial financiero sin olvidar tu herencia latina, ¡este libro es esencial!"

—**Marivette Navarrete,** fundadora de The Mujerista

"La sabiduría, el carisma y el deseo genuino de ayudar a los demás de Giovanna se reflejan en cada página. Recomiendo de todo corazón *Cultura y Cash* a todas las personas, en especial a las latinas First-Gen, que quieren tomar el control de sus finanzas y construir un camino hacia la independencia económica, sintiéndose orgullosas de su cultura".

—**Jannese Torres,** experta en finanzas galardonada y conductora de Yo Quiero Dinero

"*Cultura y Cash* no es solo un libro; es un enfoque práctico e intuitivo para que puedas desaprender ideas que ya no te sirven y potenciar a la mujer exitosa que estás destinada a ser. Esta guía será tu amiga financiera más confiable, llevándote hacia la libertad económica y dejando un legado que te pertenezca por completo".

—**Vanessa Santos,** socia y co-CEO de #WeAllGrow Latina

"*Cultura y Cash* es una gran herramienta de apoyo para que nuestra comunidad entienda cómo la cultura influye en nuestra manera de pensar sobre el dinero y conozca maneras prácticas de transformar esa relación en algo más positivo y enriquecedor. ¡Un agradecimiento muy especial a Gigi por apoyar a las latinas en su camino hacia la construcción de riqueza!"

—**Patricia Mota,** presidenta y CEO de Hispanic Alliance for Career Enhancement, y cofundadora de SHENIX

"*Cultura y Cash* redefine las reglas para la juventud latina First-Gen, buscando transformar los ciclos de inseguridad financiera en libertad económica. El trauma financiero es una realidad profunda en la experiencia de las latinas First-Gen, y Gigi ha escrito un libro empoderador y directo que hacía falta en nuestra comunidad".

—**Alejandra Campoverdi,** autora del best-seller nacional *First Gen: A Memoir*

"¡Por fin! Un libro de finanzas que presenta una perspectiva realista sobre lo que se requiere para construir riqueza como latina First-Gen en Estados Unidos. *Cultura y Cash* no solo te acompaña en el camino, desde que comienzas con poco hasta que puedes garantizar por ti misma tu futuro financiero, sino que también comparte consejos para abordar conversaciones difíciles sobre el dinero con tu familia. Si buscas consejos financieros prácticos de una experta que no disfraza la realidad, ¡este libro es para ti!"

—**Janet Escobar,** autora de *The Latina Trailblazer: Inspiring Stories from Latinas who Overcame Adversity and Forged a New Path*

"*Cultura y Cash* va mucho más allá de los consejos tradicionales de finanzas personales, abordando temas exclusivos de la experiencia de las latinas First-Gen. Desde cómo eliminar deudas e invertir, hasta brindar apoyo financiero, establecer límites con nuestros seres queridos y ayudar a nuestros padres a planear su jubilación. Es un libro que transmite reflexión, honestidad y un toque refrescante. ¡Justo lo que nuestra comunidad necesita!"

—**Cindy Zúñiga-Sánchez,** autora, conferencista y fundadora de Zero-Based Budget Coaching LLC

"Gigi me entiende y entiende a nuestra comunidad. Este no es simplemente otro libro sobre cómo mejorar tus finanzas; es una invitación a transformar nuestra perspectiva y aprender a crear riqueza mientras honramos nuestros valores culturales".

—**Alejandra Aguirre,** propietaria y cofundadora de Cadena Collective

"Gigi se ha convertido en un referente en línea, ya que siempre comparte educación financiera —sin pelos en la lengua—, y este libro no se queda atrás. Es muy valioso que alguien hable de finanzas en un contexto cultural, en especial para la comunidad latina. En el libro, la autora aborda desafíos únicos que enfrentan las latinas First-Gen al administrar su dinero, además de ofrecer recomendaciones basadas en su experiencia y conocimientos. Es la mezcla perfecta de sabiduría académica y comprensión cultural que todos necesitamos".

—**Lyanne Alfaro,** presentadora del podcast Moneda Moves

CULTURA Y CASH

UN GUÍA PARA
ADMINISTRAR EL DINERO
Y LAS EXPECTATIVAS
DE NUESTRA CULTURA

GIOVANNA GONZÁLEZ

RIVER GROVE
BOOKS

Publicado por River Grove Books
Austin, TX
www.rivergrovebooks.com

Distribuido por River Grove Books

Diseño y composición realizados por Greenleaf Book Group
Diseño de portada realizado por Greenleaf Book Group
Ilustraciones por Alyssa Gonzalez

Datos de catalogación de la editorial

Paperback ISBN: 979-8-90052-085-8

eBook ISBN: 979-8-90052-086-5

Primera edición

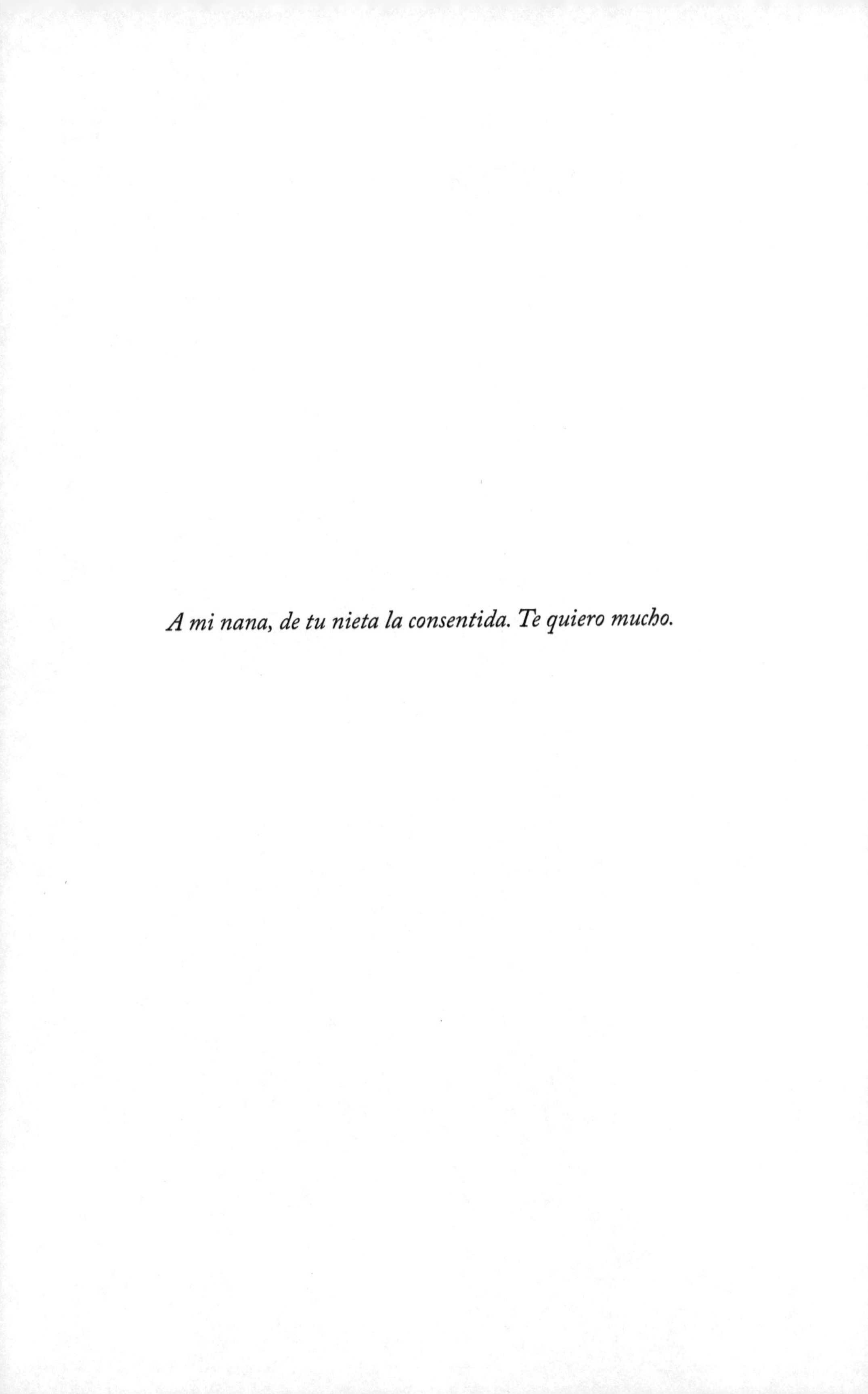

A mi nana, de tu nieta la consentida. Te quiero mucho.

CONTENIDO

PREFACIO

Felicito a Gigi por tomar las medidas necesarias para mejorar su base financiera y compartir sus conocimientos para ayudar a nuestra comunidad. Este libro no solo es importante, sino fundamental para cualquiera que comparta una cultura similar a la nuestra: quienes anhelamos un futuro próspero para nosotras y nuestras familias.

Como estadounidense con raíces mexicanas, yo también he enfrentado desafíos similares a los que estan citados en este libro. Gigi nos ha brindado una guía, que cualquiera persona comprometida a su bienestar financiero puede seguir. Sus experiencias sobre cómo equilibrar las expectativas familiares en torno al dinero y la estabilidad financiera son profundamente identificables, y su valentía para hacer las cosas de manera diferente es inspiradora. Estas enseñanzas tienen el poder de transformar no solo tu vida, sino también de ayudar a construir riqueza generacional en nuestras comunidades.

Los animo, especialmente a quienes consideran que las finanzas son complejas y abrumadoras, a dedicar tiempo a este libro. Honra los valores culturales de nuestra comunidad y, al mismo tiempo, honra el legado financiero que esperamos dejar. Aprenderás como hacer que el dinero "trabaje para ti". La educación financiera es posible y este libro es una herramienta para desarrollar ese potencial, basada en nuestras experiencias vividas.

Con agradecimiento,
—Ernestina Alonso
Directora, Fundación Chuck y Ernestina Kreutzkamp

BIENVENIDA A TU ETAPA DE MUJER RICA

El dinero me permite vivir una vida que amo.
Con dinero puedo disfrutar de una vida que me encanta.

"**Q**uisiera administrar mejor mi dinero, pero no sé ni por dónde comenzar".

"Sé que debo mejorar mis finanzas, pero el dinero me incomoda".

"No importa lo que haga con el dinero; siempre me va como en feria".

"Trabajo muy duro para ganar la lana, pero esta se desvanece en un instante".

Estos son tan solo algunos de los comentarios que suelo recibir de mis estudiantes que asisten a mis talleres de finanzas o de mis seguidores en las redes sociales. La mayoría de las personas que se expresan así sienten que el dinero es un monstruo que las intimida y que aprender a dominarlo es una tarea imposible. Si tú eres una de estas personas, no te preocupes, ¡no es tu culpa!

¡Nadie nos enseña esto!

Nadie nos enseña a administrar el dinero. No lo aprendemos en la escuela y, si al igual que yo creciste en una familia de inmigrantes en los Estados Unidos, lo más seguro es que tampoco lo aprendiste en casa.

Para colmo, los consejos de finanzas que encuentras por ahí seguramente son obsoletos y no se adaptan a tus necesidades. "Prepara tu café en la casa en vez de gastar tu dinero en Starbucks, ¡y verás cómo ahorras!" o "Consigue un trabajito de medio tiempo mientras estudias, para que no termines la universidad con deudas". Pero ¿en qué planeta es posible esto? Definitivamente no funciona en "la Tierra", ¡y mucho menos en estos tiempos!

El conocimiento y la experiencia financiera están enredados en un laberinto de lenguaje confuso: conceptos, fórmulas, acrónimos y cálculos. Educarse en el manejo del dinero como principiante puede ser abrumador, especialmente si se desconocen los términos, y puede hacerte sentir tan diminuto como una pulga, incapaz de saltar lo suficiente como para mejorar tu situación. La mayoría de los consejos que recibes vienen cargados de acusaciones y tácticas para hacerte sentir culpable por lo que "no hiciste bien" o "debiste saber antes de hacerlo".

Resulta fácil sentir que administrar el dinero no es para ti y que solo "las personas blancas" pueden dominarlo". Es muy difícil que puedas sentirte cómoda aprendiendo en un ambiente en el que predominan las voces masculinas impregnadas de privilegio gringo. Pero ¿qué sentido tiene escuchar a un hombre blanco de mediana edad hablar sobre necesidades y aspiraciones específicas de mi origen y cultura? ¿Qué puede saber él sobre mis conflictos y preocupaciones como First-Gen* latina?

¡Ah, pues, con razón nunca has aprendido!

Por si no has escuchado el término "First-Gen"

Antes de continuar, considero apropiado explicar a qué —o mejor dicho a quiénes— nos referiremos en adelante como "First-Gen". Es un término que encontrarás a lo largo de estas páginas, ya que define en pocas letras a la comunidad con la cual me identifico y por la que puedo hablar desde mis experiencias.

Se refiere a la primera generación de una familia que haya nacido o sido criada en los Estados Unidos. Personas que, desde que nacen o desde muy pequeñas, son educadas en el sistema escolar americano y han ido forjando su personalidad como parte de una sociedad muy diferente a la de sus generaciones previas (padres, abuelos, tíos, incluso hermanos mayores), al tiempo que navegan en el entorno cultural de su país de origen, el cual está muy presente en sus hogares.

Si acudimos a la traducción literal, nos encontramos con "primera generación". Sin embargo, ya que no es un término utilizado en nuestros países, para simplificar la frase y sentirnos más en confianza, vamos a apostarle con todo al Spanglish y continuar refiriéndonos a esta audiencia (tú, yo, ¡nosotras!) como First-Gen.

Continuemos, porque el dinero <u>sí importa</u>

Así es, el dinero es importante y nos afecta a todos. Comprender cómo usarlo de forma efectiva es una habilidad clave, ya que influye directamente en nuestras necesidades básicas, como la vivienda, la alimentación y el nivel de acceso a un buen seguro de salud. Contar con dinero te permite sostener y brindar apoyo a tu familia. El dinero te abre la posibilidad de ganar experiencias que enriquecerán tu vida y adquirir las cosas que alegran tu corazón. El dinero conlleva serenidad financiera y protege tu salud mental en momentos de dificultad. El dinero te ofrece opciones y la posibilidad de vivir la vida que mereces. Por todo esto y más, voy a enseñarte cómo funciona.

Mi trayecto desde la quiebra hasta convertirme en experta en finanzas

Como latina influyente y educadora financiera, transformo conceptos complicados en ideas fáciles de entender. Como oradora, he impartido lecciones sobre presupuestos, crecimiento crediticio e inversiones para grupos de recursos humanos, empleados, fundaciones y miles de estudiantes en varios colegios y universidades. Como creadora de contenido, produzco videos educativos en los que explico conceptos básicos como cómo abrir una cuenta de jubilación (conocida en inglés como Roth IRA) o cómo saldar las deudas estudiantiles, los cuales están disponibles en línea para mi comunidad de más de 225.000 seguidores. Me fascina hablar de todos los temas relacionados con el dinero, especialmente con latinas First-Gen y mujeres de color.

Aunque hoy en día soy considerada una experta en el tema, mi camino comenzó tal como el tuyo: en la quiebra, confundida y sin la menor idea de por dónde empezar. Cuando me sentí lista para aprender, acudí a los libros. ¡No dudaba en devorar cuanto libro pasaba por mis manos! Leí más de cincuenta, entre los que compraba, los que me prestaban los amigos o los que conseguía en la biblioteca. Me sentía como la protagonista de La Bella y la Bestia, leyendo los mismos libros una y otra vez, solo por diversión.

Clásicos como Padre rico, padre pobre (Rich Dad, Poor Dad) y El millonario automático (The Automatic Millionaire). Leí a expertos financieros como Suze Orman y David Bach. De estos libros aprendí todo lo fundamental, como presupuestar, saldar deudas y comenzar a invertir. Aprendí todo lo que no sabía al comienzo de mi jornada.

Después de leer estos libros, finalmente entendí el significado de todos estos acrónimos y términos financieros, como la tasa anual de interés (APR) y la calificación crediticia (FICO). Sentí que por fin había descifrado la clave y aprendido un nuevo lenguaje: el del dinero.

Un giro ocurrió dentro de mí. En lugar de escapar y querer desaparecer cuando se mencionaba algo relacionado con el dinero, comencé a participar en la conversación con argumentos y preguntas para ampliar aún más mis conocimientos. El dinero ya no me parecía un monstruo aterrador. Ahora lo percibía como algo que estaba a mi alcance y a mi disposición. Sentí que ya tenía los conocimientos y las herramientas necesarios para manejar mis finanzas y comenzar a mover mi dinero de manera inteligente. Estaba ansiosa por dejar atrás los días de sentirme atropellada por mis propios esfuerzos y transformar mi situación económica en algo positivo.

Cuando dos culturas del dinero chocan

Sin embargo, lo que ocurrió posteriormente fue un completo choque cultural con mi familia. En ninguno de los textos que leí se mencionaba cómo navegar las expectativas financieras y culturales de una familia inmigrante. Como nunca tuve una guía ni experiencia previa, me lancé de lleno a seguir los consejos de los libros, como por ejemplo: "No prestes dinero a tu familia o amigos. ¡No eres un banco!" o "Para optimizar al máximo tu presupuesto, ¡debes dejar de comer en restaurantes!". Todos estos libros me enseñaron que la única manera de mejorar mi situación económica era dar prioridad a mis propias metas financieras por encima de todo lo demás.

Con frecuencia, el panorama era el siguiente: cuando mi familia proponía salir a comer en un restaurante caro y que yo pagara toda la cuenta, yo respondía: "No puedo; en este momento estoy ahorrando y mi presupuesto no alcanza para ir a lugares costosos". O, al recibir la llamada de un familiar pidiéndome pagar con mi tarjeta de crédito por un gasto médico inesperado, les decía: "No puedo comprometerme con esa deuda en mi tarjeta de crédito porque no tengo el dinero para pagarla". Otras veces, el remordimiento por no ser "más generosa" era tanta que terminaba aceptando por complacer a mi familia. Pero hacerlo significaba que mi presupuesto se saldría de control, lo cual retrocedería el camino hacia mis metas y me causaría una gran frustración.

Nada me hubiera preparado para la ola de críticas y reacciones negativas por parte de mi familia. Me llamaron egoísta, malagradecida, tacaña e "insensible con mis raíces y cultura" por negarme a ayudar a mi familia cuando se necesitaba. Esto, además de ser muy doloroso, me tomó por sorpresa. ¿Por qué estaban siendo tan duros conmigo? Lo único que intentaba era convertirme en una mujer adulta responsable y económicamente independiente. ¿No se daban cuenta? ¿No deseaban que tomara mejores decisiones en pro de mis finanzas? Siempre quise ser una buena hija, una buena nieta y gozar de estabilidad económica. ¿Acaso no se puede aspirar a ser las tres cosas?

Esos libros no fueron escritos para nosotras

Eventualmente me di cuenta de que estaba perdiendo mi lucha con el dinero y mi familia porque los consejos que estaba practicando provenían de libros de autores gringos, escritos desde el punto de vista y el comportamiento individualistas de los Estados Unidos. Los valores de la sociedad estadounidense se enfocan en que seas independiente, autosuficiente y capaz de abrirte camino por tus propios medios.

Quiere decir que, si llegas a encontrarte en apuros financieros, debes salir de ellos por tu cuenta y sin mendigar o pedir ayuda a otros. El individualismo estadounidense incita a poner tus necesidades por encima de las de los demás. Con el pensamiento de que cada uno es responsable de su propia situación económica. Cada hombre y cada mujer por sí mismos.

Esto no podía estar más alejado de las expectativas y de lo que era tradicionalmente aceptado en mi hogar. Como familia mexicana, nuestras raíces se inclinan hacia las de una sociedad colectiva, en la cual es un orgullo contar con el apoyo de la comunidad en momentos de necesidad económica.

El dinero es colectivo y está para servirnos a todos. A nadie le da vergüenza pedir dinero prestado. De hecho, este acto reconoce cuán apreciado eres en tu familia y comunidad. Quiere decir que estas personas te quieren y confían tanto en ti que están dispuestas a darte un préstamo u obsequiarte el dinero que han ganado gracias a sus esfuerzos, para demostrártelo. ¡No tienen reparo incluso en endeudarse por ti! Es una medalla que, como sociedad, se luce con orgullo. Como individuo, se espera que pongas tus necesidades en segundo plano y que hagas lo que es mejor para tu comunidad. Aun si esto no te favorece. Las necesidades colectivas siempre serán más importantes que las tuyas.

Me estaba ahogando ¡y con razón! Estaba navegando entre dos mares culturales completamente distintos. Un ejemplo más de por qué los consejos o libros más aclamados no se ajustan a todas las realidades.

Los libros que leí me dejaron a medias. ¿Cómo era posible que hubiera leído tantos y ninguno ofreciera una guía sobre cómo manejar mis finanzas en un entorno de familia tradicional inmigrante?

¿Por qué insistían en que el camino hacia el dinero es uno solo y que manejar tu economía solo se podía lograr de una manera? ¿Por qué ninguno de esos escritores pudo enseñarme cómo incluir en mi presupuesto el apoyo a mi familia, establecer límites financieros o ayudarme a planificar la jubilación de mis padres? Todos estos aspectos son importantes y afectan a nuestra comunidad. El no saberlo puede hacerte sentir vulnerable y poco precavida.

¿Por qué escribí este libro?

La verdad es sencilla: autores como Dave Ramsey o Tony Robbins no han experimentado lo que nosotras sí. Primero, ¡son gringos! Por eso, no saben qué significa vivir en nuestros hogares ni caminar en nuestros zapatos. No han tenido que "hacer una coperacha" para la fiesta de quinceañera de tu prima lejana, cuando apenas te alcanza el dinero para tu propia renta. Nadie los ha llamado para ser codeudores en el contrato de leasing del auto para tu tío, que acaba de llegar a Estados Unidos y no tiene crédito. Estos autores no han pasado por esas situaciones; por eso no pueden escribir sobre ellas. No conocen la complejidad de nuestras raíces y tradiciones y por eso no están en posición de enseñarnos, como latinas biculturales, a manejar nuestras finanzas.

La experiencia de las mujeres First-Gen latinas es diferente y por eso escribí *Cultura y Cash*. Este libro navega y te guía a través de las dificultades, la presión y el estrés de estas experiencias provenientes del choque de culturas que yo conozco muy bien, ¡porque las he vivido!

Nos hemos lanzado a merced de nuestra suerte a manejar el dinero y las deudas, con poca o ninguna educación financiera. Sentimos la presión de sobresalir y de hacer que nuestra familia se sienta orgullosa. ¡No es nuestra costumbre llegar a la adultez y de inmediato olvidarnos de los demás! Nuestras familias son importantes y queremos compartir con ellas nuestro éxito financiero. Deseamos apoyar a nuestros padres, hermanos y cualquier otro familiar que se haya unido para ayudarnos a llegar a donde estamos hoy.

Para muchas de nosotras, ayudar económicamente es la forma en que mostramos respeto y agradecimiento a quienes nos dieron tanto. Pero hacer todo esto, al tiempo que lidiamos con una deuda estudiantil y sin otro ingreso o estabilidad financiera, no es fácil. No contamos con un plan preestablecido o un mapa que "alguien más diseñó" para facilitarnos la vida. Queremos apoyar con dinero a quienes amamos sin olvidarnos de nosotras mismas. Por eso, necesitamos un libro que enfrente los desafíos únicos que influyen en nuestra comunidad.

Un libro sobre finanzas creado por y para *First-Gen*

No solo he vivido estas dificultades, sino que, además, me hace feliz compartir cómo logré superarlas. Después de acumular años de experiencia, finalmente puedo decir que encontré el equilibrio entre ambas culturas, que no solo me permite construir un futuro próspero para mí y las generaciones venideras, sino también honrar mi pasado y ofrecer apoyo a mi familia.

Mi filosofía consiste en escoger lo mejor de ambos mundos. Aprovechar las ventajas de la cultura económica de los Estados Unidos sin perder de vista las enseñanzas de mis padres inmigrantes. Estar expuesta y ser testigo de las dos formas de hacer las cosas es la clave del equilibrio y la mejor parte de ser una latina de primera generación.

Ahora estoy en condiciones de ofrecer apoyo financiero a mi familia sin descarrilar mi presupuesto ni comprometer mis valores. Esto también implica decir "no" o "en este momento no puedo". Hoy puedo ofrecer dinero a mi familia sin temor, culpabilidad o por obligación, sino más bien con orgullo y agradecimiento hacia quienes me levantaron y educaron desde niña. ¡No existe mayor satisfacción!

¿Este libro es exclusivo para *First-Gen* latinas?

En caso de que no fuera evidente, *Cultura y Cash* fue escrito sin pelos en la lengua para la comunidad de mujeres latinas, primera generación de inmigrantes, es decir, mi comunidad First-Gen. Son ellas a quienes busco alcanzar e impactar con mis enseñanzas. Mi propósito es que este libro abra un camino para que las mujeres latinas conectemos con nuestras experiencias y las mejoremos para todas nosotras y las futuras generaciones.

Por tratarse de una audiencia tan específica, encontrarán a lo largo de estas páginas un poco de "Spanglish", combinado con frases y dichos que evocan nuestra cultura. Si te identificas con este lenguaje de orgullo latine, ¡este libro es para ti!

Cultura y Cash es el libro que me hubiera gustado tener entre manos cuando apenas comenzaba a navegar en el intimidante océano de los temas financieros. Sin embargo, no se trata de beneficiar a un grupo limitado de mujeres. Pienso que muchas más personas encontrarán en estas páginas conceptos y información valiosos que les servirán de guía.

Quizá tú no te identifiques como First-Gen ni como Primera Generación. Tal vez te reconozcas como inmigrante en los Estados Unidos porque eres la primera persona de tu familia en mudarte y comenzar una nueva vida en este país. Si ese es tu caso, quiero que sepas que también te admiro y te apoyo en tu camino hacia el éxito.

Como inmigrante, probablemente ya notaste que en los Estados Unidos se maneja un sistema financiero propio y muy distinto al que se utiliza en tu país de origen. Este libro tiene como objetivo orientarte para que puedas navegar con éxito por el sistema del país que ahora es tu nuevo hogar.

Sobre la organización de este libro

Luego de plantear las razones por las que este libro es necesario para nuestra comunidad First-Gen, hablemos sobre la organización del contenido y lo que podrás aprender.

En el capítulo 1, "Un punto de partida diferente", analizaremos cómo la experiencia financiera de una latina First-Gen difiere de la de la mayoría de los estadounidenses. Ser la primera de mi familia en obtener un título universitario me proporcionó una falsa sensación de seguridad. Me equivoqué al creer que, al obtener la licenciatura, estaría al mismo nivel que los demás.

Aunque obtener un título universitario me abrió puertas a las que mi familia antes no tenía acceso, también me mostró que mi camino hacia la prosperidad financiera era distinto al de otros. Si hubiera sabido que estas diferencias existían, habría sido mucho más proactiva. Espero que este primer capítulo te ayude a que tú sí puedas serlo. Exploraremos esos contrastes y cómo el privilegio y el tener raíces inmigrantes influyen en ellos, siguiendo el recorrido del dinero de tres personajes: Patty Privilegio, Dani Del Medio y Gina First-Gen.

En el capítulo 2, "Cómo nuestra cultura afecta nuestra experiencia económica", exploraremos las barreras sistémicas, las diferencias culturales, la mentalidad y los hábitos financieros de los inmigrantes que pueden presentar grandes desafíos en tu camino. Descubrirás cómo nuestra familia y cultura influyen en nuestra experiencia económica, y compartiré contigo mi método de dos pasos para establecer límites en nuestra economía personal. Voy a ser sincera: es posible que el capítulo dos sea difícil de afrontar. Para mí fue difícil escribirlo. Contiene temas tabúes que no encontrarás en ningún otro libro de finanzas.

Por experiencia propia, puedo decirte lo poderoso que puede ser tomar conciencia y reconocer algunas de estas creencias y comportamientos que limitan la capacidad financiera de nuestra comunidad. Si me sigues en las redes sociales, te resultarán familiares mi discurso y mi estilo de "decir las cosas como son", que sé que aprecias y valoras. Esa misma autenticidad se aplica a esta sección del libro.

Cuando llegues a ese capítulo, quiero que recuerdes que no estás sola. Muchos de los desafíos económicos que enfrentarás o estás enfrentando actualmente forman parte de la experiencia colectiva de la comunidad First-Gen, y así como los abordaremos, también los superaremos juntas.

Los dos primeros capítulos están enfocados en las barreras únicas que enfrenta la comunidad First-Gen en su camino financiero. Este es un elemento clave que hace que *Cultura y Cash* se distinga de otros libros sobre dinero. Si sientes la tentación de saltarte estos capítulos, ¡por favor, no lo hagas! Estarás mejor preparada para manejar tus finanzas una vez que comprendas la realidad de lo que estamos enfrentando.

Desde el capítulo 3 hasta el 7, encontrarás secciones dedicadas a explicarte el "cómo hacer" y el "cómo funciona". Es como una guía práctica para el manejo del dinero, diseñada para que puedas empezar a tomar acciones desde el principio. En lugar de sumergirte de golpe en temas complejos como el "Roth IRA" o las estrategias para pagar todas tus deudas, cada capítulo comienza con pequeñas anécdotas personales. Estas historias muestran cómo el dinero ha impactado mi vida, ya sea de manera positiva o negativa, desde que soy adulta. Es una forma simple y ligera de aprender sobre finanzas, ¡mientras compartimos algunos secretos y chismes!

En uno de los capítulos, te contaré cómo, a cuenta del dinero, me mantuve atrapada en un trabajo tóxico que dañó mi salud. En otro, descubrirás cómo el dinero me dio la confianza y valentía para dejar una carrera exitosa y abrirme camino como emprendedora. ¿Alguna vez te has preguntado cómo el dinero puede frenarte en una situación y ayudarte en otra? Verás, el dinero es neutral; solo es una herramienta. Como un cuchillo, que puede usarse para dañar o para preparar con amor una comida nutritiva para alguien que quieres. La diferencia (y el resultado) está en cómo lo utilizamos.

Cuando logras comprender el impacto que el dinero ha tenido en la vida de otras personas, esa idea se convierte en algo relevante y de gran importancia para ti. El "cómo funciona el dinero" deja de ser solo un concepto abstracto que piensas aprender "algún día", "cuando tengas más tiempo" o "cuando ganes más", para convertirse en una prioridad que te motiva a aprender con entusiasmo, a replicar el éxito y a evitar cometer los mismos errores que otros han cometido. Por eso, comparto mis experiencias de vida, tanto las buenas como las malas. Con estas lecciones reales sobre el dinero, encontrarás la motivación que necesitas para aprender a administrar tus finanzas de manera efectiva.

Los cinco de la primera generación o *"The First-Gen Five"*

En los capítulos a continuación, el contenido se centrará en mi marco de referencia, los Cinco de la Primera Generación. The First-Gen

Five están conformados por cinco pilares: fondos de emergencia, presupuesto, deuda, crédito e inversión. ¡No te preocupes! Desglosaré estos conceptos financieros en términos sencillos para ayudarte a aprender y sentirte más en confianza con el dinero.

Hay muchos temas que cubrir en las finanzas personales, como la propiedad de vivienda, fideicomisos y testamentos, seguros, criptomonedas y mucho más. Todo el ruido de fondo puede hacer que las finanzas personales parezcan abrumadoras, especialmente cuando eres principiante y no aprendiste mucho sobre el dinero en casa. Lo más probable es que te sientas intimidada por toda la información, te hagas pato y decidas evadir por completo tus finanzas. Pero eso no te va a ayudar.

Este libro fue creado para motivarte a tomar acción. Por eso, creé mis First-Gen Five. Se trata de cinco áreas que he identificado como las más relevantes para las latinas de primera generación de inmigrantes, que apenas comienzan su camino financiero en los Estados Unidos. Gracias a estas enseñanzas, podrás crear una base sólida sobre la cual construir tu economía, ya que cubren tus finanzas desde el pasado, en tu presente y en tu futuro. Puedes trabajar en los cinco pilares simultáneamente y tener la certeza de que estás adoptando un enfoque integral para mejorar tus finanzas.

Una mirada rápida a los capítulos del 3 al 7

El capítulo 3, "Fondo de emergencia: el bote salvavidas cuando te va como en feria", tratará sobre cómo preparar un colchón para proteger tu paz mental en caso de una caída inesperada.

El capítulo 4, "Presupuestar es tu BFF", hablará de cómo crear un plan de gastos alcanzable y, a la vez, emocionante, para que no te cueste trabajo seguirlo.

El capítulo 5, "La deuda debe incomodarte", te enseñará a

librarte de las deudas para canalizar ese dinero hacia lo que realmente importa y te apasiona.

El capítulo 6, "Construye tu crédito y muéstrales a las tarjetas quién es la jefa", te demostrará cómo mejorar tu calificación crediticia puede ahorrarte dinero y brindarte más oportunidades cuando las necesitas.

Y el capítulo 7, "Invertir no es solo para los gringos corbatudos", te enseñará los principios básicos del mundo de las inversiones, para que no tengas que trabajar hasta el día en que te mueras.

Al final de cada capítulo, abriré espacios para conversar y reflexionar juntas sobre cómo puedes navegar en estas cinco áreas de las finanzas personales, manejando las expectativas de tu familia y cultura. Esto incluye desde cómo gestionar préstamos de dinero a familiares extendidos hasta apoyar a tu hermano menor en la construcción de su crédito o en inversiones para la jubilación de tus padres.

El capítulo final estará dedicado a resumir los puntos clave de *Cultura y Cash* y te ofrecerá consejos útiles para seguir mejorando tu camino financiero más allá de este libro.

El poder de las afirmaciones y el dinero

Un tema importante de este libro es mejorar tu mentalidad y postura con respecto al dinero. Tu mentalidad financiera se adhiere a lo que tú sientes, piensas y crees acerca del dinero. Esa relación inevitablemente controla la forma en que actúas, te comportas y gastas, y todo eso afecta tu capacidad para alcanzar tus metas económicas. Para mejorar tus finanzas, necesitas tener una mentalidad positiva con respecto al dinero. Es como la clásica analogía de "¿ves el vaso medio lleno o medio vacío?". Cuando se trata de dinero (¡y de la mayoría de las cosas en la vida!), es importante entrenar tu mente para ver el vaso medio lleno. Puedes acceder a la mejor educación financiera disponible, pero si no tienes la mentalidad adecuada, tus resultados serán insatisfactorios. ¡Tanto nadar para morir en la orilla!

Notarás que cada capítulo comienza con una afirmación sobre el dinero. Si ya practicas afirmaciones en tu vida diaria, ¡te vas a enganchar de una! Y no necesito explicarte nada. Pero si eres nuevo en esto, quizás te confunda verlas incluidas en un libro de finanzas. ¿Qué tienen que ver las afirmaciones con el dinero?

Recuerdo que cuando aprendí por primera vez sobre las afirmaciones, mi mirada de reojo era intensa y me parecían tan ridículas. "¿Mmm, a ver . . . se supone que debo decir en voz alta cosas que quiero que sucedan . . . y algún día se volverán mágicamente realidad?" Ay, sí, "como no".

Ya sé que suena medio loco, ¡pero te prometo que funcionan! La ciencia ha demostrado que la práctica regular de afirmaciones puede cambiar nuestras conexiones neuronales y modificar la forma en que pensamos y sentimos. Al principio, pueden parecer poco naturales. Pero, como con cualquier otra cosa, mientras más las practiques, más fáciles serán. ¡NO TE LAS SALTES! Léelas en voz alta al inicio de cada capítulo y ponle corazón a lo que estás diciendo. Visualiza tus palabras y recibe lo que estás afirmando. ¡Es tuyo para reclamar!

Cuanto más practiques las afirmaciones, más fácil será permitir que lo bueno entre en tu vida. No podemos recibir abundancia si estamos resistiéndonos a ella constantemente, incluso si es de manera subconsciente. Con el tiempo, estas afirmaciones empezarán a influir positivamente en tu mentalidad respecto al dinero.

En lo personal, yo aplico afirmaciones a mi rutina diaria para ayudarme a ver mi cuerpo de forma positiva, motivar mi crecimiento personal y dormir mejor. Son maravillosas. ¡Por favor, no las descartes hasta que no las pruebes!

Accede al *Kit de Recursos de Cultura y Cash*

Antes de seguir leyendo, visita culturaandcash.com para descargar gratuitamente el Kit de Recursos Cultura & Cash. Creé un kit digital para usarlo junto con este libro y está disponible para los lectores sin costo alguno. Encontrarás herramientas valiosas, como una lista de mis cuentas de ahorro de alto rendimiento para que ganes más dinero, una plantilla de presupuesto para seguir fácilmente tus ingresos y gastos, un cuaderno de trabajo editable para organizar y saldar tus deudas, una lista de mis entidades financieras preferidas para invertir tu dinero y comenzar a construir patrimonio, una lección en video sobre inversiones, un cuaderno digital para que realices todas las actividades del libro, descuentos exclusivos en mis recursos digitales y más.

Debido a que el mundo de las finanzas es muy cambiante, los bonos de inversión y las tasas de interés fluctúan constantemente, tener disponible este kit de recursos en forma digital me permite actualizar esta información para tu beneficio en tiempo real, incluso meses o años después de que leas este libro.

Lo que lograrás después de leer este libro

Imagina cómo se sentiría tener la seguridad financiera para vivir la vida con más audacia. Saber que el dinero no te controla ni te limita, sino que es una herramienta poderosa que usas a tu favor para diseñar una vida que amas. ¿Cómo te sentirías si tuvieras la capacidad financiera para MANDAR A VOLAR cualquier cosa o situación que no te sirva? Visualiza una vida en la que siempre tienes los recursos para hacer lo que más te beneficia, sin importar el costo.

Imagina gastar tu dinero de manera consciente e intuitiva en lo que realmente importa para ti, sabiendo que te acerca a tu estilo de vida soñado. En lugar de sentirte abrumada por tus deudas, te sentirías confiada sabiendo que tienes un plan para pagarlas (Mmm, casi puedes saborear esa dulce sensación de estar #librededeudas). ¿Qué harías con todo ese ingreso disponible ahora que tu dinero no está atado a pagar deudas? ¿Harías la maestría o explorarías una carrera en otra industria? ¿Contratarías un servicio o comprarías un producto que mejorara tu calidad de vida? ¿Cómo lo usarías para alcanzar metas mayores o para apoyar a quienes amas?

En esta versión de ti, en lugar de sentirte intimidada por las tarjetas de crédito, aprovecharías el sistema a tu favor para darte más flexibilidad en los momentos clave. ¿Cómo te sentirías si supieras que, mientras cuidas de tu "yo" del pasado y del presente, también estás tomando decisiones financieras inteligentes para cuidar de tu "yo" del futuro?

¿No se sentiría maravilloso poder ayudar a tu familia cuando más lo necesita, sabiendo que tus finanzas crecen y están en piloto automático? ¿Qué tan fácil sería la vida si pudieras comunicar con claridad tus valores y metas financieras a tu familia y establecer límites respetuosos, de modo que todos sepan cuál es su rol y en qué situación están? Imagina lo orgullosa que te sentirás cuando te conviertas en la persona a la que todos acuden en tu familia y en tu círculo de amigos para que los ayudes a dominar el manejo de su dinero. ¡Las enseñanzas de *Cultura y Cash* te ayudarán a construir la confianza financiera para lograr todo esto y mucho más!

Puedes transformar tus finanzas para bien

Y aunque cambiar tu relación con el dinero y mejorar tus finanzas no sucederán de la noche a la mañana, con un plan, disciplina y constancia, podrás lograrlo. Es un trabajo que requiere disposición para desaprender enseñanzas culturales y romper ciclos generacionales, actuando de manera distinta a como lo han hecho otros en tu familia. Es un proceso que a veces puede parecer difícil, pero confía en ti; sé que puedes lograrlo porque has enfrentado desafíos toda tu vida.

Eres la primera en tu familia en gestionar el FAFSA*, en aplicar y matricularte en una universidad en los Estados Unidos. La primera en recorrer el laberinto académico y graduarte cuando las probabilidades estaban en tu contra. Has vencido muchas estadísticas, quizás hasta que continuaste tus estudios superiores y obtuviste una maestría o un doctorado (¡shau!). Además, eres la primera en conseguir un empleo profesional en tu campo sin contactos ni conexiones, y en desenvolverte en espacios laborales donde nadie se parece a ti, con poca ayuda de mentores o patrocinadores.

Desde niña, has hecho cosas difíciles: has sido intérprete para tus padres en citas médicas y reuniones con maestros, y has traducido correspondencia importante y revisado documentos legales. Todo esto, que para muchos sería desafiante, tú lo hiciste siendo niña. Como First-Gen, eres inteligente, resiliente e ingeniosa. ¡El que es perico, dondequiera es verde!

Repite conmigo: "Puedo hacer cosas difíciles". Has logrado todo esto con mucho menos apoyo que otros, ¡y lo que aún te falta! Ten por seguro que cuentas conmigo, tu guía, para mostrarte cómo dominar tu dinero y construir una vida en la que tú y tus seres queridos puedan prosperar.

UN PUNTO DE PARTIDA DIFERENTE

La abundancia llegará.
La merezco y la acepto.

Por más que los expertos de las redes sociales te hagan creer lo contrario, nadie puede predecir cuándo un video se hará viral. Algunos piensan que es necesaria una producción súper complicada con efectos visuales chingones, o que debes ponerte la ropa de moda, bailar y hacer doblaje de rolas virales para obtener resultados. Créeme que he pasado horas trabajando en guiones, produciendo y editando videos con contenido premeditado y revisado hasta el cansancio, solo para que pasen desapercibidos o logren apenas un par de interacciones. ¡Es una lotería!

Mi video más visto es uno que grabé cuando ya estaba empijamada, lista para descansar por la noche. Como buena adicta a TikTok, llevaba un buen rato metida de cabeza en el feed de la aplicación cuando se me ocurrió una idea para un video. Me tomó menos de cinco minutos organizarlo y publicarlo. A los pocos días, ya tenía más de 4,4 millones de visualizaciones; 1,1 millones de usuarios le habían dado like y más de 35.000 habían comentado algo. Durante varias semanas, mi teléfono no dejó de vibrar con notificaciones y alertas de TikTok. ¡El video se hizo megaviral!

En retrospectiva, tengo bastante claro por qué este video causó sensación. Lo que hice fue reciclar una caricatura controversial y agregarle el texto: "Para mis hermanas de color #siganluchando #keepfighting #POC #BIPOC".

La caricatura muestra a dos personas en el punto de partida de una carrera de atletismo: un hombre blanco, con ropa formal y una sonrisa arrogante, en un carril; y, en el otro, una mujer de raza negra, con vestimenta casual, expresión decidida y ceño fruncido. La diferencia entre ambos carriles es abismal. El carril del hombre tiene solo unos pocos obstáculos pequeños, desplazados a un lado. En cambio, el carril de la mujer está lleno de obstáculos: un alambre de púas, una fosa de cocodrilos, una pared de ladrillos a punto de derrumbarse y lanzas afiladas que salen del suelo. Además, tiene una bola encadenada al tobillo, que ya le pesa desde antes de comenzar la carrera. En el texto que acompaña la ilustración, el hombre dice: "¿Cuál es el problema? ¡La distancia es la misma!". Para que quedara completamente claro el punto de mi video, agregué un audio que repetía: "No es justo, no es justo . . ." una y otra vez, como sonido de fondo.

Como podrás imaginar, la sección de comentarios de la publicación parecía una hoguera alimentada por miles de usuarios con opiniones opuestas. Algunos sostenían que hoy en día las mujeres de color tienen más oportunidades que los hombres blancos. Los comentarios más amables respaldaban el mensaje del video. Pero mi comentario favorito decía: "Y aun así, ella consigue ganar".

Un punto de partida diferente

Al igual que en la caricatura, donde las mujeres de color enfrentan obstáculos injustos en sus carreras, las latinas First-Gen también enfrentan muchos desafíos en su camino hacia la libertad financiera. No solo enfrentamos obstáculos que otros no afrontan, sino que, en mi opinión, nuestro punto de partida es diferente y se encuentra más rezagado que el de nuestros pares. Esto implica una mayor determinación y esfuerzo para alcanzar el mismo nivel. Para comprender mejor de dónde partimos y lo que nos espera, creo que resulta útil comparar y contrastar los caminos financieros de algunos de nuestros pares.

Regresemos a nuestro ejemplo del atletismo. En la carrera hacia la libertad financiera, hay tres tipos de competidoras: Patty Privilegio, Dani Del Medio y Gina First-Gen. Cada una proviene de entornos diferentes y se distingue principalmente por su nivel de privilegio, el cual, en su mayoría, está relacionado con la historia migratoria familiar. Esto nos ofrece una perspectiva de cómo el privilegio y la cercanía con la experiencia migratoria impactan su camino financiero en distintas etapas de la vida. Analizaremos y compararemos la experiencia de cada una desde su infancia hasta la juventud.

Ten en cuenta que, mientras revisas las comparaciones, muchas te parecerán irrelevantes o incluso podrían desanimarte. Es posible que te incomode reconocer las ventajas que otros obtuvieron mientras tú tenías que arreglártelas sin esas oportunidades. Puede que sientas ganas de dejar el libro o de saltarte partes. Quédate conmigo, ya que esto es intencional. Estos tres personajes y sus experiencias fueron incluidos cuidadosamente en este libro por una razón. Al final del capítulo, comprenderás por qué fue necesario mostrar estas diferencias. En lugar de desanimarte, usa esta información y sus enseñanzas para avanzar en tu camino hacia la libertad financiera.

Patty Privilegio

SU INFANCIA:

Patty Privilegio es una estadounidense de quinta generación, cuyos antepasados inmigraron y llevaron a su familia a Estados Unidos hace cinco generaciones. Su familia tiene una presencia destacada en el sistema financiero del país, que ha aprovechado para crear riqueza para ellos y las futuras generaciones.

Patty Privilegio creció en un hogar lleno de amor, donde sus padres, expertos en finanzas, la involucraban activamente en temas económicos. La educación financiera se transmitía de una generación a otra, y ellos habían visto cómo esos conocimientos mejoraban sus vidas y las de sus descendientes. Ahora, querían transmitirle a su hija esos mismos conocimientos para que pudiera lograr el éxito económico.

A los diez años, la sentaron y le explicaron cómo manejaban su chequera cada mes para pagar las cuentas del hogar. Le daban una mesada semanal por encargarse de algunas tareas domésticas, como limpiar su habitación o pasear al perro de la familia. Le enseñaron que no era prudente gastar toda su mesada de una sola vez; en cambio, la animaron a ahorrar una parte para el futuro. Para motivarla, le ofrecieron igualar sus ahorros: por cada $100[1] que añadiera, ellos ponían otros $100, lo que duplicaba, en la práctica, su tasa de ahorro. Esto ayudó a que la pequeña Patty Privilegio adquiriera el hábito de ahorrar desde joven.

A medida que entraba en su adolescencia, le enseñaron temas más sofisticados, como la importancia de usar tarjetas de crédito de manera responsable para construir un buen historial crediticio, evitar las deudas y entender por qué invertir en la bolsa era relevante para su futuro financiero. La llevaron a su banco local para abrir su primera cuenta de cheques y de ahorro y le explicaron cómo funcionaban esas cuentas. También la añadieron a su línea de crédito como usuaria autorizada, para que pudiera comenzar a construir su historial crediticio desde que era adolescente. La exposición a la gestión de dinero en su niñez la ayudó a administrar con éxito sus finanzas como adulta joven. En lugar de sentir miedo al dinero, ella se sentía segura y entusiasmada por su futuro financiero.

Dani Del Medio

---

1   A lo largo de este libro, las cifras monetarias se expresan en dólares estadounidenses, salvo que se indique otra moneda.

SU INFANCIA:

Dani Del Medio es una estadounidense de segunda generación, cuyos abuelos inmigraron en busca de una vida mejor. Aunque sus padres no eran expertos en el sistema financiero de Estados Unidos, aprendieron algunos conceptos en las pocas décadas que vivieron en el país.

De niña, Dani Del Medio tuvo dos padres amorosos y relativamente informados sobre finanzas que le enseñaron principios básicos sobre el dinero. Los padres de Dani Del Medio crecieron escuchando historias sobre las dificultades económicas que enfrentaron sus propios padres inmigrantes en Estados Unidos y querían que su hija evitara las mismas dificultades, así que le enseñaron el valor de un dólar.

La familia de Dani Del Medio no discutía temas de dinero tan abiertamente como la de Patty Privilegio, y tenía conocimientos limitados sobre temas complejos, como inversiones y construcción del historial crediticio, por lo que no compartía mucho al respecto. Sin embargo, entendían los beneficios de ahorrar y evitar endeudarse, y siempre alentaron a Dani Del Medio a ser responsable y a ahorrar parte de su mesada.

Dani Del Medio recibía una pequeña mesada mensual de sus padres por hacer tareas domésticas. Una tarde entre semana, su mamá vio un episodio del programa de Oprah en el que un experto en finanzas explicaba los beneficios de enseñar a los niños a presupuestar. La mamá de Dani Del Medio se sintió muy inspirada por ese episodio y decidió enseñarle a su hija de doce años cómo manejar un presupuesto con su mesada para ayudar a pagar su campamento de verano de su equipo de porristas. Esto le ayudó a ver en tiempo real cómo ahorrar y mantener un presupuesto podía permitirle pagar por las cosas que disfrutaba. ¡Ahorrar se convirtió en algo divertido porque le encantaba asistir al campamento de porristas con sus amigas!

Cuando Dani Del Medio cumplió dieciséis años, consiguió un part-time en una sala de cine cerca de su casa. Era la primera vez que ganaba dinero fuera de su mesada y estaba emocionada de tener la libertad de comprar la ropa y los zapatos que quería. ¡Por fin no tendría que suplicar a sus padres por un poco de dinero para sus gastos! Sus padres la llevaron a su banco para abrir su primera cuenta de cheques y le explicaron cómo funcionaba el depósito directo para los pagos de su trabajo. La cajera del banco preguntó a sus padres si estaban interesados en solicitar una tarjeta de crédito mientras estaban allí. Ellos amablemente rechazaron la oferta y advirtieron a Dani Del Medio que, para evitar endeudarse con tarjetas de crédito, lo mejor era no tener ninguna tarjeta.

Gina First-Gen

SU INFANCIA:

Gina First-Gen es una estadounidense de primera generación. Cuando sus padres tenían veinte años, dejaron todo lo que conocían: su familia, amigos, cultura e idioma en México para mudarse a los Estados Unidos. Emigraron sin conexiones y con pocos ahorros, pero con grandes esperanzas de ofrecer a sus futuros hijos una vida mejor en su nuevo país.

Gina First-Gen creció en un hogar de inmigrantes, lleno de amor, pero con bajos ingresos. Su papá trabajaba como obrero de construcción durante el día y por las noches en un carwash. Su mamá realizaba turnos largos de diez horas como costurera. Debido a que sus trabajos no eran muy bien pagados, trabajaban sin descanso, prácticamente las 24 horas, para garantizar un techo, ropa y comida a su familia. A menudo les recordaban a sus hijos que, aunque su familia no tenía mucho, estaba mejor que en México. Se sentían agradecidos por haber tenido la oportunidad de emigrar a los Estados Unidos y de cubrir las necesidades básicas de su familia con trabajo honesto y esfuerzo. A Gina First-Gen y sus hermanos menores les decían a menudo que, si trabajaban duro y estudiaban en la universidad, podrían tener una buena vida.

En casa nunca se discutían temas de dinero. Como sus padres eran inmigrantes recientes en el país, tenían un conocimiento limitado del sistema financiero de los Estados Unidos. Además, después de pagar la renta, la comida y todas las demás necesidades de una familia de cinco, quedaba poco dinero al final del mes. Su mayor prioridad era sobrevivir en un país nuevo y mantener las luces encendidas. Su lista de tareas era extensa: aprender un idioma nuevo, acostumbrarse a estar lejos de sus demás familiares y adoptar una nueva forma de vida, la estadounidense. Para ellos, pagar las cuentas a tiempo ya era un logro en sí mismo.

Aunque no se discutía el dinero, ella podía sentir que no había suficiente. De niña, le encantaba mirar el catálogo de Scholastic cada vez que había una feria de libros en su escuela. Había muchas cosas que quería comprar, como plumas de gel de colores o stickers divertidos para la lonchera. La sola idea le hacía sonreír. Era fanática de Goosebumps y quería pedirles dinero a sus padres para comprar el último libro de la serie en la feria. Pero en casa habían mencionado la reducción de horas en el trabajo de su papá en el carwash y que ese mes el dinero sería aún más escaso. No quería complicarles pidiéndoles dinero, así que aprendió a no hacerlo. Sin embargo, seguía disfrutando de ver los libros cada vez que había una feria en su escuela.

Cuando Gina First-Gen cumplió dieciséis años, consiguió un trabajo de medio tiempo en una heladería. Nunca había recibido una mesada por hacer las tareas del hogar, así que esta fue la primera vez que tuvo su propio dinero. ¡Estaba muy emocionada! Sus padres estaban orgullosos de ver a su hija mayor crecer y convertirse en una joven responsable y trabajadora. La alentaron a que le fuera bien en su nuevo trabajo, pero le recordaron que su educación y la asistencia a la universidad debían ser su máxima prioridad. No querían verla luchar en un trabajo de salario mínimo como lo hicieron ellos. Le recordaron que la razón por la que dejaron México fue darles a ella y a sus hermanos una vida mejor, y eso incluía que pudieran ir a la universidad.

Cuando recibió su primer cheque en la tienda de helados, su mamá la llevó a su banco para abrir una cuenta de cheques. Nadie en el banco hablaba español, así que Gina First-Gen ayudó a traducir y a leer los formularios legales a su mamá. Su mamá le dijo que estaba orgullosa de que ella estuviera ganando su propio dinero, pero le advirtió que no lo gastara todo. "No cometas los mismos errores que nosotros. No hemos ahorrado mucho dinero. Guarda un poco por si lo necesitas".

Patty Privilegio
LA VIDA UNIVERSITARIA:

Durante la universidad, los padres de Patty Privilegio cubrieron el 100 por ciento de sus gastos universitarios. Gracias al asesor financiero, habían planificado la educación universitaria de su hija desde que era bebé y tenían los recursos económicos para pagar gastos importantes, como su matrícula, libros y vivienda. También le daban una mesada mensual para cubrir otros gastos cotidianos, como alimentos y salidas sociales con sus nuevos amigos de la universidad. Sus padres pagaban su teléfono celular y su seguro de salud durante toda la carrera. Si quería conseguir un trabajo a tiempo parcial para ganar algo de dinero extra, podía hacerlo, pero se sentía tranquila sabiendo que sus gastos básicos estaban cubiertos. Su única responsabilidad como estudiante era obtener buenas calificaciones y no gastar de más su mesada.

Este privilegio financiero le permitió asistir a la universidad y graduarse sin deudas. Como cualquier estudiante universitaria, enfrentó algunos desafíos: se estaba adaptando a un nuevo entorno, conociendo nuevos amigos y manejaba una carga completa de cursos, pero afortunadamente para ella, el dinero nunca fue una preocupación. Sabía que en caso de presentarse una emergencia, solo bastaría una llamada para que sus padres la ayudaran. Si gastaba más de lo asignado en su mesada, podían transferirle dinero a su cuenta —¡no sin llamarle la atención, por supuesto! Esto hizo que su experiencia en la universidad fuera menos estresante y le permitió sumergirse por completo en la vida estudiantil.

Dani Del Medio

LA VIDA UNIVERSITARIA:

Antes de que Dani Del Medio ingresara a la universidad, sus padres tuvieron una difícil conversación con ella. Le explicaron que habían abierto una cuenta de ahorros para su educación cuando nació, pero no empezaron a hacer contribuciones significativas hasta que cumplió diez años. Esto limitaba sus opciones universitarias. Le dijeron que solo tenían suficiente dinero para cubrir sus gastos escolares si asistía a una universidad pública estatal. Si quería estudiar en una universidad privada o fuera del estado, podía hacerlo, pero tendría que pagarla por su cuenta y endeudarse.

Dani Del Medio se sintió frustrada porque muchas de sus amigas asistirían a universidades prestigiosas en otros estados y ella también quería vivir esa experiencia. Sin embargo, comprendía que contar con el apoyo de sus padres para pagar matrícula, vivienda, alimentos y libros en una universidad pública estatal podía evitarle endeudarse con préstamos estudiantiles. Sus padres, que le habían advertido desde niña sobre los peligros de la deuda, la llevaron a decidirse por una universidad pública. Además, esta opción le permitía seguir en el plan de seguro de salud familiar, ahorrándole mucho dinero, ya que no necesitaba comprar la cobertura obligatoria de la universidad.

Para ella fue necesario conseguir un part-time que la ayudara a cubrir gastos como su comida y entretenimiento. Encontró un trabajo como mesera en un restaurante en downtown, a unos treinta minutos en auto de los dormitorios de la Universidad. La distancia era demasiado grande para ir en bicicleta y el transporte público no era confiable, así que necesitaba un auto. Por suerte, su abuela estaba pensando en vender su Toyota Camry 2010, que estaba muy bien cuidado y con pocas millas. Dani lo compró por solo $5,000, un precio bastante más bajo que el habitual para ese tipo de auto. Usó el dinero que había ahorrado de sus trabajos de la adolescencia para comprarlo. ¡Todo ocurrió en el momento perfecto! Si no fuera porque su abuela le vendió un auto con descuento, habría tenido que usar más de los ahorros que había acumulado con tanto esfuerzo para comprar otro. O, peor aún, habría tenido que pedir un préstamo para un automóvil en un lote de autos usados y endeudarse.

Dani Del Medio tuvo más dificultad para adaptarse a su nuevo horario universitario. Aunque su trabajo era un part-time de solo doce horas a la semana, aún requería mucha planificación y organización para asegurarse de tener suficiente tiempo para sus cursos, tareas, trabajo y vida social. Cuando llegó la temporada de exámenes finales, se desahogó con sus padres diciendo que se sentía abrumada por su agenda tan apretada. Sus padres le sugirieron reducir sus horas en el trabajo y le aseguraron que cubrirían sus compras y otros gastos de manutención mientras ella se preparaba para los exámenes. Dani Del Medio aprovechó al máximo su oferta, notificó rápidamente a su jefe y utilizó el tiempo extra para prepararse para sus exámenes. Superó la temporada de exámenes finales con calificaciones de A y B.

Con el apoyo económico de sus padres, ella terminó la universidad con un promedio sobresaliente y solo $15,000 de deuda estudiantil. El respaldo financiero de sus padres fue fundamental durante esos años. Aunque tuvo una vida universitaria muy activa, su estrés nunca estuvo vinculado a cuestiones económicas. Sus padres estaban siempre disponibles por teléfono y, si alguna vez enfrentaba una dificultad financiera severa, encontrarían la forma de hacer maromas para ayudar a su hija.

Gina First-Gen

LA VIDA UNIVERSITARIA:

Cuando Gina First-Gen estaba en su último año de secundaria, comenzó a postularse a la universidad sin estar segura de cuál sería la mejor opción para ella. Sus padres, que no habían ido a la universidad, no pudieron brindarle mucha orientación, por lo que tuvo que aprender por sí misma a completar las solicitudes y el formulario de FAFSA (Solicitud Gratuita de Ayuda Federal para Estudiantes). Sin recursos económicos ni flexibilidad laboral para visitar diferentes campus, investigaba principalmente viendo videos en YouTube. ¿Para qué hacer visitas en persona cuando existe Internet?

Ella estaba muy contenta cuando fue aceptada en la universidad que había elegido. Muchas de sus amigas del colegio también asistirían allí. ¡Sería la primera de su familia en ir a la universidad! Sus padres estaban muy orgullosos. Aunque estaba emocionada por comenzar una nueva etapa, también sentía algo de culpa por dejar a su familia y estar lejos de ellos.

Poco después de recibir la carta de aceptación, recibió la carta de ayuda financiera. Esta ayuda cubriría muchos de los gastos universitarios (¡uf!), pero aún debía pagar 20,000 dólares el primer año, incluyendo la matrícula y el alojamiento. Sus padres no tenían seguro de salud, por lo que ella también tendría que inscribirse en el plan obligatorio, lo que añadiría otros cientos de dólares a su cuenta de matrícula.

Aunque sus padres apoyaban por completo que Gina First-Gen obtuviera una educación superior, le explicaron que no tenían dinero para contribuir a los gastos. Los recursos ya eran limitados en el hogar, especialmente porque enviaban una pequeña cantidad a la abuela de Gina en México. Esto implicaba que Gina First-Gen tendría que cubrir todos los costos universitarios, incluidos sus gastos básicos como la comida, el teléfono celular y las salidas con amigos.

La carta de aceptación contenía información útil sobre los préstamos estudiantiles. Los préstamos federales, tanto subsidiados como no subsidiados, podían ayudar a cubrir la diferencia. Ella no entendía qué significaban "subsidiado" y "no subsidiado". Lo único que sabía era que debía ir a la universidad y que necesitaba dinero para pagarla.

Ella reconocía la importancia de un título para su futuro y el de su familia. Quería evitar las dificultades económicas que enfrentaron sus padres, sabiendo que la educación universitaria era una vía segura para obtener mayores ingresos. Creía que, al graduarse, ganaría más dinero y podría pagar sus préstamos sin problemas. No quería convertirse en otra estadística: una latina que abandona la universidad. Estaba determinada a graduarse, cueste lo que cueste, y el dinero no podía detenerla. Además, una profesora de secundaria le había dicho que la deuda estudiantil era una "buena deuda". Se inscribió con el máximo de préstamos y comenzó la universidad ese mismo semestre de otoño.

La vida en el campus era bastante caótica. Ella tenía una pesada carga de cursos, además de su trabajo a medio tiempo como barista en una cafetería del campus. Adaptarse a la vida universitaria fue todo un reto. No estaba segura de estar tomando las clases correctas para graduarse a tiempo y, aunque estudiaba más que nunca, no obtenía las mejores calificaciones. No tenía hermanos mayores ni primos que pudieran enseñarle cómo funciona la vida universitaria. Cada vez que se desahogaba con sus padres por alguna de sus dificultades, sólo le decían con ánimo: "Échale ganas, mija".

Era un constante acto de equilibrio entre la escuela, el trabajo y las amistades, y no era muy buena en eso. Cuando los exámenes parciales y finales se volvían abrumadores, a menudo soñaba con dejar su trabajo de barista. Sabía que, si reducía sus horas y tenía más tiempo y energía para estudiar, podría obtener mejores calificaciones. Pero abandonar el trabajo no era una opción. Necesitaba el dinero para cubrir gastos básicos como las compras y la factura del teléfono. También utilizaba lo que ganaba en su empleo a tiempo parcial para apoyar a sus padres en casa.

Desde que se fue a estudiar a la universidad, las horas de trabajo de su papá se habían reducido otra vez, así que empezó a pagar la factura de la luz para ayudarlos. Aunque ella no tenía mucho y apenas lograba sobrevivir con su trabajo de barista a 15 dólares la hora, sentía una responsabilidad con ellos como la hija mayor y la que había llegado a la universidad. Sus padres habían sacrificado mucho por ella y sus hermanos al emigrar a Estados Unidos, y lo mínimo que podía hacer era ayudarlos cuando lo necesitaran.

Rápidamente dejó de lado la idea de abandonar la escuela y soportó la carga. Era difícil mantener todo en equilibrio; su salud mental y sus calificaciones se vieron afectadas, pero al menos sabía que era una buena hija que lucharía por el bienestar y orgullo de sus padres trabajadores.

Patty Privilegio
VIDA DESPUÉS DE LA UNIVERSIDAD:

Patty Privilegio se graduó completamente libre de deudas. Como contó con el apoyo financiero total de sus padres, nunca tuvo que pedir préstamos estudiantiles. Por suerte, también pudo mantenerse alejada de las deudas de tarjetas de crédito, ya que le habían advertido desde joven sobre los peligros de estas.

Sus padres fueron de gran ayuda durante su búsqueda de empleo después de graduarse. Ellos tenían trabajos profesionales, así que le ayudaron a elaborar un currículum, le enseñaron a redactar una carta de presentación y practicaron a responder preguntas comunes en entrevistas. Incluso tenían algunos contactos en su red que podrían abrirle puertas laborales para que Patty Privilegio pudiera entrevistarse con empresas importantes.

Una vez que recibió una oferta de trabajo, sus padres le enseñaron a defender su posición y a negociar su salario, lo que le permitió incrementar su sueldo inicial en un 10 por ciento. Al integrarse como nueva empleada, la ayudaron a revisar los paquetes de bienvenida y le explicaron los beneficios laborales, como el seguro médico, el seguro de vida y las cuentas de retiro. Con su orientación, eligió el plan de seguro médico más conveniente, considerando el deducible y el copago. Además, la animaron a participar en el plan de retiro de la empresa y a empezar a ahorrar para su jubilación. Le explicaron cómo funcionaba la aportación de la empresa y le sugirieron que contribuyera al menos hasta ese monto, ya que se trata de "dinero gratis". Gracias a su apoyo, pudo aprovechar todos los beneficios laborales de su nuevo empleo.

Sus padres comprendían que la vida de una joven adulta podía ser difícil con un salario inicial, por lo que decidieron darle una mesada mensual de 300 dólares durante su primer año como profesional para ayudar en la transición. Además, pagaron el depósito de su nuevo departamento en la ciudad, lo que le permitió vivir en un distrito deseable a poca distancia en coche de su oficina. Como regalo de graduación, le compraron un vehículo usado para desplazarse hasta su nuevo empleo.

Como cualquier joven adulta, Patty Privilegio se sentía nerviosa al comenzar su primer empleo importante. Tenía mucho que aprender en su nuevo puesto, pero siempre supo que podía contar con el apoyo de sus padres, ya fuera con consejos económicos o laborales.

Dani Del Medio
VIDA DESPUÉS DE LA UNIVERSIDAD:

Dani Del Medio se graduó de la universidad y entró a la adultez con una deuda estudiantil relativamente pequeña de $15,000. Aunque había aprendido de sus padres que tener deuda podía afectar sus finanzas, esa cantidad no le preocupaba demasiado. Estaba segura de que con el salario de su nuevo trabajo podría pagar con facilidad el saldo en unos pocos años.

Sus padres fueron de gran ayuda durante su búsqueda de empleo. Aunque no tenían una red de contactos extensa, también eran activos en el ámbito profesional. Conocían lo básico sobre entrevistas y cómo redactar currículums, así que la ayudaron a trabajar en su currículum y a practicar sus respuestas para las entrevistas.

Una vez que empezó a trabajar, se sentaron con ella y la ayudaron a elegir sus beneficios, que incluían un plan de ahorro para el retiro 401(k) y una aportación de la empresa. Aunque no sabían muchos detalles sobre las inversiones, la alentaron a inscribirse en el plan de retiro de la compañía y a aprovechar la aportación del empleador. Ellos no habían aprovechado su propio plan de retiro hasta la mitad de sus carreras y no querían que su hija cometiera el mismo error.

Su paquete de beneficios también incluía seguro de salud, dental y de la vista. Al revisar sus beneficios, Dani Del Medio notó que las primas del seguro de su empleador eran bastante altas—400 dólares al mes. ¡Entró en pánico! ¿Debería rechazar la cobertura? ¡Era una suma muy alta para ella, que apenas estaba comenzando! Pero necesitaba un seguro de salud.

Afortunadamente, solo le costaba 100 dólares mantenerse en el plan familiar de sus padres, y ellos estaban dispuestos a dejarla seguir en él hasta que cumpliera veintiséis años. Después de eso, tendría que buscar su propio seguro. Se sintió aliviada. Como podía acceder al plan de sus padres, tendría un seguro asequible durante los próximos cinco años. Pensó que, una vez que cumpliera veintiséis, ya estaría en otro empleo. Por ahora, tenía 300 dólares adicionales en ahorros para usar en sus metas financieras, como pagar su deuda estudiantil o aumentar sus ahorros, en lugar de gastar dinero en una prima de seguro cara.

Los padres de Dani Del Medio sabían que su hija todavía necesitaba apoyo financiero mientras hacía la transición de graduada universitaria a la vida laboral adulta. Para aliviar sus gastos, le propusieron que regresara a vivir con ellos durante los siguientes dos años, sin pagar alquiler. Al principio, Dani se mostró incómoda con la idea y deseaba mantener su independencia. Sin embargo, tras algunas conversaciones, aceptó que ahorrarse dinero para el alquiler le permitiría pagar su deuda estudiantil más rápido. También tendría la oportunidad de apartar dinero y, quizás, comenzar un fondo para el enganche de su primera casa.

No era fácil ser una joven de veintitantos años viviendo todavía en casa de sus padres. Como cualquiera de su edad, quería su espacio propio. Pero el sacrificio valió la pena. Años después, Dani Del Medio recordaría esa etapa y la consideraría una de las mejores decisiones financieras que había tomado.

Gina First-Gen
VIDA DESPUÉS DE LA UNIVERSIDAD:

¡Por fin llegó el día de graduarse! Estaba muy orgullosa de sí misma por ser la primera en su familia en graduarse de una universidad de cuatro años y por dar un buen ejemplo a sus hermanos. Ellos también podrían ir a la universidad algún día, y ahora tendrían a alguien que pudiera mostrarles cómo se hacen las cosas.

La adultez recibió a Gina First-Gen con 80,000 dólares en préstamos estudiantiles y sin oportunidades laborales inmediatas. A diferencia de Patty Privilegio y Dani Del Medio, no contaba con conexiones en el mundo empresarial que le facilitaran un empleo o le guiaran en su camino. Por eso, inició su búsqueda de empleo sin una orientación clara, lo que la hizo más larga y estresante, ya que pronto tendría que empezar a pagar su deuda estudiantil.

Después de meses de batallar sola con la redacción de su currículum y la preparación para entrevistas, finalmente recibió una oferta de trabajo. La reclutadora le ofreció un puesto de principiante con un salario de 45,000 dólares. Ella ni siquiera sabía que negociar era una opción, así que aceptó la oferta en ese momento. Después de todo, 45,000 dólares eran más de lo que cualquiera de sus padres había ganado en sus trabajos, y ella estaba simplemente agradecida de haber conseguido una oferta después de meses y meses buscando.

Mientras completaba los formularios de incorporación, encontró su paquete de beneficios y se sintió abrumada por las muchas opciones y el lenguaje confuso. PPO, HMO y 401(k), ¿qué? ¿Qué significaban esas cosas? ¿En realidad los necesitaba? Preguntó a la encargada de recursos humanos, una mujer poco amigable y fumadora habitual, pero no obtuvo mucha ayuda. No podía acudir a sus padres, ya que nunca habían tenido trabajos que ofrecieran ese tipo de beneficios. Como en la universidad, ella quedó sola para resolverlo.

Al revisar sus documentos, descubrió que el plan 401(k) era un programa de retiro para los empleados. Ella tenía solo veintitrés años; ¿en verdad necesitaba preocuparse por su jubilación en ese momento? Era joven y todavía comenzaba su carrera, y la idea de jubilarse parecía lejana. Decidió dejarlo para después y pensó que lo revisaría más adelante, cuando estuviera más consolidada en su carrera y generara más ingresos. Antes, tenía que averiguar si su nuevo salario sería suficiente para mantener su estilo de vida como profesional activa.

Ella no recibía apoyo financiero de sus padres; en cambio, se esperaba que ayudara a su familia con otros gastos ahora que tenía un trabajo a tiempo completo. Estaba sola para pagar su alquiler y todos sus gastos de vida, además de una deuda estudiantil de casi seis cifras que le preocupaba. Una pequeña parte de ella se angustiaba por dentro, ya que no estaba segura de cómo pagar la deuda de 80,000 dólares, pero decidió no pensar demasiado en ello.

En cuanto a la vivienda, consideró regresar a vivir con su familia, pero ya no había mucho espacio en su casa de la infancia. Sus hermanos ya estaban más grandes y ya no podían compartir habitación. Vivir en casa no era una opción. Buscó su propio departamento y encontró uno a solo veinte minutos en coche de su nueva oficina.

Era un pequeño estudio, limpio y funcional. Incluía estacionamiento para un coche y estaba en una zona segura de la ciudad. Necesitaba pagar el depósito inicial, pero sus padres no pudieron ayudarla, y el poco dinero que había ahorrado trabajando como barista ya se había terminado. Por suerte, una amiga cercana de la universidad le prestó el dinero del depósito, lo que le permitió mudarse.

Un par de meses después de comenzar su nuevo trabajo, el panorama era bueno. Ganaba más dinero que nunca y podía hacer los pagos mínimos de su deuda estudiantil. Con su salario estable, ahora tenía dinero para gastar en cosas que siempre había querido, como ir de shopping o cenar en restaurantes con sus amigos. Solicitó una tarjeta de crédito a principios de año y fue aprobada. La usaba con frecuencia cuando salía con amigos. No sabía mucho sobre tarjetas de crédito, pero sabía que otros amigos las tenían y pensó que ella también debería tener una.

Sin darse cuenta, estos gustitos y salidas comenzaron a acumularse. En un abrir y cerrar de ojos, el saldo de su tarjeta subió a 5,000 dólares. Lo extraño era que, aunque realizaba a tiempo el pago mínimo cada mes, el saldo no cambiaba mucho. No tenía sentido, pero se prometió a sí misma que mejoraría el próximo mes.

Patty Privilegio
LAS EXPECTATIVAS CULTURALES EN ACCIÓN:

Como estadounidense de quinta generación, Patty Privilegio jamás ha tenido que hacerse responsable de apoyar económicamente a su familia. Sus padres tienen sus finanzas en orden, lo que incluye una vivienda estable, un seguro médico, ahorros sustanciales y una cuenta de retiro en crecimiento. Cuando sale a cenar con la familia, ni siquiera se le permite pagar la cuenta del restaurante como muestra de agradecimiento. La regla no escrita es que sus padres siempre pagarían.

En lugar de dar dinero a su familia, los padres de Patty Privilegio continuaron brindándole apoyo financiero en distintas etapas de su vida adulta. Cuando se comprometió, sus padres la sorprendieron al revelar que tenían ahorrados 30,000 dólares para ayudar a cubrir gran parte de los gastos de la boda. A medida que avanzaba en su carrera y pensaba en comprar una casa, sus padres le prestaron el dinero para el enganche, sin intereses y con pagos flexibles. Tras la muerte de su querida abuela Dorothy, le dejaron una herencia de 50,000 dólares. Con ese dinero, Patty planeaba cursar una maestría o renovar su casa; aún no estaba segura, pero al menos tenía opciones.

Con este apoyo financiero constante, Patty Privilegio pudo centrarse exclusivamente en construir su patrimonio y en asegurar el bienestar de sus futuros hijos.

Ojalá fuera así de sencillo, ¿no? Patty Privilegio siempre estuvo destinada al éxito. Aunque hizo su parte al graduarse de la universidad y trabajó duro en su empleo a tiempo completo, es menos probable que fracase cuando muchas de las barreras que uno puede enfrentar se eliminan. Patty contó con un sistema de apoyo en cada uno de sus pasos y una red de seguridad que la protege ante una caída. La riqueza y el conocimiento generacional transmitido por su familia facilitaron mucho su éxito. Las probabilidades estuvieron de su lado desde el principio.

Dani Del Medio
LAS EXPECTATIVAS CULTURALES EN ACCIÓN:

Como estadounidense de segunda generación, la familia de Dani Del Medio no esperaba recibir apoyo económico de ella. Aunque sus padres no estaban precisamente en un yate tomando champán con Jeff Bezos, sí contaban con la estabilidad financiera que obtuvieron por sus propios medios. Aunque no tenían todos los asuntos económicos resueltos, disponían de algunos ahorros e inversiones propias. En caso de presentarse una emergencia financiera, como un daño en el aire acondicionado de su casa o un gasto médico inesperado, sus hijos adultos eran las últimas personas a las que recurrirían para solicitar ayuda económica.

En cambio, los padres de Dani Del Medio continuaron brindándole apoyo financiero, aunque en una capacidad mucho menor. Cuando cumplió treinta años, sus padres le regalaron 10,000 dólares para contribuir a su fondo destinado al enganche de su futura casa propia. El regalo inesperado ayudó a Dani Del Medio a sentirse respaldada y menos estresada respecto a sus finanzas, además de seguir evitando endeudarse. Gracias a su apoyo constante, logró ser propietaria de una vivienda y comenzó a construir su patrimonio a los 32 años.

Un par de años después, cuando llegó el momento de vender su primera casa, sus padres le prestaron 10,000 dólares para que pudiera remodelarla primero. Ella, por su parte, se ahorró un buen dinero arremangándose y haciendo parte del trabajo ella misma. Con la remodelación, el valor de su casa aumentó y pudo vender la propiedad ganándole 50,000 dólares. ¡Eso le dio un buen impulso a su patrimonio neto!

Cuando su querida abuela Agnes falleció, Dani Del Medio recibió una pequeña herencia de 20,000 dólares. Para entonces, ella ya se estaba pagando la maestría, así que utilizó todo el dinero de la herencia para la matrícula y evitó así un préstamo estudiantil adicional.

Gracias a este apoyo financiero constante, Dani Del Medio pudo concentrarse solo en incrementar su patrimonio y el de sus futuros hijos. Sentía paz sabiendo que sus padres, ya mayores, contaban con su propio fondo de ahorro. Era tranquilizador saber que, cuando llegara su jubilación, estarían seguros.

He observado un patrón interesante en las "Dani Del Medio" que he conocido: por lo general, estas personas creen que su éxito se debe únicamente a su esfuerzo, sin considerar los privilegios y conocimientos que han heredado de su familia.

"Pero si yo he trabajado por todo lo que tengo" y "¡Mis padres no me dieron nada!" son algunas frases que con frecuencia escucho de estas personas cercanas después de cuestionar su privilegio.

Es cierto que las Dani Del Medio no gozaron del mismo nivel de privilegios y acceso a oportunidades que las Patty Privilegio. Ellas tuvieron que esforzarse más, siendo lo bastante inteligentes para aprovechar los recursos y el apoyo de sus padres, y trabajar duro para cumplir con sus responsabilidades.

Pero no siempre tomaron las mejores decisiones; se les dieron las mejores opciones. Y eso sigue siendo un nivel de privilegio que vale la pena reconocer.

Gina First-Gen
LAS EXPECTATIVAS CULTURALES EN ACCIÓN:

Como primera generación estadounidense, se esperaba que Gina First-Gen brindara apoyo financiero a su familia. Sus padres, que aún tenían ingresos bajos, aceptaban y contaban con la ayuda de su hija mayor. No tenían ahorros y alargaban el dinero hasta el siguiente sueldo. En su cultura familiar, era muy habitual apoyarse entre parientes cuando enfrentaban dificultades económicas, sin importar el costo. Esto es lo que se espera en términos de responsabilidad familiar.

Mientras Patty Privilegio y Dani Del Medio recibieron apoyo financiero en momentos clave de su adultez, Gina First-Gen tuvo que hacerse cargo de sus gastos, tanto pequeños como grandes, como el enganche de una casa, una boda o sus estudios de posgrado. Cuando su abuelita Mariela falleció ese año, en lugar de herencia, le enviaron una factura para cubrir los gastos del entierro. En este caso, la riqueza generacional no existe.

Al observar esto, algunas personas tal vez piensen: "¡Ay, pobrecita esa joven! En vez de centrarse en sí misma y construir su vida, siempre está cargada de responsabilidades familiares." Sin embargo, Gina First-Gen no se siente abrumada por su familia; considera un honor poder apoyar y estar presente cuando más lo necesitan.

Pero a Gina First-Gen sí le preocupa si será suficiente. No solo tiene que mantenerse, sino que también debe considerar a sus padres en edad avanzada y pensar en cómo puede ayudarlos a retirarse. El cuerpo de su papá ya le está fallando; no puede trabajar en la construcción para siempre. Sabe que sus padres no tienen ahorros para la jubilación. ¿Ganará lo suficiente para mantenerse, apoyar a sus padres, pagar sus deudas y construir un futuro? Está agradecida de estar en una posición en la que puede pensar en ayudar a otros, pero a veces la responsabilidad puede parecer agobiante y pesada.

¿Alguna de estas cosas te resulta dolorosamente familiar? Si es así, no te preocupes. Estoy aquí para apoyarte. Estás en el lugar adecuado.

¿Detectaste alguna diferencia en las experiencias con el dinero?

Y entonces, ¿cuál fue el sentido de que te explicara las diferentes trayectorias económicas de estos tres personajes? ¿Acaso me complace señalar nuestras carencias? ¡Por supuesto que no! Después de leer las tres experiencias de vida, deberías haber notado algunos patrones.

Patty Privilegio contó con una gran ventaja al aprender desde pequeña a administrar su dinero. El conocimiento que heredó le permitió tomar decisiones financieras más inteligentes durante su adolescencia y juventud, como evitar endeudarse y enfocarse en invertir. Además, pudo beneficiarse de la riqueza familiar durante importantes transiciones de su vida adulta temprana, lo que le ayudó a evitar deudas y a dejar más espacio para planificar su futuro financiero. Aunque Patty pudo haber experimentado estrés por muchas razones, el dinero nunca fue una de ellas. Según una encuesta de la Reserva Federal, el 10% de las familias más acomodadas en Estados Unidos recibió, en promedio, una herencia de 174,200 dólares, sin contar a los millonarios del 1%.

Aunque Dani Del Medio no contó con el mismo apoyo financiero que Patty Privilegio, el conocimiento generacional que adquirió fue muy valioso y le brindó una ventaja significativa como joven adulta. A pesar de no haber aprendido las complejidades del mercado bursátil como Patty, sí adquirió conocimientos básicos de finanzas, y tener algo de conocimiento siempre es mejor que nada. Esto le ayudó a disminuir su deuda, lo que le permitió liberar fondos para enfocarse en sus metas financieras. Gracias a las enseñanzas tempranas de su familia sobre cómo hacer un presupuesto, manejó de forma responsable el dinero que ganó en su trabajo. Su camino financiero fue mucho más sencillo. La Reserva Federal indica que, en promedio, el 40 por ciento de los hogares recibe una herencia de 45,900 dólares.

Otra cosa que comparten ambos personajes es que tuvieron el privilegio de centrarse en sus finanzas personales. Todo el dinero que Patty y Dani ganaban era solo para ellas y sus futuras generaciones, sin la carga adicional de sostener a sus padres o a sus familias extendidas. La mayoría de la comunidad latina no disfruta de esta misma ventaja. Según un estudio de Bank of America, el 72 por ciento de los millennials latinos apoyan económicamente a su familia, lo que limita de manera significativa nuestra capacidad para lograr estabilidad financiera.

El privilegio es real

¿Piensas que mi forma de ilustrar el privilegio es muy exagerada? No lo es. Todas estas historias son verdaderas. Aunque los personajes son ficticios, las anécdotas son reales. Para escribir este libro, entrevisté a algunos de mis amigos y excompañeros con diferentes niveles de privilegio, para recopilar historias sobre cómo se enseñaba la gestión del dinero en sus hogares o cómo sus familias los apoyaron financieramente en distintas etapas de la vida adulta.

No menciono estas diferencias para "pintar de villano" a nadie. Patty Privilegio y Dani Del Medio no son malas personas por haber tenido un camino más fácil que el nuestro (aunque me gustaría que más de ellos reconocieran y valoraran con mayor frecuencia el privilegio que los ayudó a tener éxito en la vida, en lugar de solo atribuirlo al "esfuerzo propio", pero no quiero desviarme). ¡Qué bien por ellos! Y felicitaciones a los padres por prepararlos para el éxito. Eso es lo que cualquier padre amoroso haría si tuviera la capacidad.

QUIZÁ NO TENGAMOS EL PRIVILEGIO, PERO SÍ LA AMBICIÓN

El objetivo de este libro es enseñarte a dominar el manejo del dinero para que puedas ser el catalizador de las Pattys Privilegio y Danis Del Medio en tu vida.

La realidad es que, en la sociedad en la que vivimos, siempre habrá alguien que tenga más que tú. Siempre habrá alguien más inteligente, más rico y mejor conectado que tú.

Pero la razón por la que comparé y contrasté los diferentes niveles de privilegio es porque, para mí, fue bastante revelador entender que no solo los que están en el uno por ciento crecen con privilegios y se benefician del éxito de su familia. El estadounidense promedio de clase media también tiene un camino mucho más fácil, simplemente por haber tenido una familia que emigró a este país hace unas cuantas generaciones y por tener padres con educación universitaria que pueden mostrarles cómo funciona todo.

El éxito financiero es más alcanzable para las familias que ya no soportan la carga de las dificultades migratorias. Cuanto más alejadas estén las familias de la experiencia migratoria, más fácil les será construir riqueza en este país.

Si una familia emigró a este país hace generaciones, debería haber logrado una educación universitaria y haber incentivado a sus hijos a seguir ese camino. Deberían tener cierta comprensión del sistema financiero y transmitir esa información a sus seres queridos. Deberían contar con algún nivel de riqueza generacional y transferir dinero a sus hijos.

Como First-Gen, carecemos de ese conocimiento y de la riqueza generacional que otros han heredado. De hecho, solo el 7 por ciento de los hogares latinos reportaron haber recibido una herencia, en comparación con casi el 30 por ciento de los hogares blancos en Estados Unidos. Esto significa que no tenemos un esquema claro para lograr el éxito financiero. Tenemos que aprender todo por nuestra cuenta y enseñar a nuestra familia en el camino, lo cual puede ser un desafío. La ayuda limitada puede afectar nuestra salud mental y nuestra capacidad para construir riqueza. Cuando enfrentamos más deudas, menos apoyo financiero y mayores responsabilidades económicas con nuestra familia extendida, se vuelve aún más difícil ahorrar y planear nuestro futuro.

A MAYOR CONCIENCIA, MEJORES RESULTADOS

Mi objetivo al compartir estas tres experiencias diferentes es ilustrar que los desafíos de ser de primera generación van mucho más allá de nuestro título universitario. No partimos del mismo punto.

Sé por experiencia que puede parecer una lucha solitaria y dura cuando no tienes orientación financiera, empiezas la vida adulta ya endeudada y con obligaciones familiares. Pero, al ser la primera de tu familia en explorar nuevos caminos, eres resistente, perseverante e ingeniosa. No habrías alcanzado esto si no fuera así, ¡porque de ninguna manera fue un privilegio lo que te trajo hasta aquí!

Construir seguridad financiera y riqueza generacional también es alcanzable para ti. No habría escrito este libro si no creyera firmemente en ello. Sin embargo, dado que partimos de diferentes puntos, requerirá mayor esfuerzo y una intención deliberada. Deberás desaprender las creencias limitantes sobre el dinero que aprendiste de tu familia y de tu cultura. Serás la primera en tu familia en romper patrones y hacer las cosas de manera diferente. Esto no ocurrirá automáticamente; necesitas ser consciente y tener un plan. Para ello, es fundamental entender cómo funciona el dinero y qué normas culturales te están impidiendo avanzar.

¡Aquí es donde entro yo!

LOS *FIRST-GEN FIVE* SERÁN TU GUÍA

La mayor parte de este libro abordará mi marco de trabajo "The First-Gen Five" para ayudarte a cerrar esa brecha y ponerte al día. Al concentrarte en los cinco pilares principales del dinero, podrás construir una base sólida de recursos para ti, tu familia y las futuras generaciones. Estos cinco pilares son:

- Crear un fondo de tranquilidad para protegerte cuando lo necesites.

- Crear un plan de gastos que realmente puedas seguir.

- Eliminar la deuda para crear el espacio que permita financiar tus metas de vida.

- Conquistar tu historial crediticio para brindarte mayor flexibilidad y opciones.

- Aprender lo básico sobre inversión para construir riqueza a largo plazo y alcanzar la libertad financiera.

Pero antes de llegar a ese punto, primero debemos confrontar algunas barreras culturales que pueden dificultar nuestro camino financiero. En el capítulo 2, entenderás por qué tus padres podrían resistirse a tomar decisiones diferentes respecto al dinero y cómo esto afecta tu forma de gestionarlo. Aunque puede ser difícil de aceptar, se destaca la importancia de romper patrones generacionales. Elegir hacer las cosas de manera distinta a tu familia puede parecer una traición a tu cultura y raíces. Es un capítulo fundamental, por eso se incluye en este libro.

Si leer el Capítulo 2 te resulta muy pesado, siéntete en libertad de leerlo poco a poco. Tómate el tiempo que necesites, pero léelo hasta el final. Lo peor que puedes hacer es cerrar el libro y no terminarlo. Como mínimo, avanza hasta el capítulo 3 y los que siguen, donde comparto consejos prácticos sobre dinero que puedes usar para prepararte para el éxito financiero. Siempre puedes regresar y leer esa sección cuando te sientas lista.

El comienzo de un futuro financiero más brillante

Para finalizar este capítulo, quiero que tengas presente esto: es normal sentirse desanimada tras leer sobre el apoyo que otras personas recibieron al seguir el mismo camino que tú. Si sientes que vas atrasada, no es por casualidad. La verdad es que no todas empezamos en la misma línea de salida.

Pero en lugar de dejar que eso te detenga, úsalo como una llamada de atención para ser proactiva y tomar el control de tu dinero. Usa esto como la motivación que necesitas para aprender, esforzarte y ponerte al día. Y piensa en esto: al decidir ser intencional con tu dinero ahora, puedes ser esa persona que cambie para siempre la trayectoria financiera de tu familia y ayude a que las futuras generaciones prosperen. De la misma manera en que tus padres inmigrantes fueron valientes y actuaron como agentes de cambio, dejando todo atrás para darte a ti y a las próximas generaciones la oportunidad de lograr más. Tú puedes hacerlo porque tienes todo lo que necesitas dentro de ti para transformar positivamente tus finanzas.

CÓMO NUESTRA CULTURA AFECTA NUESTRA EXPERIENCIA ECONÓMICA

*Estoy en camino de convertirme en la
primera millonaria de mi familia.*

¡Tu solicitud para ser speaker ha sido aceptada! Decía el encabezado del correo en la pantalla de mi iPhone. No way! ¿Me estarán engañando mis ojos? El corazón se me quería salir del pecho y la cabeza me daba vueltas. Terminé de leer el resto del correo aguantando la respiración. Simplemente, no lo podía creer. ¡Había sido seleccionada para FinCon 2021!

FinCon es una convención gigantesca para creadores de contenido financiero. Tus autores favoritos —YouTubers, TikTokers, blogueros, podcasters e influencers— asisten a ella cada año. Así como los cómic nerds van a Comic-Con, los nerds de las finanzas van a FinCon. Quien sea que tenga un nombre en el mundo financiero online está en FinCon.

Envié mi aplicación en un momento de arranque, pero no pensé que en verdad me iban a aceptar. Yo llevaba apenas cuatro meses creando contenido sobre el dinero, mientras que muchos de los speakers llevan años e incluso décadas en este mundo. Como amante de las finanzas personales, llevaba un buen tiempo siguiendo todo lo relacionado con la convención y ahora tenía la oportunidad no solo de asistir, sino también de hablar al lado de expertos a quienes admiraba. ¡Qué locura!

La posibilidad de establecerme como una líder en el campo de las finanzas ante una audiencia tan importante como esta me emocionaba mucho. Apenas unos meses atrás, había renunciado a mi trabajo en la firma de inversiones y formar parte de la agenda de FinCon era la movida perfecta para cortar con mi identidad corporativa y hacer la transición completa a mi nueva carrera como educadora financiera. ¡Estaba tal como me lo recetó el doctor!

Pero, como le pasa a cualquiera que intenta algo nuevo, mi cerebro no dejaba de imaginar todos los posibles desastres que podrían ocurrir para sabotear mis planes.

¿Y si se me olvida el discurso en mero medio y quedo petrificada mientras todo el mundo me mira como si estuviera en cueros? ¿Y si comienzo a dar mil vueltas y a decir disparates hasta que se terminen los 30 minutos que me asignaron? ¿Y si a nadie le interesa mi sesión y me toca dar el discurso ante una sala vacía? O, peor aún: ¿Qué tal si la gente sí asiste, pero les aburre tanto lo que digo que se echan a volar en media presentación? ¡Qué vergüenza!

De todas las telenovelas que mi cerebro se inventó, la única que no se me ocurrió fue la que realmente sucedió: llorar a moco tendido en el escenario. Ataque de llanto "nivel un millón", de los que te ahogas y te traes cara de loca, con el rímel corrido y los mocos chorreando. ¿Sí sabes de cuáles, verdad? Bueno, esos.

¿Quién habría dicho que una charla sobre presupuestos y fondos de inversión podría ser tan profunda?

Pero eso sí, mi presentación no tenía nada de novela fresa. El título de mi conferencia era "Construyendo riqueza como estadounidense First-Gen". Hablé sobre algunas de las barreras culturales y sistémicas que enfrentamos las personas First-Gen en nuestro camino financiero. Fue una charla cruda y auténtica. Me basé en mi experiencia personal y compartí anécdotas de los momentos difíciles que viví con mi familia en torno a los temas de dinero. No fue fácil, pero logré mantener la compostura y completar los treinta minutos con mis emociones intactas.

Hasta que llegó la hora de las preguntas, ¡y valió! Una mujer en la audiencia levantó una mano y, con lágrimas en los ojos y un pañuelo en la otra mano, dijo: "Nadie habla de estos temas y cómo afectan a nuestra comunidad. Una llega a sentirse muy sola pasando por todo esto. Gracias por hablar de ello". Ahí sí que me explotaron todas las emociones a la vez. Mi vulnerabilidad y la capacidad de contar historias relevantes habían ayudado a una latina como yo a sentirse comprendida, visible y menos sola. Sus lágrimas desataron en mí una avalancha y no hubo poder humano que la contuviera. Comencé a llorar también y cuando alguien se acercó al escenario con un pañuelo, el llanto y la empatía ya se habían contagiado a más personas.

Mientras que muchos podrían juzgar esta situación como poco profesional o un fracaso, ahora, mirando hacia atrás, me siento orgullosa de mi vulnerabilidad y de mi disposición para hablar de temas tan delicados. Eso conmovió tanto a mi audiencia que logramos una verdadera conexión y muchas mujeres se quedaron después de mi presentación para intercambiar historias similares. Estábamos en comunidad.

Estos temas delicados y complejos son los que trata este capítulo.

Esto se va a poner bueno

En el capítulo anterior, aprendimos cómo el conocimiento y la riqueza generacional pueden impactar positivamente en el camino financiero de una mujer adulta joven. A nosotras, las First-Gen, no nos tocaron esos atajos. Debemos recorrer el camino por nuestra cuenta y aprender los principios básicos para administrar el dinero, ya que nunca nos lo enseñaron en casa. Muchas de nosotras ya comenzamos endeudadas, mientras que otras tienen la ventaja de empezar de inmediato y avanzar más rápido en la construcción de su futuro financiero.

No solo eso, sino que también debemos desaprender las mentalidades y hábitos negativos que aprendimos de nuestros padres, ya que algunos de ellos pueden frenarnos en lugar de ayudarnos a avanzar. Nuestra cultura y educación familiar moldean la forma en que nos relacionamos y actuamos con el dinero, por lo que es importante que nos tomemos tiempo para explorar esa intersección.

Pero primero, profundicemos y entendamos por qué existe esta brecha en la educación financiera en nuestra comunidad.

LA ESCUELA NO ENSEÑA FINANZAS PERSONALES

En la escuela primaria y secundaria, nos enseñan la tabla periódica de los elementos químicos o el teorema de Pitágoras en matemáticas. Pero nadie nos enseña cosas que realmente importan, como hacer un presupuesto o entender el estado de cuenta de una tarjeta de crédito. ¡Ni siquiera en la universidad te enseñan esto! Me gradué con una licenciatura en economía y ahí tampoco aprendí a administrar mi dinero. ¡Qué pedo! Esto no me cuadra.

Según el Informe del Estado de la Educación Financiera 2025 de Next Gen Personal Finance, solo uno de cada tres estudiantes tiene acceso a educación financiera en la escuela secundaria[2]. Esto significa que el 66 por ciento de los egresados de nuestro poderoso sistema público de educación podrían no contar con habilidades básicas para administrar su dinero.

Entender cómo administrar el dinero es una habilidad fundamental para la vida. Ya no estamos en la Edad de Piedra. El comercio ya no es con palos y nueces ni vivimos acurrucados en una cueva oscura y fría, cubiertos con hojas de higo. Necesitamos dinero para pagar la vivienda, el seguro de salud, los alimentos y todas las necesidades básicas de la vida. Y es importante que sepamos administrarlo y usarlo con inteligencia.

Es absurdo lanzar a los jóvenes adultos al "mundo real" sin un conocimiento, al menos básico, de la administración del dinero. Especialmente cuando la crisis de deuda estudiantil afecta en mayor medida a las personas negras, indígenas y otras personas racializadas[3], quienes no solo cargan con más deuda que sus pares y carecen del conocimiento necesario para comprender cómo funciona, sino que además enfrentan dificultades para acceder a empleos con salarios justos que les permitan pagarla.

---

2   "NGPF's 2025 State of Financial Education Report," Next Gen Personal Finance, March 2025, https://d3f7q2msm2165u.cloudfront.net/aaa-content/user/files/Files/NGPF_Annual_Report_2025.pdf.

3   Williams, Ward. "Student Loan Debt by Race: Students of Color Face Greater Risks When It Comes to Educational Debt." Investopedia, February 27, 2023. https://www.investopedia.com/student-loan-debt-by-race-5193137.

NUESTROS PADRES VIVIERON EN MODO DE SUPERVIVENCIA.

La falta de educación financiera en la escuela afecta a todos los estudiantes; sin embargo, los alumnos cuyos padres tienen la posibilidad de transmitir estos conocimientos de generación en generación pueden aprender algunos conceptos básicos en casa. No ocurre lo mismo con los hijos de inmigrantes.

Nuestros padres llegaron a este país para enfrentar las dificultades que implica ser inmigrantes. Dejaron atrás todo lo familiar y querido en su país natal para comenzar una nueva vida en Estados Unidos y ofrecerles a sus hijos una mejor oportunidad. Tuvieron que aprender un idioma, comprender distintas culturas y adaptarse al estilo de vida estadounidense. Su principal preocupación era asegurar comida en la mesa y mantener a su familia con un salario mínimo.

Nuestras familias ni siquiera pudieron darse el lujo de intentar hackear el sistema para que funcionara a su favor. Su meta era sobrevivir en el sistema, no aprender a prosperar en él. Para ellos, pagar las cuentas a tiempo en un país extranjero era un logro. Muchos carecían del privilegio y de los recursos económicos para planear su vida en los próximos veinte, diez o incluso cinco años. Su mayor prioridad era sobrevivir ese mes y esperar poder hacerlo de nuevo el mes siguiente.

NUESTROS PADRES NO CONFÍAN EN LOS SISTEMAS FINANCIEROS

Otra barrera que se interpone entre tu familia y la posibilidad de construir un patrimonio es su desconfianza hacia los bancos. Si tus padres inmigraron de un país con un sistema financiero poco regulado, probablemente desconfiarán de las instituciones financieras.

Mis padres tuvieron una terrible experiencia con los bancos en México. Eso provocó que ambos se sintieran engañados por el sistema financiero mexicano y que ese sentimiento de recelo se extendiera también a este país.

Durante años, mi papá guardó sus ahorros, aproximadamente 45,000 dólares, debajo de su colchón. Yo le rogaba sin descanso que llevara su dinero al banco para mantenerlo seguro. Le preguntaba: "¿Y si se quema la casa? ¿Y si entran a robar? ¿Y después qué? Ahí se va tu guardadito". Él respondía con terquedad que prefería arriesgarse a que esas cosas ocurrieran en lugar de confiar su dinero a un banco. El escepticismo es real.

Aunque el sistema financiero de Estados Unidos es uno de los más regulados del mundo, no ha logrado ganarse la confianza de la comunidad inmigrante. Hace algún tiempo participé como panelista en una cumbre con la National Credit Union Administration, donde discutimos cómo me he apoyado en las redes sociales para llegar a las minorías y a las personas no bancarizadas, es decir, aquellas que no tienen una cuenta de cheques o de ahorros. Hablé sobre cómo la industria está llena de jerga financiera confusa que intimida al estadounidense promedio que habla inglés. Escuchamos términos extraños como "rendimiento porcentual anual" y "valor nominal", pero recibimos poca o ninguna explicación sobre qué significan realmente esas palabras.

Esa jerga financiera resulta aún más difícil de entender para un inmigrante que apenas habla inglés. Por eso, los "finfluencers" son tan populares en las redes sociales. Al usar un inglés sencillo y ser más accesibles, la gente se identifica con nosotros y nos presta más atención que a un ejecutivo de traje en un banco. Ofrecemos espacios seguros donde las personas pueden aprender.

Para colmo, las instituciones financieras no contratan suficiente personal bilingüe en puestos de servicio al cliente que pueda atenderlos en su idioma nativo. Según el Certified Financial Planner Board, en 2025, solo el 2,8 por ciento de los planificadores financieros certificados eran hispanos[4]. La mayoría de estas instituciones ni siquiera ofrece una línea de interpretación para asistir a sus clientes que la requieran. Esto deja a las personas que no hablan inglés sintiéndose avergonzadas y vulnerables en un momento en que necesitan orientación y apoyo de profesionales del ámbito financiero. ¡Con razón nos la pasábamos traduciéndoles todo a nuestros padres!

Hace varios años trabajé en una compañía de seguros de autos. Mi trabajo era ayudar a las personas a tramitar sus reclamos y a que repararan sus autos tras un accidente. Después de un choque, yo sería esa agente de la aseguradora que te preguntaría por teléfono todos los detalles de cómo ocurrió tu accidente. Todavía recuerdo el gran suspiro de alivio que escuchaba del otro lado de la línea cuando le informaba a un cliente de habla hispana que yo también hablaba español. "¡Claro que hablo español! ¡Estoy a sus órdenes!" De inmediato me decían que estaban aliviados de que pudiera ayudarlos en su idioma.

Los asesores bilingües transmiten seguridad a las personas. Facilitan una experiencia bancaria inclusiva y permiten que los clientes se sientan vistos y más cómodos al poder hablar en el idioma que conocen. También promueven la conexión personal, lo que mejora la experiencia de servicio y aumenta la retención de clientes. Es muy difícil ganar confianza con alguien que solo habla "un pou-ki-tou" de español.

Por último, la industria de la planificación financiera presenta fallas importantes, ya que no pone suficiente énfasis en los intereses de las personas de bajos recursos. Un asesor financiero es un consejero de confianza que puede ayudar a las personas a alcanzar sus metas financieras a largo plazo. Ofrece orientación experta

---

4   "CFP Professional Demographics," CFP Board, March 1, 2026, https://www.cfp.net/industry-insights/reports-and-statistics/professional-demographics.

en inversiones, impuestos, jubilación y planificación patrimonial. Cuando estos conocimientos se gestionan con sabiduría, pueden mejorar nuestra estabilidad económica e incluso facilitar la construcción de riqueza con el tiempo.

La mayoría de los asesores financieros o planificadores suelen cobrar un porcentaje del portafolio de inversión de sus clientes. Por ejemplo, supongamos que un cliente tiene un portafolio valorado en $500,000. Si cobran una tarifa de gestión del 1 por ciento por administrar ese portafolio, ganarían $5,000 al año. Cuanto mayor sea el patrimonio neto del cliente, más dinero ganan, lo que, naturalmente, los incentiva a enfocarse en personas con alto patrimonio. De hecho, la mayoría de los asesores financieros ni siquiera aceptan a alguien como cliente hasta que tenga al menos $100,000 en activos. Una cantidad menor no vale la pena para ellos bajo el modelo actual. Cuando el hogar hispano promedio solo tiene $36.100 en riqueza[5], no sorprende que nuestra comunidad sea relegada y reciba poca atención.

SU ESTATUS MIGRATORIO

Si tus padres son indocumentados, esta podría ser otra razón por la que prefieren no involucrarse en el sistema financiero de Estados Unidos. Muchos inmigrantes indocumentados temen que, al compartir su información con un banco, puedan llamar la atención del gobierno y quedar en riesgo de deportación. Se sienten más seguros al evitar por completo los bancos.

Las personas indocumentadas pueden acceder al sistema financiero de Estados Unidos solicitando un ITIN a través del

---

5   Neil Bhutta et al., "FEDS Notes: Disparities in Wealth by Race and Ethnicity in the 2019 Survey of Consumer Finances." Federal Reserve, September 28, 2020, https://www. federalreserve.gov/econres/notes/feds-notes/disparities-in-wealth-by-race-and-ethnicity-in-the-2019-survey-of-consumer-finances-20200928.html.

IRS. El ITIN, que significa Número de Identificación Personal del Contribuyente, fue creado en 1996 y ayuda a extranjeros y a otras personas que no califican para un Número de Seguro Social (SSN) a reportar ingresos y cumplir con las leyes fiscales. Con un ITIN, pueden abrir una cuenta de cheques o solicitar un préstamo hipotecario.

Durante años, este sistema funcionó bien porque permitía a la comunidad indocumentada pagar impuestos sin miedo a la deportación. El IRS no tiene por función hacer cumplir las leyes migratorias.

Sin embargo, a partir de abril de 2025, el régimen fascista de la Administración Trump ordenó al IRS que compartiera la información personal asociada al ITIN con el Departamento de Seguridad Nacional (DHS) y el ICE (Immigration and Customs Enforcement, por sus siglas en inglés), como parte de sus esfuerzos masivos de deportación. Este exceso de autoridad gubernamental hace que los temores de deportación sean más reales que nunca.

Si viven con miedo a ser deportados, esa preocupación también puede impedirles tener activos en Estados Unidos. Es posible que piensen: "¿De qué sirve tener dinero aquí si mañana me pueden deportar?" o "¿Mi dinero se quedará atrapado aquí?". Por eso, prefieren mantenerlo cerca, en un lugar donde puedan verlo o donde un familiar pueda acceder fácilmente, en lugar de arriesgarse a perderlo.

Culturas individualistas versus culturas colectivas

Ahora que ya hemos analizado algunas de las razones por las que nuestros padres no tienen acceso a los bancos y no se han involucrado mucho en el sistema financiero de Estados Unidos, hablemos de cómo han logrado sobrevivir sin él. Esto se debe, en gran medida, a que nuestras familias latinas operan en torno al dinero dentro de una cultura colectiva. Pero primero, discutamos cómo una cultura individualista maneja el dinero.

Una cultura individualista da prioridad a las necesidades del individuo por encima de las de los demás. Así se administra el dinero en Estados Unidos. En esta cultura, las personas son consideradas hábiles con el dinero si son autosuficientes, independientes y autónomas. Cuando se trata de dinero, se prioriza lo que es mejor para sus necesidades financieras, no lo que es mejor para los demás.

¿Alguien tiene problemas económicos y no puede superarlos? "¡Qué lástima, deberían haber tomado mejores decisiones!". "¡No voy a poner en riesgo mi bienestar financiero por ti! Tengo que enfocarme en mi propia vida".

Por esa misma razón, si alguna vez te encuentras en un apuro financiero, tendrás que arreglártelas tú solo. Tú mismo te sacas adelante con tus propios recursos y lo resuelves. ¿Tú solito te metiste en ese problema? Ahora tú solito saldrás de él. ¡No buscas a otros para pedirles ayuda! Como última opción, puedes ir con la cola entre las patas para pedirle ayuda a tu familia. Según esta cultura del dinero, es vergonzoso que otros sepan que estás atravesando dificultades económicas. Es una señal de debilidad que no seas autosuficiente en tus finanzas. Si necesitas dinero, lo cargas en una tarjeta de crédito o sacas un préstamo bancario. Tu valor como persona se mide por tu nivel de independencia económica. Cuanto menos se metan en tus asuntos, mejor.

Por otro lado, tenemos las culturas colectivas, que caracterizan a muchas comunidades latinas. Estas culturas valoran mucho el bienestar de los demás, poniendo sus necesidades por encima de las personales. Es común que se espere que seas obediente y dispuesto a sacrificarte, priorizando siempre las necesidades del grupo cuando alguien lo necesita.

¿Alguien de tu familia necesita dinero? Tú dejas lo que estés haciendo para ayudar. ¿No tienes dinero para colaborar? No importa. Un buen familiar se hace presente sin hacer preguntas y se las ingenia para responder a esa llamada. Cualquier otra respuesta o reacción indica que eres egoísta y que la familia no puede contar contigo.

De igual manera, si eres tú quien necesita ayuda financiera, tu primera opción es acudir a tu familia. No necesitas un banco porque para eso están tus familiares: para apoyarte cuando más lo necesitas. Si te prestan dinero, es porque te quieren y saben que no les vas a quedar mal. En esta cultura del dinero, tu valor como persona se mide por cuánto estás dispuesto a ayudar a tu familia a salir de dificultades económicas, sin importar el costo.

¿Ves el choque cultural en torno al dinero?

La manera en que se administra el dinero en ambas culturas es tan distinta que, al encontrarse, suelen surgir conflictos.

Este choque cultural aparece con frecuencia en uno de mis reality TV shows favoritos llamado 90 Day Fiancé. La serie sigue a varias parejas que traen a su novio o novia extranjero o extranjera a Estados Unidos para casarse y construir una vida en este país. Por lo general, verás a un gringo o a una gringa que conoce al amor de su vida en el extranjero, en un país en desarrollo como Nigeria o Brasil. El programa muestra a las parejas mientras enfrentan problemas con las visas, se adaptan a la vida matrimonial en Estados Unidos y lidian con conflictos familiares.

Uno de los temas recurrentes es, precisamente, cómo administran el dinero en pareja y con su familia extendida en el extranjero. En una de las temporadas de la serie, una de las parejas que más lucha con las diferencias culturales en torno al dinero es Chantel, de Atlanta, y Pedro, de República Dominicana.

Chantel y Pedro tienen alrededor de veinte años y apenas están comenzando en la vida. Viven en un departamento pequeño y modesto. Chantel se está pagando sus estudios para ser enfermera y Pedro trabaja a tiempo completo en una bodega.

Aunque Pedro gana un salario mínimo, en una semana gana más de lo que su familia en la República Dominicana puede ganar en un mes. Mientras Pedro vive una vida más próspera en Estados Unidos, su madre y su hermana menor (adulta) todavía luchan por salir adelante en la isla. Como Pedro es el único hijo varón de su familia, siente que es su responsabilidad apoyarlas económicamente. Así fue como lo criaron. Su madre y su hermana le recuerdan todo el tiempo su deber familiar y le piden que les envíe una mensualidad y que les mande regalos, como televisores o ropa nueva. Cuando les dice que está corto de dinero, lo hacen sentir culpable para que las ayude de todas formas.

Así se manejan los asuntos de dinero en la República Dominicana (una cultura colectiva): Pedro se siente orgulloso de poder ayudar y considera que es lo mínimo que puede hacer por su mamá, quien hizo todo por él siendo madre soltera. Piensa que sería egoísta no ayudar y está dispuesto a sacrificar su progreso financiero para apoyar a quienes ama.

Pero Chantel, su prometida, no está de acuerdo con este arreglo. Chantel piensa que no están en condiciones de ayudar. Ella sabe que Pedro no gana mucho dinero y que ella no tiene ingresos como estudiante de enfermería. Como pareja que apenas comienza, tienen planes de mudarse de su pequeño departamento y comprar su primera casa. Quieren comenzar pronto su propia familia. Ella siente que no podrán cumplir sus propias metas financieras y planes de vida si tienen que destinar dinero cada mes para apoyar a la familia de Pedro en el extranjero.

Chantel y Pedro discuten mucho porque ella cree que deben

dejar de enviar dinero a la República Dominicana y centrarse en sus planes como recién casados. Aunque le preocupa que la familia de Pedro tenga dificultades económicas, no piensa que sea su responsabilidad solucionarlas. Como estadounidense, ella se rige por la cultura individualista del dinero, en la que sus finanzas son más importantes que las de otra persona.

Es divertido ver cómo se desencadena el drama de la gente en la tele, pero ya no es tan divertido cuando ese mismo drama lo estás viviendo tú. Conozco muy bien esa sensación. Es confusa, estresante y excluyente.

Un enfoque bicultural para administrar el dinero

Nosotras, las First-Gen, recibimos una crianza bicultural. Ya seas mexicana-americana, puertorriqueña-americana, salvadoreña-americana, colombiana-americana o de otra nacionalidad, heredamos por defecto los valores colectivos y la cultura económica de nuestros padres, pero a medida que echamos raíces más profundas en Estados Unidos, los valores individualistas empiezan a filtrarse. Así como Pedro y Chantel tienen que navegar entre dos culturas del dinero, nosotros también debemos aprender a hacerlo, ojalá sin el drama del reality TV.

Pero entonces, ¿cuál es la forma correcta? ¿La que sigue tu familia o la que suele manejar el estadounidense típico? No considero que una cultura sea superior a otra; simplemente son distintas. Cada una tiene sus ventajas y desventajas. A mi parecer, una resulta demasiado egoísta y la otra, demasiado desinteresada. Creo que lo mejor es un equilibrio, ni mucho ni poco, y que lo ideal y justo está en el punto medio.

Si quieres mejorar tu relación con el dinero y aprender a construir riqueza, tendrás que redefinir qué valores sobre el dinero te funcionan mejor. Tendrás que desafiar las normas culturales, quedarte con lo que te sirve y dejar lo que no. O, como dicen por ahí, come la fruta y escupe las semillas.

Cultura y Cash te guiará en el proceso. Nos adentraremos en esto más adelante, en la sección de "límites".

¿Cuáles son tus creencias limitantes sobre el dinero?

Ya que discutimos algunas de las barreras sistémicas y culturales que enfrentamos en nuestro camino financiero, llevémoslo un paso más allá y abordemos algunas de las creencias limitantes más comunes sobre el dinero que son una plaga para nuestra comunidad. ¡Sí, dije "plaga"!

Esta no es una lista exhaustiva, pero son las tres creencias más comunes que he observado en clientes de coaching financiero. Si te identificas con alguna de las mentalidades que describiremos a continuación, es importante que cuentes con la firme intención de desaprender esas creencias lo antes posible. No quiero ser exagerada, pero estas creencias pueden hacer que, subconscientemente, rechaces el dinero y te bloquees para recibirlo. Es una de las principales razones por las que incluí afirmaciones al inicio de cada capítulo para reprogramar tu mente y adoptar una mentalidad positiva respecto al dinero.

TRABAJAR DURO PARA GANAR BUEN DINERO

La primera creencia que vamos a discutir es que hay que trabajar duro para ganar dinero. En la comunidad latina, existe la creencia firme de que si trabajas duro, todo se solucionará y alcanzarás el éxito. Estamos condicionados a trabajar duro y agachar la cabeza. En nuestra comunidad, la persona más trabajadora saca más pecho. Lo que escuchamos de niños es que "al trabajo no se le dice que no". Trabajar duro era la única opción de nuestros padres y lo único que conocían.

Trabajar duro puede ser positivo y hacernos sentir realizados al alcanzar nuestras metas. Sin embargo, la idea de que debes trabajar de forma ardua para ganar dinero no es cierta. Es posible generar ingresos incluso mientras duermes, gracias al interés compuesto y la inversión. Puedes obtener rentas de alquiler mientras disfrutas de unas micheladas en vacaciones. De hecho, ahora mismo estoy ganando dinero mientras escribo este libro, mediante mis inversiones y cursos digitales. Conozco a un colega en la industria que ganó $20,000 en un solo día por ingresos de afiliados, después de que su entrevista en una publicación digital se volvió viral en internet. No le veo nada de difícil a hablar con un periodista durante treinta minutos y luego cobrar $20,000. ¿En dónde me apunto?

No tienes que reventarte para ganar dinero. Si crees que necesitas trabajar duro para generar ingresos, eso es lo que manifestarás: agotamiento y estrés innecesario.

El trabajo duro por sí solo no es suficiente. Lo que necesitas es un plan y las herramientas para llevarlo a cabo. El verdadero talento está en trabajar de forma inteligente: aprender a dominar tus movimientos financieros para cuidar de tu pasado, tu presente y tu futuro. Te explicaré cómo hacerlo en este libro, junto con mi propuesta de trabajo First-Gen Five.

Si te identificas con la idea de que debes trabajar duro para ganar dinero, prueba esta afirmación: el dinero fluye fácilmente y sin esfuerzo hacia mí. Coloca tus manos sobre el pecho, respira profundo un par de veces para centrarte y dilo en voz alta ahora mismo mientras lees este libro: El dinero fluye fácilmente y sin esfuerzo hacia mí.

No me ignores. Hazlo conmigo. Di cada palabra con confianza e intención. De la misma manera en que dirías que el cielo es azul o que la hierba es verde: el dinero fluye fácilmente y sin esfuerzo hacia mí.

SOBRE EL TRAUMA FINANCIERO, LA ANSIEDAD Y LA VERGÜENZA

Aunque las afirmaciones son excelentes herramientas para replantear mentalidades negativas sobre el dinero, no puedes manifestar la salida de un trauma financiero. Si has experimentado un problema económico severo, como no tener un techo, vivir en un hogar tóxico debido a conflictos económicos o castigarte de forma persistente por errores financieros del pasado, es posible que estés atravesando un trauma financiero, ansiedad financiera o vergüenza financiera.

Si te identificas con esto, por favor, busca orientación de un profesional de la salud mental para ayudarte a sanar tu relación con el dinero. Visita latinxtherapy.com o cliniciansofcolor.org para encontrar un terapeuta cerca de ti.

UNA MENTALIDAD DE ESCASEZ

Una mentalidad de escasez es la creencia de que, pase lo que pase, nunca tendremos suficiente. "¿Para qué intentar? Esto es lo máximo que puedo alcanzar". Es como si sintiéramos que no merecemos la tranquilidad financiera. Sentimos que no somos suficientes, que las habilidades con el dinero no son para nosotros y que nuestro camino siempre será cuesta arriba.

Mi mamá solía decirme: "¿Para qué pagar las deudas? Siempre vas a vivir endeudada". ¿Quién dice que tiene que ser así? Llevo muchos años sin deudas y bastantes personas lo hacen desde hace más tiempo. No tienes que ser de la élite para vivir sin una deuda encima.

Este tema surgió en una de mis comedias románticas favoritas, Maid in Manhattan, con Jennifer López. En la película, su amiga le recomienda que se postule para un puesto de gerente en el hotel donde trabaja limpiando habitaciones. El personaje de JLo dice: "¡Ay, por favor! No le van a dar un puesto de gerente a la criada". Mentalidad de escasez.

Su amiga responde: "¿Por qué no? Hoy es un nuevo día y todo es posible". Mentalidad de abundancia.

¡La mentalidad de escasez nos impide incluso intentarlo!

Tú lo mereces. Tú eres suficiente. El dinero es abundante y está a tu alcance. El dinero es una herramienta que te permite vivir a tu manera. Cuanto más dinero tengas, más libremente podrás dar y apoyar a quienes amas.

Para contrarrestar esta creencia limitante sobre el dinero, prueba esta afirmación: Doy la bienvenida a la riqueza y a la abundancia ilimitadas en mi vida.

SÉ AGRADECIDA POR LO QUE TIENES

Uno de los valores más preciados de la cultura latina es agradecer por lo que tenemos. Ser agradecidas por el techo y la comida. Nos motivan a agradecer el amor, la salud, la familia y las oportunidades. Es un valor hermoso. Nos ancla al presente y nos ayuda a tener perspectiva sobre cuánto tenemos en comparación con otros o con una versión pasada de nosotras mismas.

Pero a veces, esta actitud de limitarnos a estar agradecidas por el techo y la comida, por el amor, la salud, la familia y las oportunidades puede generar conformismo y hacer que te resignes con poco, lo que afecta la forma en que administramos nuestro dinero.

Cuando aspiras a más, quizás escuches: "Agradece que tienes trabajo. Yo nunca tuve la oportunidad de trabajar en una oficina bonita como la tuya". O: "¿por qué no estás contenta con lo que tienes? A otras personas les va mucho peor".

Podemos estar agradecidas por lo que tenemos y, aun así, aspirar a más. No quiere decir que seas una malagradecida. La gratitud y la ambición pueden coexistir.

Hace unos años, le comenté a mi tía que tenía una junta con mi supervisora para discutir mi salario. Le expliqué que había estado haciendo horas extra desde que mi colega estaba de permiso por paternidad y que merecía un aumento por las responsabilidades adicionales. Ella me respondió: "¿Pero no estás satisfecha con lo que te pagan? Deberías agradecer por tu trabajo. Trabajas en una buena empresa". Todo eso podía ser cierto, pero no significaba que no mereciera un aumento.

Y mi jefa estuvo de acuerdo conmigo. Ignoré el consejo bienintencionado pero equivocado de mi tía y conseguí un aumento durante un congelamiento salarial en la empresa. Solo "estar agradecida" me habría mantenido con un salario por debajo de lo justo, trabajando "de okis".

Cuando sientes que has llegado más lejos que tus padres, es fácil pensar que tu situación económica actual es suficiente y que no deberías aspirar a más. Incluso puedes experimentar lo que algunas personas llaman "First-Gen Guilt" y sentirte culpable solo por tener más oportunidades y haber logrado más, sabiendo que tus padres nunca lograron lo mismo.

¡Pero no olvides que fue justamente por eso que nuestros padres vinieron a este país! Para que pudiéramos estar mejor que ellos y llegar más lejos. Ellos inmigraron aquí para darnos la oportunidad de tener una vida mejor. Nuestra familia no nos trajo para que nos pongamos límites ni para conformarnos con menos. Y como partimos desde una posición diferente, necesitaremos más dinero y recursos para asegurar nuestro futuro financiero, el de nuestros padres y el de las generaciones futuras. No podemos limitar nuestros avances.

Si te identificas con esta creencia limitante sobre el dinero, prueba con esta afirmación: Tener más dinero es bueno. Tener más dinero es seguro. Cuanto más recibo, más libre me siento.

Y por último, si te identificas con los sentimientos de culpa de una latina First-Gen, un terapeuta puede ayudarte a practicar la autocompasión y a superar los pensamientos negativos sobre ti misma.

ACTIVIDAD: UNA PAUSA PARA REFLEXIONAR

Tómate un momento para detenerte y reflexionar sobre las creencias sobre el dinero y las enseñanzas del pasado. ¿Te están ayudando o te están frenando en tu camino financiero? Si no te sirven, déjalas atrás. ¡No te conviene!

Ser compasiva y desaprender las creencias que nos limitan

Si alguna de las creencias limitantes que hemos revisado resuena contigo, te deseo que, en lugar de sentir frustración con tu familia, adoptes una actitud compasiva. Muchas de estas creencias surgieron como mecanismos de supervivencia en una sociedad capitalista, donde el sistema no fue diseñado para beneficiar a los inmigrantes de bajos recursos.

Dado que las oportunidades que tuvieron eran pocas, siempre han tenido que esforzarse mucho para progresar. Con empleos mal pagados, el dinero es limitado, lo que genera una mentalidad de escasez. La realidad es que no les quedaba otra opción que sentirse agradecidos por cubrir solo sus necesidades básicas; no contaban con los recursos para soñar con algo más.

Creo que nuestros padres hicieron lo mejor que pudieron con lo que tenían. Su gran sacrificio al emigrar a este país nos brindó la oportunidad de tener mucho más de lo que ellos pudieron obtener. Sin embargo, es importante notar que estas limitaciones financieras pueden ser un obstáculo si no las reconocemos. Es fundamental saber que están allí y cómo se manifiestan para poder liberarte de ellas y mejorar tu relación con el dinero.

Hábitos financieros de los inmigrantes que nos llevan a la quiebra

En este capítulo, hemos hablado sobre la brecha financiera de nuestra comunidad, la desconfianza de nuestros padres hacia el sistema financiero, cómo nuestra cultura colectiva afecta nuestro dinero y cómo algunas de nuestras creencias limitantes nos impiden alcanzar la abundancia económica.

También quiero reconocer el papel que desempeñan las barreras sistémicas en la capacidad de los latinos para generar capital: una larga historia de colonialismo en América Latina, políticas de inmigración discriminatorias en los Estados Unidos, desigualdad en el acceso a la educación profesional, redlining para impedir que las comunidades de personas negras y de color adquieran propiedades, y la brecha de remuneración e ingresos, que hace aún más difícil acumular riqueza y obtener éxito financiero. Todas estas barreras afectan nuestras finanzas y, según la Reserva Federal, los hogares hispanos reportan, en promedio, un 20% menos de riqueza que los hogares estadounidenses. ¡Nuestra gente tiene que trabajar mucho más duro para obtener menos! Necesitamos un cambio sistémico real para abolir las prácticas discriminatorias que mantienen a nuestra comunidad mucho más atrás que los demás.

Pero seamos honestos. Aunque no podemos culpar al individuo por los problemas sistémicos, es importante reconocer que nuestra comunidad tiende a administrar mal el dinero que gana. Como el propósito de este libro es ayudar a las personas a ser más inteligentes con sus finanzas, quiero señalar algunos hábitos que afectan la economía de los inmigrantes, para que tú no repitas los mismos errores. Muchos de estos patrones dañinos forman parte de nuestra cultura, pero pueden perjudicar nuestro crecimiento financiero.

LAS FIESTAS EXTRAVAGANTES

No vamos a negar que, para la fiesta y la diversión, ¡somos campeones! Cuando se trata de buena comida, trago ilimitado, música chida y decoración, no escatimamos gastos. Pero ¿en realidad debemos gastar miles de dólares (que no tenemos) en el bautizo de un bebé? ¿O endeudarnos para la piñata de un chamaquito de tres años? Las fiestas extravagantes representan un gasto innecesario cuando hay prioridades más importantes, como pagar deudas, ahorrar o invertir para el futuro. Si ya has atendido esas prioridades y tienes dinero extra, ¡adelante! Tira la casa por la ventana, organiza una fiesta al estilo de las Kardashian y celebra sin arrepentimientos. Pero mientras no tengas esa libertad, debes ser más cuidadosa con tus gastos en este tipo de celebraciones.

Cuando cumplí quince años, mis padres organizaron mi fiesta de quinceañera. Como yo era su única hija, se aseguraron de que fuera una fiesta increíble. Le pagaron a una modista para que me cosiera el vestido verde de mis sueños. Contrataron al mejor DJ para que tuviéramos la mezcla musical perfecta: Ying Yang Twins, para que mis amigos adolescentes y yo pudiéramos twerk en la pista, y La Sonora Dinamita, para que las doñas pudieran bailar cumbias toda la noche. El salón de eventos estaba decorado con arreglos florales majestuosos y súper elaborados para los centros de mesa (que, por supuesto, todos se llevaron a casa al final de la noche). Tuvimos un camarógrafo encargado de documentar cada detalle de mi día especial y, de vez en cuando, me da por ver de nuevo el video para revivir esos momentos felices.

Siempre estaré muy agradecida con mis padres por organizar esa maravillosa fiesta para celebrar un cumpleaños tan especial. Ahora que he madurado y entiendo más sobre finanzas, desearía que esa celebración hubiera sido más sencilla y que ellos hubieran sido un poco más cuidadosos con su dinero. Sé que no tenían los medios para costear esa fiesta y terminaron endeudándose con una tarjeta de crédito, pagando $15,000 más intereses.

Si de ese dinero hubieran gastado $5,000 en una fiesta más pequeña e invertido los otros $10,000 en acciones de la bolsa, sin haber puesto un centavo adicional, su inversión se habría convertido en $100,626.57 (asumiendo una tasa de retorno anual del 8%, la cual definiremos más adelante). Eso es diez veces más que su inversión inicial de $10,000. Piénsalo por un momento.

Aunque la pasé muy bien bailando "Freek-a-Leek" de Petey Pablo, la diversión no valió $100,000. Ese dinero pudo usarse para garantizar una jubilación mejor y más provechosa para ambos.

No tiene nada de malo festejar los momentos especiales de la vida. Y si tu historia ha estado llena de dificultades, es comprensible que elijas vivir el momento y gastar en fiestas extravagantes. No es una decisión racional, sino una respuesta emocional. Pero estos festejos no deberían perjudicar nuestro bienestar económico. En lugar de una fiesta de magnates, es preferible planear un evento más amigable con nuestro bolsillo y que nos deje recuerdos bonitos sin desmoronar nuestras finanzas ni nuestros planes futuros.

VALORAR LAS COSAS MATERIALES POR ENCIMA DE LOS BIENES QUE GENERAN RIQUEZA

Este tema no es exclusivo de nuestra comunidad latina. En cualquier sociedad capitalista, continuamente nos encontramos con campañas de marketing que nos prometen que nos sentiremos más bellas, saludables y modernas si adquirimos ciertos productos. Nos han hecho creer que nuestro valor depende de lo que poseemos, ya sea el último iPhone o el automóvil eléctrico más reciente.

Esto nos conduce a comprar más cosas para poder decirles a los demás: "¡Lo logré! Miren lo que me compré". Mientras tanto, esta misma persona no puede demostrar logros financieros ni bienes que aporten de manera significativa a la construcción de su capital. Estos bienes pueden ser ahorros en efectivo, cuentas de inversión y bienes raíces. Los bienes mantienen o aumentan su valor con el tiempo.

Las obras tradicionales de finanzas personales llaman a este fenómeno "tener un sombrero grande sin ganado". Es decir, ves a un ranchero con un sombrero grande y asumes que es rico porque parece serlo, solo para descubrir que no tiene rancho ni ganado. Sombrero grande, sin ganado.

Este tema surgió el otro día con mi papá, cuando tuvimos una conversación seria sobre su jubilación. Él está cerca de la edad de jubilación y le dije que quiero planear proactivamente juntos su próxima etapa de la vida. Su casa actual es mucho más grande de lo que en verdad necesita. Es mucho espacio solo para él. Le pedí que empezara a considerar reducir el tamaño de su casa para ahorrar dinero y contar con fondos extra para la jubilación.

Estuvo de acuerdo en que en que reducir el tamaño de la vivienda puede ser útil, pero luego comenzó a intentar demostrarme que sus finanzas estaban en orden. Para que le crea, me mostró su armario lleno de botas carísimas y sombreros vaqueros de 500 dólares. Me dijo que toda su ropa era de buena calidad y que no se viste con fachas. Me recordó que tiene cuatro automóviles, todos pagados al contado, y que él está bien. En sus ojos, es un hombre adinerado.

"¡Apá! ¡Los sombreros de vaquero no son bienes!" Me quejé, frustrada.

Como muchas personas de la comunidad latina, mi papá siente que las cosas que tiene, ya sea la ropa que usa o el auto que conduce, demuestran su riqueza. Pero no es así. No puede pagar los servicios o los gastos médicos en la jubilación solo con sombreros de vaquero. Son solo cosas. Las cosas no aumentan tu riqueza ni te hacen más rico. Los bienes sí. Para prosperar financieramente, necesitamos aprender a comprar bienes y usar las inversiones para incrementar nuestra riqueza y el legado de nuestra familia. Más sobre esto en el capítulo 7.

DAR EL DINERO QUE NO TIENES A TU FAMILIA

A veces, nuestros fuertes lazos y valores familiares nos obligan a dar más dinero a nuestra familia de lo que realmente podemos permitirnos dar. Nos enseñaron a creer que, para ser buenas hijas, debemos entregar dinero de forma generosa e incondicional, sin considerar el costo. Estamos condicionadas a pensar que nuestro valor depende de ser obedientes y agradables. Como mencionamos anteriormente en este capítulo, estos valores están muy arraigados en la cultura colectivista.

Así suele ser: aceptar ser codeudora junto a tu primo para que pueda comprar un carro, poniendo en riesgo tu puntuación crediticia si deja de realizar los pagos mensuales. O gastar mucho en regalos de Navidad para llegar a casa en Nochebuena como Santa Claus y mostrar cuánto los amas, aunque termines con una deuda enorme en la tarjeta de crédito que no puedas pagar en enero. O ayudar a tu hijo universitario con una mensualidad para cubrir sus gastos, pero viviendo de sueldo en sueldo y descuidando tu fondo de retiro.

Un familiar mío, llamémosla Ana, solía sacar dinero de su modesta cuenta de retiro para echarles una mano a la familia extendida. Nuestros familiares tenían un pequeño negocio en México y, debido a su mala administración, con frecuencia se veían en problemas financieros. Como los créditos para negocios en México no son tan fáciles de conseguir, siempre acudían a Ana para que les ayudara. Aunque Ana no tenía ahorros para prestarles, la familia sabía que ella tenía un plan de jubilación del cual podía retirar dinero si era necesario. Ella no lo pensaba dos veces y sacaba el dinero; después de todo, era familia y estaban en apuros.

Pero esto implicó sacrificar su propia jubilación. Ana, que ahora tiene casi sesenta años, no tiene un centavo en su cuenta de retiro. Como resultado, tendrá que trabajar hasta una edad avanzada, con un problema en la rodilla, porque entregó el dinero que no tenía, descuidando sus propias necesidades financieras.

Muchos podrían decir que Ana lo hizo por amor y por preocupación por su familia. Sin embargo, ella también debe practicar ese mismo amor y cuidado consigo misma y con sus finanzas. Y tú también.

Nos enseñaron que ser buenas personas, hijas, hermanas o nietas implica cuidar primero a los demás y después a uno mismo. Sin embargo, es fundamental cuidarse primero para poder ser más generoso y ofrecer lo mejor a quienes amamos.

Para aclarar, mi intención no es desalentar a nadie de ayudar a su familia. También amo mucho a la mía y me llena de orgullo apoyarla siempre que puedo.

Cuando yo estaba en la universidad, veía la vida después de la carrera con los ojos de color rosa. Pensaba que viviría la buena vida en un lujoso apartamento en un rascacielos de la ciudad, con carro del año, vacacionando cuando quisiera, disfrutando de cenas fabulosas con amigas mientras pagaba las cuentas de mi familia y comprándole a mi mamá una casa de vacaciones (con un salario de 45,000 dólares, ojo).

Pero pronto entendí que así no es como funciona el mundo real. Puedes tener esas cosas, pero toma tiempo, especialmente cuando apenas estás empezando. Esto significa que, por ahora, debes enfocarte en tomar buenas decisiones y comprender tus límites financieros.

Si apoyar a la familia es importante para ti, trabajemos juntas en un plan que te permita ayudar sin poner en riesgo tus finanzas. Comenzaremos por entender el costo real de brindar esa ayuda y cómo afectará tu capacidad para avanzar en tus propias finanzas. Cuando tu bienestar financiero esté en riesgo, aprende a sentirte cómoda estableciendo límites y diciendo que no.

Cuándo ayudar y cuándo establecer límites financieros

Los límites son un tema complejo en nuestra comunidad. Nuestras familias son tan unidas que los límites nos resultan extraños. El respeto hacia ese núcleo familiar en nuestra cultura pone la lealtad y el apego por encima de todos los demás valores.

Pero las generaciones más jóvenes están comenzando a comprender la importancia de establecer límites con quienes amamos. Estamos normalizando poner límites en temas como las decisiones sobre nuestro cuerpo, el cuidado personal y la crianza de nuestros hijos. Hace tiempo que no permitimos comentarios de familiares sobre nuestro físico: nada de que estemos "más llenitas" ni de que nos veamos "muy flacas". Tampoco obligamos a nuestros hijos a dar besos y abrazos a un familiar lejano si no quieren, ¡aunque se enojen! Estamos aprendiendo a comunicarnos de manera efectiva y respetuosa y, a decir que no si nos invitan a una carne asada el fin de semana, cuando necesitamos descansar y dedicar tiempo a nuestro cuidado personal.

Los límites saludables no son egoístas. ¡Y nuestro dinero también necesita límites!

Después de años y años lidiando con conflictos financieros con mi familia, se me ocurrió un proceso para decidir si debo brindar apoyo económico o poner un límite. Lo llamo el enfoque Quiero y Puedo. Mi filosofía es dar libremente, si quieres y puedes hacerlo.

El enfoque Quiero y Puedo

#1. QUIERO

¿Quieres?

¿Por qué quieres dar dinero a tu familia? Aquí tendrás que hacer un trabajo interno y ser honesta en tu respuesta.

¿Lo haces por agradecimiento y para mostrar aprecio a quienes te apoyaron en el pasado? ¿O lo haces porque te sientes presionada o culpable, porque eso es lo que "debes hacer"?

Muchas latinas First-Gen sienten que están en deuda con su familia por los sacrificios que sus padres hicieron por ellas. Ese sentimiento es válido. Nuestras familias arriesgaron mucho para inmigrar a este país. Dejaron atrás su hogar y su idioma, y se mudaron lejos de quienes amaban para darnos mejores oportunidades. Es importante reconocer esos sacrificios y demostrar que estamos agradecidas.

Pero también tenemos que entender que esas fueron decisiones que tomaron tus padres cuando eran adultos. Tus padres tomaron esas decisiones por amor, no para que años después pudieran regresar a tocar tu puerta y cobrar una deuda que se les debía. Acepta lo que con generosidad te dieron y siéntete agradecida, no en deuda.

Si das dinero a otros por culpa, presión o miedo a recibir represalias, y no porque en realidad quieras hacerlo, estás people-pleasing. Puede que estés complaciendo a los demás porque te da miedo que te rechacen o porque no quieres decepcionar a nadie. Con el tiempo, esto puede llevarte a resentir a tus seres queridos. Se siente mucho mejor dar desde la libertad en tus propios términos, ¡porque te nace! Si decides dar, hazlo por amor, gratitud y aprecio.

Y si decides que no, igual está bien. Nadie es una buena o mala persona por decidir ayudar o no a su familia. Mi amigo, llamémoslo

Alfredo, no apoya financieramente a su madre inmigrante filipina, aunque es millonario y dueño de un negocio próspero. Él creció en un hogar inestable, rodeado de problemas de adicción al alcohol y a las apuestas. Su niñez fue traumática. Él tomó la decisión de no brindarle apoyo económico a su madre.

Algunos podrían considerarlo egoísta o ingrato. Yo creo que eso no nos incumbe. Cada uno tiene una dinámica familiar e historia propias, y podemos escoger qué está alineado con nuestros valores y qué es lo más conveniente para nuestra familia y nuestras finanzas. Ten presente esto la próxima vez que decidas si es necesario poner un límite financiero.

#2. Y PUEDO

¿Puedes? (Pero ¿en serio puedes?)

Si has decidido que apoyar a tu familia es una prioridad, ¡súper! Es fantástico poder ofrecer ayuda a quienes amas, especialmente en tus propios términos. Ahora que sabes que "sí quieres hacerlo", pregúntate: ¿estás en condiciones financieras para ello?

¿Están en orden tus finanzas para brindar apoyo a otras personas? ¿Tienes un fondo de emergencia sólido que te proteja si pierdes tu trabajo el próximo mes? ¿Tienes tu deuda bajo control y un plan para saldarla pronto? ¿Has apartado ahorros extra para otros objetivos financieros, como tener dinero para reemplazar tu carro cuando llegue el momento de comprar uno nuevo? ¿Estás avanzando de manera constante hacia tu plan de retiro? ¿Cuentas con ingresos disponibles que no te obliguen a endeudarte para ayudar?

Si respondiste que sí a todas estas preguntas entonces ¡venga! Tienes tus prioridades en orden y no será un problema brindar apoyo económico a quienes te importan. ¡Se siente bien estar en esa posición!

Si respondiste que no a algunas de las preguntas anteriores, ¡no te preocupes! Por eso estás leyendo este libro, para aprender a mejorar tus finanzas y ponerte en una posición en la que puedas ayudar con libertad. No significa que no puedas ayudar a tu familia en absoluto. Aún puedes hacerlo, pero en menor medida. Como enseñan las azafatas durante las demostraciones de seguridad, primero debes ponerte tu máscara de oxígeno antes de ayudar a la persona que tienes al lado.

Al final de cada capítulo, discutiremos formas en las que podemos apoyar (o poner límites) a nuestra familia en emergencias financieras, darles una mensualidad, asumir deudas por ellos, permitirles usar nuestro crédito o ayudarles con su jubilación. Utiliza el enfoque Quiero y Puedo para guiarte hacia la decisión que tenga más sentido para ti.

¡Pero aguas!

¡Después no digas que no te advertí! Los límites funcionan muy bien en teoría, pero resultan más difíciles de poner en práctica en la vida real. En muchas familias latinas, poner límites puede ser como declararles la guerra.

En un mundo ideal, tú pones un límite con tus padres de manera amorosa y respetuosa, y ellos responden: "Tranquila, mija, nosotros entendemos", y la vida sigue como si nada. Sin embargo, en nuestra cultura familiar colectiva, no responder de inmediato con un sí puede sentirse como una verdadera traición. Porque si la familia no está allí para apoyarte, ¿entonces quién?

Poner límites puede generar discusiones y más estrés en torno al dinero. Te pueden llamar de todo, incluyendo egoísta, tacaña, coda, cuenta chiles y malagradecida. Quizás te digan que ya te olvidaste de tus raíces o que ya te volviste gringa. Decir "no" o "en este momento no puedo" no te hace una mala hija o hijo, pero será difícil convencerlos de lo contrario, porque eso está muy arraigado en su cultura.

Mantente firme con tus límites y no cedas ante la presión externa. Aunque al principio pueda parecer difícil y sientas cierta culpa, recuerda que tienes el poder de decidir qué es lo mejor para ti y para tu dinero. Quiero que sepas que poner límites saludables no es egoísta, sino amor propio. Con el tiempo y la práctica, esto te resultará mucho más natural y sencillo.

No es fácil ser la primera en tu familia en romper patrones generacionales. Trust me, I know! Es todo un proceso. Pero es necesario hacer este trabajo y preparar el camino para que las futuras generaciones puedan alcanzar el éxito financiero. ¡Sí se puede!

He dado dinero a mi familia, sin tener un centavo, solo por sentirme culpable. También he dado dinero a mi familia cuando realmente quería hacerlo y tenía dinero extra para ayudar. Y puedo asegurarte que se siente mucho más empoderador y liberador hacerlo de la segunda manera.

¡Dale con todo!

Hemos abordado muchos temas difíciles en este capítulo. Hablamos sobre las barreras sistémicas y culturales que enfrenta nuestra comunidad al administrar el dinero. También exploramos algunas creencias limitantes sobre el dinero y los comportamientos financieros de inmigrantes que nos mantienen en la pobreza. Por último, discutimos lo difícil —pero necesario— que puede ser establecer límites financieros en nuestro camino con el dinero. Has navegado por las secciones más difíciles de este libro. ¡Deberías sentirte orgullosa de ti misma!

Estas conversaciones incómodas fueron necesarias para comprender de fondo cómo nuestra cultura afecta la forma en que interactuamos con el dinero. Y ahora estarás mejor preparada para identificar y abordar estos temas cuando ocurran en la vida real y tomar decisiones financieras más inteligentes.

Estos temas rara vez serán motivo de preocupación en la vida de Patty Privilegio y Daniela Del Medio. Nuestro camino es un poco más difícil, pero somos inteligentes, trabajadoras ¡y chingonas! Y con la guía correcta, ¡lo lograremos!

Cómo avanzar hacia el éxito financiero

¡Y ahora, a las soluciones! ¿Pensaste que iba a mencionar todos estos problemas y traumas económicos y dejarte en el aire? No, ma'am!

En los próximos capítulos, compartiré estrategias para que puedas cerrar la brecha en tus finanzas y prepararte para el éxito económico, incluso si no provienes de una familia con riqueza generacional. Te ofreceré consejos prácticos para que actúes y tomes el control de tu situación financiera. Nos acercamos a la parte práctica de este libro. Estoy segura de que las páginas que siguen te harán sentir más liviana que las secciones iniciales, ¡te lo prometo!

Exploraremos mi estrategia de los First-Gen Five, en la que te presentaré los cinco pilares esenciales para construir una base financiera sólida: fondos de emergencia, presupuestos, deuda, puntaje de crédito e inversión. Con un toque de narrativa y un poco de chisme, compartiré lecciones sobre el dinero y cómo estos pilares impactaron mi vida cuando era joven, además de consejos para evitar mis errores o alcanzar un éxito similar.

Empezaremos con un capítulo que nos ayuda a entender por qué es tan importante contar con ahorros y construir nuestra propia red de seguridad, ante todo cuando enfrentamos emergencias. ¡Comencemos!

CAPÍTULO 3

FONDO DE EMERGENCIA: EL BOTE SALVAVIDAS CUANDO TE VA COMO EN FERIA

Merezco estar libre de preocupaciones financieras

En la oficina se percibía la buena vibra y el ánimo de los profesionales financieros, corriendo y alistándose junto al teléfono para llamar al próximo cliente. Teníamos una recepcionista muy buena onda, responsable de recibir a los ejecutivos más importantes y guiarlos hasta las salas de conferencia con grandes escritorios de caoba y sillas de cuero. Para variar, la sala VIP con vista al mar estaba ocupada. Eso significaba que los meros meros estarían ocupados haciendo magia para captar clientes y asegurar nuevas cuentas.

Esta escena era típica de cuando trabajaba en una firma de consultoría de inversiones en San Diego, California. Reportaba a un gerente, graduado de una universidad de la Ivy League, muy enfocado en los negocios. Si había una visita de última hora de un cliente para un recorrido por la oficina, mis colegas y yo nos poníamos al instante las suit jackets que guardábamos en nuestros escritorios y sonreíamos para estrechar manos y relacionarnos con los invitados importantes. Hasta ese momento, había sido el trabajo más distinguido que había tenido. Nada que ver con el pueblito agrícola de la frontera donde crecí.

Finalmente, me sentía como la ejecutiva chingona que siempre había aspirado a ser. ¡Para eso estudié en la universidad! Estar en una posición como esta fue lo que me llevó a endeudarme con miles de dólares en un préstamo estudiantil y a sacrificar muchas noches estudiando para exámenes de economía y escribiendo extensos trabajos de investigación. Para trabajar en una oficina elegante y que mis padres estuvieran orgullosos de mis logros.

La que siempre da más en el equipo

Estaba emocionada por la oportunidad que la empresa me brindaba para crecer en mi carrera. Quería dejar una buena impresión y que mis superiores me vieran como una profesional con buen desempeño. Y, como si la presión hubiera sido poca, yo era la única latina en un puesto de inversión. Sentía que tenía que trabajar el doble para demostrar que merecía navegar en ese mar de rostros blancos, en su mayoría masculinos. La presión estaba al máximo.

Por eso, cuando mi jefe me dijo que tenía que hacer trabajo extra mientras encontraban un reemplazo para un empleado que había renunciado, acepté de lo más contenta.

¡Pero claro que puedo con todo! Aunque ya tenía mucho con mis responsabilidades y la salida de Ernie nos dejó una gran carga en nuestro pequeño grupo de tres colegas, yo estaba decidida a ser una verdadera team player. Hubiera hecho lo que fuera por lucirme en mi trabajo, entregar a tiempo los reportes y hasta más. Me sentía lista para el reto y demostrarles lo valiosa que era.

En poco tiempo, mis días de salir del trabajo a las 5 p.m. se convirtieron en salidas a las 10 de la noche. No solo me asignaron la mayor parte del trabajo que era para Ernie, sino que también me encargaron los informes más complicados y que demandaban más de mi tiempo. Para mantener el ritmo, trabajé sin descanso, realizando cálculos en Microsoft Excel hasta altas horas de la noche, a menudo hasta las 10 p.m. o medianoche. Incluso, en una ocasión, me quedé trabajando hasta las 2 a.m. un viernes por la noche.

Sabía que estas horas no eran razonables, pero sentía que era lo que tenía que hacer para ser reconocida como una empleada leal y dispuesta a darlo todo por la empresa. Incluso si eso implicaba sacrificar mi equilibrio entre el trabajo y la vida personal.

Funcionando a medio gas

Luego luego noté que me mandaron a la guerra sin fusil. Después de dos intensas semanas creyéndome la ejecutiva más chingona de la firma, mi cuerpo empezó a pasarme factura. Estaba tan acelerada por todos los $1 McCafé iced coffees a los que acudía cada noche para extender mi jornada que luego me costaba apagar la mente y descansar como se debe. Muchas veces, llegaba a casa cerca de las 11 p.m., pero daba vueltas en la cama hasta casi las 2 a.m. Luego, me despertaba a las 6:30 a.m. y volvía a empezar. No había espacio para hacer ejercicio, cocinar una comida nutritiva o pasar tiempo de calidad con las personas que amo. Sobrevivía con comida chatarra, café barato y pocas horas de descanso. Yo chambeaba y chambeaba, pero la carga de trabajo seguía aumentando.

El ritmo de vida intenso y poco saludable, junto con un entorno laboral estresante, agravó mi ansiedad previa y mis problemas para dormir. Me acostaba tarde, sintiéndome inquieta y con la sensación de falta de aire. La ansiedad me hacía sentir como si una pesa de veinte kilos me aplastara el pecho. Tenía una receta antigua de Xanax en casa, por lo que comencé a duplicar y hasta triplicar la dosis para poder dormir unas horas.

Mis amigos y familiares comenzaron a preocuparse cuando notaron que bajé de peso de forma repentina. ¡Perdí diez libras en un mes! Durante una llamada telefónica, mi tío notó que mi voz sonaba muy estresada y me dijo que sonaba como una maniática. Él y mi tía me aconsejaron que le bajara al trabajo y priorizara mi salud.

En este punto, ya no me importaba impresionar a mi jefe. Sabía que las largas horas de trabajo no eran buenas para mí, pero tenía muchos informes que terminar. Mi jefe sabía que trabajaba hasta muy tarde y le valía. Yo le enviaba los reportes conforme los iba completando durante mis jornadas nocturnas y nunca se le ocurrió decirme que bajara el ritmo. Sentía que trabajar menos no era una opción. Si no aceptaba el trabajo extra, este se seguía acumulando y afectaba mi desempeño laboral. Me preocupaba recibir un memo de mi jefe con alguna amonestación o, peor aún, ¡que me despidiera!

Necesitaba la chamba y el dinero. Tenía cero dólares ahorrados y deudas pesadas. No tenía una red de emergencia. Mis padres inmigrantes no podían rescatarme si perdía mi empleo. ¡Ni siquiera tenía la opción de regresar a casa! Mi mamá vivía en un apartamento al que ya no le cabía ni un alfiler, y mi papá vivía a dos horas y media de distancia en México.

Y aquí estaba yo, creyéndome una chica independiente porque tenía mi propio apartamento y pagaba las cuentas a tiempo. Pero dependía tanto de mi nómina que me resultaba imposible priorizar mi bienestar. Estaba en un callejón sin salida. Me tocaba aguantar un poco más hasta que consiguieran un reemplazo.

Mi punto de quiebre

El famoso reemplazo seguía sin aparecer y yo continué echándole la poca energía que me quedaba durante un mes más, hasta que, al final, mi sistema nervioso colapsó.

Ocurrió cuando fui a mi médico para que me recetara más Xanax. Pasé cuarenta y cinco minutos en la sala de espera llorando sin consuelo y sin poder respirar. Tuve que usar una caja entera de Kleenex para secarme las lágrimas y limpiarme los mocos. Los otros pacientes me miraban y me regalaban una que otra sonrisita comprensiva, mientras yo me daba cuenta por fin de que la mujer maravilla que creía poder con todo era más frágil de lo que pensaba. Me sentí como un fracaso y una sombra de mí misma.

Cuando por fin entré a la consulta con mi doctor, me preguntó qué me pasaba. Le conté todo sobre mi terrible situación laboral. Seguramente sabes cómo suelen ser las visitas médicas en Estados Unidos: breves y apresuradas. Pues . . . esta no lo fue: el Dr. Chong dedicó treinta minutos a escucharme con empatía, me permitió desahogarme y me aconsejó que nunca arriesgara mi salud por un trabajo. Nunca olvidaré ese momento y hoy en día todavía valoro mucho ese consejo.

Le dije que estaba consciente de haber llegado a mi límite, pero no podía dejar de trabajar porque necesitaba el empleo y el dinero. Él me dijo que no me preocupara por eso y me ofreció una solución. Escribió una nota indicando que, por orden médica, requería descanso obligatorio para mi recuperación. Con esa nota, mi trabajo y mis ingresos no estarían en riesgo. Respiré hondo y me sentí aliviada. Finalmente, logré obtener el descanso que tanto necesitaba. Tras enviar la nota por email a Recursos Humanos, me tomé tres semanas libres para priorizar mi bienestar físico y emocional.

Una nueva perspectiva sobre la cultura del *hustle*

Después de esta horrible experiencia de agotamiento, juré que nunca más permitiría que mi vida laboral interfiriera en mi salud. Ahora, pongo mis límites.

¿Tenemos trabajo de más? Como diría la Niurka: "I'm sorry for you!" Mi jornada termina a las 5 p.m. Mañana, a primera hora, me ocuparé de ello. Por cierto, ya de una vez contrata a más gente para cubrir la carga de trabajo adicional. ¿Se venció el plazo para entregar tu reporte y necesitas mi ayuda? ¡Qué mala onda! Tengo una clase de Zumba a las 6 p.m., así que no puedo. ¡Pero te mando suerte, eh!

Ahora sé que la falta de personal no es un problema del empleado, sino del negocio. Así que, a menos que sea la dueña de la empresa, no voy a dar más que mis horas regulares de trabajo. Por supuesto que soy diplomática y profesional al establecer estos límites. No soy tonta. Y también le pongo horas y energía extra a la chamba cuando es absolutamente necesario para sacar adelante un proyecto. Pero ahora estoy consciente de mis límites y, en cuanto empiezo a sentir que estoy sobrecargada y que eso me está afectando la salud, recuerdo que mi prioridad debe ser siempre mi propio bienestar.

Tuve que vivir esa pesadilla para aprenderlo. Pero lo que también es importante y una gran ayuda es que tengo un fondo de emergencia que me permite decir "no" a un jefe y "sí" a mí.

¿Qué es un fondo de emergencia?

Un fondo de emergencia es un ahorro de dinero reservado para un día lluvioso. Los días difíciles son inevitables. Dicen que en la vida hay dos cosas seguras: la muerte y los impuestos. Yo añadiría los días lluviosos a esa lista.

En la vida, no todo es color de rosa, ¡aunque sería ideal! No siempre hay días soleados ni arcoíris; los días de lluvia ocurren y traen estrés y obstáculos. Lamentablemente, muchas personas no están preparadas en lo financiero para enfrentar una tormenta. Según Bankrate, el 60% de los estadounidenses no puede cubrir un gasto inesperado de $1,000[6] Tener un fondo de emergencia puede hacer que la mayoría de las situaciones estresantes sean más manejables.

¿Para qué sirven los fondos de emergencia?

Los fondos de emergencia se pueden usar cuando ocurre algo inesperado, como chocar tu auto y tener que pagar el deducible de mil

6   Anne Marie D. Lee, "Most Americans Can't Afford a $1,000 Emergency Expense, Report Finds," CBS News, January 23, 2025, https://www.cbsnews.com/news/saving-money-emergency-expenses-2025/.

dólares de tu seguro. O si se te revienta el apéndice y la cuenta de la ambulancia es de miles de dólares. Un fondo de emergencia puede usarse para proteger tu estabilidad si te disminuyen las horas de trabajo o, de repente, te corren y pierdes tu principal fuente de ingresos. Al contar con un fondo de emergencia disponible, puedes evitar endeudarte y empeorar tu situación financiera. Cuando la vida te empuje de cara al precipicio, un fondo de emergencia es la red de seguridad que frenará tu caída.

Contar con un fondo de emergencia también te brinda la libertad para salir de situaciones que ya no te benefician. Si hubiera tenido un fondo de emergencia sólido, me habría sentido lo bastante segura para establecer, desde el principio, límites claros con el incompetente de mi jefe. Además, si me hubiera despedido, ¡no habría sido el fin del mundo!

Mi fondo de emergencia habría sido un apoyo para cubrir mis necesidades básicas mientras buscaba un nuevo empleo. En lugar de apresurarme o aceptar la primera oferta por pura desesperación, me habría sentido segura para tomarme mi tiempo y encontrar un trabajo que realmente encajara con mis metas profesionales y con el equilibrio que deseo entre trabajo y vida personal. Habría podido irme en mis propios términos, en lugar de agotarme trabajando hasta el cansancio.

Un fondo de emergencia te da la libertad de alejarte de un roommate problemático, de una pareja abusiva o de un lugar de trabajo tóxico. Pero vale la pena señalar que los fondos de emergencia no siempre tienen que estar vinculados a tragedias de la vida. También pueden ofrecerte un respaldo económico que te permita decirle que sí a esa emocionante oportunidad laboral en otra ciudad que hará crecer tu carrera. Si esa oferta de empleo no cubre tus gastos de mudanza, no tendrás que rechazarla. La moraleja de la historia es: un fondo de emergencia te brinda opciones.

¿Por qué las personas *First-Gen* necesitamos un fondo de emergencia?

En nuestro camino financiero, no podemos darnos el lujo de omitir los fondos de emergencia. Por eso, este es el primer tema que abordamos como parte de los First-Gen Five. Cuando sucede lo peor, las Pattys Privilegio cuentan con sus padres para que las apoyen financieramente mientras llaman a sus viejos amigos de la universidad para palanquearles una entrevista de trabajo. Las Danis Del Medio pueden pedir a sus padres, aunque no les guste mucho la idea, un préstamo sin intereses mientras se recuperan. Las First-Gen no contamos con esas redes de apoyo financiero y laboral. Nada de nada. Cero. Cuando caemos, caemos fuerte y nos partimos la madre. Lo que significa que tenemos que trabajar de antemano para que nuestra red de seguridad exista y funcione a nuestra medida.

Creencias limitantes sobre los fondos de emergencia

Al recordar algunas de las dificultades financieras que enfrenté cuando tenía veintipico de años, reconozco que muchas de ellas podrían haberse evitado si tan solo hubiera tenido un fondo de emergencia. ¿Por qué no le di prioridad a esto antes? ¡Qué mensa!

Bueno, primero, nunca me enseñaron sobre el dinero, así que ni siquiera sabía que debía tener uno. Tampoco entendía los beneficios reales ni la seguridad que me habría brindado. Tuve que sobrevivir, como diría mi papá, a los p*tazos de la vida, para reconocer la importancia de un fondo de emergencia. Aunque me cuesta, procuro ser compasiva con mi yo de veintiséis años por no saber lo que no sabía.

Revisemos algunas creencias limitantes que me impidieron darle prioridad al ahorro cuando era más joven. Mientras las lees, fíjate si alguna resuena contigo.

SENTIR QUE NO MERECÍA TENER UNO

Al principio, cuando escuchaba hablar de la importancia de ahorrar, sentía que "la cosa no era conmigo" o que quizás no mereciera.

Crecer en un hogar de inmigrantes significaba que la situación económica en casa siempre había sido difícil. Mis padres nunca ahorraron dinero. Cuando necesitaban dinero extra para imprevistos, recurrían a amigos o familiares de confianza para pedir préstamos pequeños. Eso era habitual para mí. No veía la necesidad de contar con un fondo de ahorro en casa, por lo que consideraba que tenerlo era un lujo, no una necesidad. Pensaba que los ahorros eran para quienes tenían dinero de sobra, no para quienes apenas luchaban por sobrevivir.

En mi juventud, con un salario de principiante, apenas lograba cubrir mis gastos y no pensaba que tuviera dinero extra para ahorrar. La idea de crear un fondo de emergencia parecía una meta demasiado grande e inalcanzable. Como sentía que estaba fuera de mi alcance, ni siquiera lo intentaba.

Ahora, al reflexionar, veo que podría haber destinado incluso $20 por semana para ahorrar. Aunque vivía de sueldo en sueldo, podía permitirme salir a comer con amigos o comprar zapatos nuevos. Tenía dinero, pero no la confianza para ahorrar. No entendía que ahorrar un poco era mejor que no ahorrar nada. Crear un fondo de ahorro te brinda mayor seguridad financiera.

LA CONNOTACIÓN NEGATIVA DE "EMERGENCIA"

Durante mucho tiempo, la palabra "emergencia" me provocaba una reacción negativa. Pensar en una emergencia me hacía sentir abrumada e insegura, como si estuviera en medio del caos. No me resulta placentero ni motivador concentrarme en los posibles problemas de la vida. Por eso, no le presté atención a ahorrar para un fondo de emergencia, ya que ahorrar desde el miedo y las emociones negativas no se sentía bien.

Por suerte, hay una solución sencilla para esto. Ponle un nombre que te haga sentir segura y emocionada al ahorrar. Si tu onda es ser filosa y tener buen sentido del humor, ¡también funciona! Ahorrar para un fondo de emergencia debería sentirse liberador y como si estuvieras priorizándote a ti misma. Es un acto de autocuidado. Este dinero no es para pagar deudas pasadas ni para la "futura tú" de cuarenta años. Es para la "tú del presente".

Aquí te dejo algunas ideas de nombres que le puedes dar a tu fondo de ahorro:

- Mi paracaídas

- Fondo de tranquilidad

- Me quiero mucho fund

- Usar solo en caso de tormenta

- ¡No mms, güey! fund

- Fondo pa' cuando sh*t happens

- Fondo de la Ley de Murphy

- El "a ching*r a su madre" fund

Elige un nombre que te guste y tenga significado para ti. A partir de ahora, me referiré a esto como el "fondo de tranquilidad".

PENSAR QUE PAGAR MI DEUDA PRIMERO ERA LO MÁS IMPORTANTE

Otra razón por la que nunca prioricé mi fondo de tranquilidad fue la deuda. Tenía préstamos estudiantiles que me tomarían diez años en pagar y un préstamo de automóvil de cinco cifras. En ese momento, creía que pagar mis deudas y librarme de ellas era una tarea más importante que ahorrar. Después de todo, ¿no estaba pagando intereses (o algo así) en esas deudas? Pensaba que finalmente conseguiría ahorrar dinero una vez que terminara de pagar todas mis deudas.

Pagar las deudas es crucial y también uno de los pilares del First-Gen Five. Por eso, dedicaremos un capítulo completo a este tema más adelante en el libro. Sin embargo, al no contar con ahorros, corría el riesgo de que surgieran más deudas si ocurría algo inesperado.

El dinero en tu fondo de tranquilidad está ahí para evitar que te endeudes más, ya sea con un préstamo o con una tarjeta de crédito. Puedes pagar tus deudas anteriores y, al mismo tiempo, ahorrar para el futuro. No necesitas elegir una u otra opción.

PLANEAR USAR LA TARJETA DE CRÉDITO COMO FONDO DE TRANQUILIDAD

Pensé que, si llegara a tener una emergencia financiera, podría usar mi tarjeta de crédito para cubrir el hueco. La deuda de tarjeta de crédito es el peor tipo de deuda que puedes tener, así que no es el plan financiero más inteligente usarla para una emergencia. La deuda de una tarjeta de crédito puede resultar muy difícil de pagar debido a los altos intereses (más adelante hablaremos de ello). Además, no puedes pagar todos tus gastos con una tarjeta de crédito. Si pierdes tu trabajo y no tienes ahorros, muchos propietarios no te permitirán pagar la renta con tarjeta. Necesitas tener dinero extra ahorrado, aunque solo sean $500 para empezar.

¿Cuánto necesitas en tu fondo de tranquilidad?

Ahora que entiendes todos los beneficios de tener un fondo de tranquilidad y aprendiste algunas de las creencias limitantes que te impiden construir uno, quizás te preguntes ¿cuánto necesitas en realidad?

La mayoría de los expertos financieros sugieren ahorrar entre tres y seis meses de tus gastos básicos mensuales para contar con un fondo de tranquilidad sólido. Estos gastos mínimos incluyen los costos esenciales de una persona adulta independiente, como la renta, servicios, alimentación, seguro médico y pagos mínimos de deudas. No consideran gastos extra como comer fuera, visitas al salón, regalos ni vacaciones. Solo cubren lo imprescindible para sobrevivir.

Supongamos que sumaste todos tus gastos mínimos mensuales y que el total es de $2,000. Eso significa que, para contar con un fondo de tranquilidad de tres a seis meses, necesitarías entre $6,000 y $12,000. Según Bankrate, el 88 por ciento de las personas necesita contar con suficiente dinero para cubrir al menos tres meses de gastos y sentirse cómodas con sus ahorros de emergencia[7].

¡Sé que es mucho dinero! Crear un fondo sólido de tranquilidad puede llevar meses, incluso años. ¡Y está bien! Nada se logra en un día. Yo tardé casi dos años en construirlo. Pero la paz mental y la seguridad financiera que obtienes al lograr esta meta hacen que valga la pena.

7   Lane Gillespie, *Bankrate's 2023 Annual Emergency Savings Report*, Bankrate, June 22, 2023, https://www.bankrate.com/banking/savings/emergency-savings-report/.

¿Qué tan agresivo debería ser tu ahorro para el fondo de tranquilidad?

¿QUÉ TAN ESTABLE ES TU TRABAJO?

La cantidad que debes ahorrar depende de dos factores: tu estabilidad laboral y qué tan segura deseas sentirte. Mientras escribo esto, la industria tecnológica enfrenta despidos masivos. Según Layoffs. Fyi, en 2025 se despidieron a más de 114,000 empleados del sector tecnológico debido a la adopción de la inteligencia artificial y la automatización[8]. Hace un tiempo, todos querían trabajar en tecnología, atraídos por salarios superiores a 100,000 dólares y beneficios como masajes gratuitos y cafeterías en las oficinas. Sin embargo, en el entorno actual, quienes trabajan en tecnología necesitarán un fondo de seguridad más alto que quienes tienen empleos más estables, como enfermeros o bomberos.

¿QUÉ TAN SEGURA QUIERES SENTIRTE?

Tu propia comodidad influye mucho en esta decisión: ¿cuál de estos escenarios te permitiría dormir mejor por las noches?, ¿te sentirías cómoda con un fondo de tranquilidad para tres meses o más segura si tuvieras cobertura para seis meses? Tras la experiencia de la pandemia y las interrupciones laborales, muchas personas creen que deberían contar con al menos doce meses de respaldo. Incluso conozco a quienes tienen un fondo de tranquilidad de dos años. Todo depende de qué te haga sentir más segura.

Pero ojo: acumular demasiado dinero en ahorros para una

8   Kate Park, Cody Corrall, and Alyssa Stringer, "A Comprehensive List of 2025 Tech Layoffs," TechCrunch, Yahoo!Finance, December 22, 2025, https://finance.yahoo.com/news/comprehensive-list-2025-tech-layoffs-134836336.

emergencia tampoco es recomendable. Conocí a una clienta de coaching financiero que tenía guardados 200,000 dólares en efectivo, lo cual resulta excesivo en comparación con lo que realmente necesita para cubrir sus gastos básicos de vida.

Una vez que hayas reunido suficientes ahorros para completar tu fondo de tranquilidad, cualquier dinero adicional debería invertirse en una cuenta de crecimiento, excluyendo otros ahorros a corto plazo, como el dinero que planeas usar para el enganche de una casa o auto, o los gastos de tu boda en un futuro cercano. Discutiremos esto con más detalle en el capítulo de inversión más adelante en este libro.

Información importante: las personas que han enfrentado pobreza extrema y dificultades suelen acumular dinero en efectivo como respuesta al trauma. Si notas signos de trauma financiero, busca ayuda de un terapeuta de salud mental que pueda apoyarte a construir una relación saludable con el dinero. Puedes visitar latinxtherapy.com o cliniciansofcolor.org para encontrar un terapeuta en tu área.

ACTIVIDAD: ¿CUÁL ES TU META PARA EL FONDO DE TRANQUILIDAD?

Tómate un momento y sigue estos pasos para calcular tu meta del fondo de tranquilidad.

1. Calcula tus gastos mínimos mensuales para vivir.

2. Multiplica tu respuesta por tres. Esta cantidad se considera un pequeño fondo de tranquilidad.

3. Multiplica tu respuesta a la pregunta 1 por 6. Este resultado se considera un monto elevado para un fondo de tranquilidad.

4. Reflexiona: ¿Qué tan estable es tu trabajo o tu industria? ¿Hay mucha rotación de empleados en tu departamento? ¿Estás en un puesto que se sostendría ante una recesión? ¿Tienes habilidades que te hagan un empleado necesario o codiciado? ¿Tener ahorrado el equivalente a tres meses de gastos te hace sentir segura? ¿O te sentirías más tranquila con seis meses de respaldo? ¿O quizás un punto intermedio? No hay una respuesta correcta o incorrecta, ya que cada persona tiene sus propias necesidades.

5. Establece una meta para tu fondo de tranquilidad y

continuado

¡prepárate para alcanzarla!

¿Cómo logras ahorrar tanto dinero?

Ahora que has determinado cuánto necesitas en tu fondo de tranquilidad, considerando tus gastos mensuales, tu estabilidad laboral y qué tan segura deseas sentirte, elaboraremos un plan para alcanzar tu objetivo.

Tomemos el ejemplo anterior: supongamos que elegiste un fondo de tranquilidad de 6,000 dólares para cubrir 3 meses.

1. **Establece microobjetivos:** si quieres ahorrar $6,000 en dos años, puede parecer mucho y abrumador, pero dividir esa meta en pasos más pequeños facilita el proceso. Por ejemplo, al distribuir los $6,000 en 24 meses, necesitas ahorrar $250 cada mes, lo cual resulta más alcanzable. Este microobjetivo mensual te ayuda a mantenerte enfocada y celebrar estos logros frecuentes fortalece tu confianza y motivación para seguir adelante hasta alcanzar la meta grande.

2. **Reduce tus gastos y configura una transferencia automática:** ahora que has establecido tu microobjetivo de $250 al mes, ¿cómo vas a conseguir el dinero? Revisa tus gastos y trata de eliminar los que sean innecesarios, como servicios de streaming que no usas o salidas a comer que no sean importantes. La verdad es que, para crear espacio para ahorrar, quizás necesites ser un poquito más prudente con tus gastos. Pero no te preocupes, esto no será para siempre, solo mientras estás en modo ahorro. ¡Te lo prometo! Después de hacer

este ejercicio, evalúa si puedes ahorrar esos $250 al mes. Si la respuesta es sí, ¡perfecto! Ahora, configura una transferencia automática para que ese dinero se mueva a tu cuenta de ahorros. Es mucho mejor que hacerlo de forma manual, porque, seamos honestas, probablemente se te olvide hacerlo cada mes o, peor aún, ¡te lo gastes! Automatizar la transferencia te ayuda a construir tu fondo de tranquilidad de manera sencilla y sin complicaciones.

3. **Vende cosas que no necesites:** ¿Pero qué sucede si reduces todos tus gastos y aún así no alcanzas los 250 dólares? Piensa en vender los artículos que ya no necesitas. ¿Tienes cosas que acumulan polvo en el armario? Tal vez tengas esa guitarra que no has tocado en años o la bicicleta Peloton que compraste hace tiempo y ahora solo usas como tendedero. Vende esos objetos en sitios como OfferUp, Facebook Marketplace, Craigslist o Poshmark para deshacerte de ellos y obtener dinero con rapidez. Este ingreso puede ayudarte a aumentar tus ahorros y a motivarte a seguir ahorrando más.

4. **Haz un uso inteligente de tus ganancias inesperadas:** cuando recibes una cantidad de dinero, a menudo inesperada, como un bono en el trabajo o un reembolso de impuestos, úsala con intención. Sé intencional con ese extra cash. Usa una porción pequeña (en mi caso, me gusta usar el 20%) para esos gustitos guilt-free, como un buen masaje o una noche agradable y divertida con amigos. Pero siempre guarda el otro 80 % para acercarte más a tu meta de ahorro.

Bonus tip: Si tu empleador te paga quincenalmente, recibirás un tercer cheque cada dos meses. Planea cuándo recibirás estos cheques extra y usa la misma estrategia: 20 % para diversión y 80 % para tu fondo de tranquilidad. ¡Verás cómo tus ahorros empiezan a acumularse!

5. **Búscate un side gig:** no soy fan de la cultura del hustle ni de sobrecargarte demasiado para mostrarle a todo el mundo que eres la jefa. No te voy a decir que trabajes 24/7 para construir un fondo de tranquilidad. No creo que sea sostenible. El cuidado personal y el descanso son necesarios. Tu bienestar físico y mental es tan importante como tu bienestar financiero. Pero con la alternativa de los trabajos temporales, se ha vuelto más fácil ganar dinero rápido, ¡a tu ritmo y a tu manera! Y cuando entra más cash, puedes ahorrar más.

En mis tiempos, si querías ganar un dinero extra, tenías que ir en persona a rebuscarte un empleo en algún lugar como Jack in the Box. Te tocaba ponerte un uniforme ridículo y unos zapatos de goma horrorosos, lidiar con un jefe pesado al que se le subió el poder a la cabeza y terminar agarrando los turnos del fin de semana porque nadie más los quería. Con la economía actual de los trabajos temporales, ahora tienes muchas más opciones. Según el Foro Económico Mundial, se espera que la economía de empleos temporales alcance 1,847 mil millones de dólares (1,847 billones) para 2032.[9]

La flexibilidad de los trabajos temporales es sorprendente. Puedes crear tu propio horario, ser tu propio jefe, elegir tus clientes y fijar tus tarifas. ¡Incluso podrías hacer todo eso trabajando en pijama desde tu casa! Si te gustan los animalitos, puedes registrarte como

9   Emma Charlton, "What Is the Gig Economy and What's the Deal for Gig Workers?" World Economic Forum, November 22, 2024, https://www.weforum.org/stories/2024/11/what-gig-economy-workers/

pet sitter en Rover o hacer diligencias para otros en TaskRabbit. Si prefieres ganar dinero desde casa, puedes cobrar por editar videos en Fiverr o por asistir de forma remota a un creador de contenido en cualquier parte del mundo. Existen muchas maneras de generar ingresos en línea. ¡Ponte las pilas! Explora plataformas como Fiverr, Freelancer.com y Upwork para descubrir qué te funciona mejor y empezar a aumentar tus ganancias.

El mejor lugar para guardar tu Fondo de Tranquilidad

Hasta ahora, hemos aprendido cómo los fondos de tranquilidad pueden ofrecerte protección frente a lo inesperado y brindarte la seguridad financiera que tanto necesitas para centrarte en tu bienestar. También hemos hablado sobre algunas creencias limitantes que te dificultan alcanzar tus metas de ahorro. Además, vimos cómo calcular la cantidad ideal de dinero para tu fondo de tranquilidad y compartimos algunas estrategias fáciles y prácticas para ganar dinero extra y así aumentar tus ahorros. Ahora, vamos a tomarnos un momento para conversar sobre los mejores lugares donde puedes guardar tu fondo de tranquilidad.

Para avanzar de forma efectiva en tus metas, es recomendable abrir una cuenta aparte para ahorrar tu dinero. Cuando tu fondo de tranquilidad está en la misma cuenta de cheques que utilizas para pagar gastos diarios, puede resultar más difícil seguir tu progreso, ya que mezclas fondos de gastos y de ahorro. Además, si tu dinero está todo junto, es más fácil gastar sin darte cuenta. La idea es que progreses y ahorres más . . . ¡No que gastes de más!

UNA CUENTA DE AHORRO DE ALTO RENDIMIENTO (HYSA) MANTIENE TU DINERO SEGURO

El mejor lugar para guardar tus ahorros es en una cuenta de ahorros de alto rendimiento (HYSA, por sus siglas en inglés, High-Yield Savings Account). La mayoría de las cuentas de ahorro te pagan muy pocos intereses (y a veces ¡nada!) por mantener tu dinero en el banco. Pero eso no sucede con una cuenta de ahorros de alto rendimiento. Una cuenta de ahorros de alto rendimiento es una cuenta que te paga una tasa de interés superior al promedio nacional. Tu dinero no está bloqueado y puedes acceder a él en cualquier momento, de la misma forma en que accedes a tu dinero de la cuenta de cheques cuando lo necesitas. Muchas instituciones financieras no requieren un saldo mínimo para abrir una HYSA, lo que significa que puedes abrir una con tan solo $10 (o con la cantidad que exija el banco). Esto varía según la institución.

Un error común es pensar que una cuenta de ahorros de alto rendimiento es una inversión, pero en realidad no tiene nada que ver con el mercado de valores. Tu dinero no está siendo invertido. Solo está en una cuenta de ahorros con más beneficios y un nombre más elegante.

En términos más sencillos, una HYSA es simplemente una cuenta de ahorros más refinada y que paga mejor que una cuenta de ahorros chapada a la antigua.

Piensa en esto de la siguiente manera: si has trabajado en la industria de los restaurantes, entenderás esta analogía. Imagina tu cuenta de ahorros regular como el cliente tacaño que dejó una propina de 3 dólares sobre su consumo de 100 dólares en un restaurante. ¡A nadie le gusta un cliente que sea un crappy tipper! Por otro lado, una cuenta de alto rendimiento (la HYSA) actúa como ese cliente generoso que te deja una propina decente del 25 %. Yasss! ¿A quién no le gusta una buena propina?

¿CUÁNTO MÁS GANA UNA CUENTA DE AHORROS DE ALTO RENDIMIENTO (HYSA)?

Según la FDIC, en noviembre de 2025, la tasa de interés promedio en una cuenta de ahorros regular a nivel nacional es del 0,40 % APY. Mientras escribo esto, mi cuenta de ahorros de alto rendimiento (HYSA) en Ally Bank ofrece un 3.30 % APY. ¡Eso representa más de ocho veces!

Y esto se traduce en dinero real. Por ejemplo, supongamos que tienes $10,000 en una cuenta de ahorro de alto rendimiento. Con un APY del 3.30 %, un saldo de $10,000 generaría un poco más de $300 al cabo de un año. Esos mismos $10,000 solo te darían alrededor de $40 en una cuenta de ahorro regular. Como mencioné, una propina muy tacaña.

¿Vas a jubilarte con 300 dólares? No way! Entonces, ¿por qué no recibir 25 dólares al mes por guardar tu dinero en un banco, en vez de 3.33 dólares? Esos 25 dólares extra al mes te sirven para los antojos de café helado, cortesía del banco. Yes, please!

CÓMO EVITAR GASTARTE EL DINERO DE TU FONDO DE TRANQUILIDAD

Ahora que te entusiasmaste con las cuentas de ahorro de alto rendimiento, mi siguiente consejo es que abras tu HYSA en un banco distinto al que usas para tu cuenta de cheques.

Supongamos que tienes tu cuenta de cheques en Chase. Si tuvieras tu cuenta de cheques y una cuenta de ahorros de alto rendimiento (HYSA) en Chase, podrías transferir dinero con facilidad entre ambas cuentas en cualquier momento. La transferencia sería instantánea. ¿Gastaste un poco más de lo previsto este mes? ¡Relax! Puedes transferir un tantito de dinero desde tu HYSA a tu cuenta de cheques para cubrir tus gastos adicionales. ¡Ay, no pasa nada, solo es este mes!

Y lo mismo pasa el mes siguiente. Y el siguiente, y así sucesivamente. Este hábito negativo puede ser difícil de romper y no te ayudará a ahorrar dinero. Créeme, yo también he bailado esa cumbia.

En lugar de abrir una cuenta de ahorros de alto rendimiento (HYSA) en tu banco principal, abre una en otro banco. Esto requerirá un poco más de esfuerzo, pero también hará más difícil gastar el dinero, ya que no lo tendrás tan a la mano. Transferir dinero entre dos bancos tarda un par de días, lo que actuará como una barrera y ayudará a evitar transferencias frecuentes. Los bancos que solo cuentan con sucursales online suelen ofrecer las mejores tasas en cuentas de ahorros de alto rendimiento, ya que no tienen que mantener edificios físicos como los bancos tradicionales. También puedes consultar con tus cooperativas de crédito locales para obtener una tasa competitiva.

Si quieres conocer mis cuentas de ahorro de alto rendimiento favoritas, incluyendo las HYSAs con los bonos de bienvenida más grandes y las tasas de interés anuales más altas, visita culturaandcash.com para descargar el Paquete de Recursos C&C y acceder a una lista actualizada.

Fondos de tranquilidad para la familia

¿Qué hacer cuando tu familia enfrenta una emergencia? Usa el enfoque de Quiero y Puedo para orientarte en tu decisión. Recuerda: tu fondo de tranquilidad es tu red de seguridad en momentos difíciles. En una emergencia real, como ayudar a tu familia a pagar la renta para evitar que los desalojen, quizás debas usar ese fondo. Sin embargo, es importante reponerlo ASAP, ya que su objetivo es estar disponible cuando tú lo necesites.

FONDO DE TRANQUILIDAD FAMILIAR

Si has decidido que quieres y puedes ayudar a tu familia cuando se presenten imprevistos, puedes crear un fondo de tranquilidad familiar. Esto sería dinero aparte de tus ahorros personales, así que abre una segunda cuenta de ahorro para mantenerlo por separado.

Mi pareja y yo estamos haciendo algo parecido para nuestros padres, que ya son mayores. A medida que envejecen, necesitarán más dinero para cubrir los gastos médicos. Para nosotros, es muy importante poder ayudarlos si fuera necesario, por eso cada uno aporta $50 al mes a una cuenta de ahorros exclusiva para ellos. Nuestro objetivo es juntar $5,000 en esa cuenta. No será de la noche a la mañana; quizás tomará años lograrlo. Pero con este plan, tendremos una forma de apoyar a nuestra familia cuando más lo necesiten, sin descuidar nuestro presupuesto, endeudarnos o tocar nuestro fondo de tranquilidad personal. Win, win, and win!

ESTABLECER LOS LÍMITES DE TU FONDO DE TRANQUILIDAD

¿Y si luego de practicar el enfoque de Quiero y Puedo te das cuenta de que no tienes la voluntad ni los recursos económicos para cubrir un gasto inesperado de tu familia? En ese caso, planea tener una conversación transparente y amorosa con tu familia.

Hace unos años, mi abuela paterna necesitó una cirugía en los ojos. Mi tía en México me llamó y me pidió que aportara mil dólares para ayudar con los gastos de la cirugía. Ella asumió que, por trabajar en "el otro lado", yo tendría ese dinero listo y así de fácil. Por supuesto que yo no lo tenía. Quería ayudar, pero no podía y, para ser sincera, mil dólares es mucho pedir.

El consejo que recibes de una sociedad culturalmente insensible es que la palabra "no" basta por sí sola. Sin embargo, esa idea del "no y punto" no funciona en las familias latinas. Es necesario tener más cuidado y mostrar más compasión hacia nuestras familias. Nuestros límites en lo financiero podrían ser como estos:

- Escenario 1: Siento mucho lo de mi abuelita. Quiero ayudar con todo mi corazón, pero ahora mismo estoy un poco ajustada de dinero. No puedo enviar $1,000, pero sí puedo contribuir con $250. ¿Cuál sería la mejor forma de entregártelos?

- Escenario 2: Lamento mucho lo de mi abuelita. Me encantaría ayudar, pero ahora mismo estoy súper ajustada de dinero. No puedo enviar $1,000, pero puedo prestarte $400 con la certeza de que me los devolverás después. ¿Estás de acuerdo?

- Escenario 3: ¡Oh, no! Pobre abuelita. Quisiera poder ayudar con dinero, pero ahora mismo estoy un poco ajustada. ¿Se te ocurre alguna otra forma en la que pueda echar una mano? Podría comprar el mandado de la semana y cocinar para ella mientras se recupera. Déjame saber si eso ayuda.

- Escenario 4: Gracias por mantenerme al tanto de la cirugía de mi abuelita. Quisiera contribuir con ese dinero, pero ahora no tengo de dónde sacármelo. Estaré pensando mucho en ella y la visitaré en el hospital tan pronto como salga de su operación.

La idea es que la ayuda que decidas brindar se ajuste a tus deseos y posibilidades. Debe ser un acuerdo con el que te sientas cómoda. Puedes ajustar un poco las palabras de los ejemplos de arriba para establecer límites financieros cuando un ser querido te pida una mensualidad, un préstamo o quiera usar tu crédito para una emergencia que no es tuya. Exploraremos esto con más detalle en los próximos capítulos.

La seguridad financiera comienza con un fondo de tranquilidad

La razón por la que soy una defensora empedernida de que las personas comiencen su camino financiero con un enfoque sólido en un fondo de tranquilidad es que podría haber evitado uno de los momentos más oscuros de mi vida si hubiera contado con uno. Incluso si hubiera tenido un fondo de tranquilidad pequeño que me hubiera podido sostener durante tres meses, habría podido mandar más pronto a la ch*ngada a mi jefe explotador. Podría haber priorizado mi salud mental. Podría haber conservado mi paz emocional. Pero no lo hice porque no tenía uno. No quiero que esto te pase a ti.

Tener ahorros te da la libertad de tomar las mejores decisiones para ti. Trabajas demasiado como para que te conformes con depender de los demás. Un fondo de tranquilidad te ayuda a recuperar ese control. Recuerda: mereces estar libre de preocupaciones financieras.

Alcanzar tu meta de ahorro puede tomar tiempo, pero con perseverancia y paciencia, pronto ganarás confianza para manejar tus finanzas de manera independiente. Esto hará que te sientas más segura y optimista al administrar tu dinero. Actitud positiva = saldo positivo.

Para lograr esa gran meta, es muy importante aprender a elaborar un presupuesto sólido. Tener un presupuesto no solo te ayuda a entender mejor en qué estás gastando tu dinero, sino que también te muestra de manera sencilla dónde puedes reducir gastos para lograr tus objetivos más rápido.

En el siguiente capítulo, analizaremos cómo un plan de gastos puede proporcionarte claridad y actuar como una guía para lograr tus objetivos financieros. ¡Nos vemos allá!

CAPÍTULO 4

PRESUPUESTAR ES TU BFF

Tengo el poder de crear éxito y construir la riqueza que deseo.

Una por una, revisé el mar de fotos en la pared del salón en busca de un rostro familiar. El collage que tenía frente a mí incluía fotos de exalumnos de la secundaria de finales de los noventa y principios de los 2000. Entonces, vi a mi yo de diecisiete años. Ahí estaba, con mi toga y birrete morado y dorado, sonriendo con orgullo en mi graduación. Ese día regresé a mi ciudad natal, El Centro, California, para hablar en el career day de mi antigua escuela.

El Centro es un pequeño pueblo agrícola situado a unos treinta minutos al norte de la frontera, cerca de Baja California (México). Las carreras bien pagadas en El Centro eran solo para unos pocos privilegiados. Cualquier persona de la zona sabía que si querías "ganar buena lana", tenías que trabajar en el sector de enfermería, en la aduana o en la Patrulla Fronteriza de EE.UU. O si tenías suerte y un buen contacto, podías palanquearte un trabajo cómodo en el condado. La mayoría de los demás empleos eran mal pagados en el comercio minorista o en el sector de la hotelería.

Por esa razón, mi papá bromea diciendo que es "El Valle de la Muerte". Como crecí en el pueblo, estaba consciente de que podía hacer una diferencia si aprovechaba la oportunidad de hablar con los estudiantes y abrirles la mente a otros trabajos fuera de esos sectores. Contacté a mi maestro favorito (¡Qué onda, Mr. J!) y le pregunté si necesitaba a alguien que diera la charla en el evento anual.

Hablé ante seis grupos de estudiantes de Álgebra II y les compartí mi trayectoria profesional en la industria financiera. Les conté mi experiencia en el Community College, incluyendo cómo dejé nuestro pequeño pueblo campesino para mudarme a la Universidad de California en Santa Bárbara (UCSB), las razones por las que escogí estudiar economía y cómo empecé mi carrera en finanzas. Para mi sorpresa, los chavos se engancharon a cada palabra de mi historia y me hicieron preguntas reflexivas durante la sesión de preguntas y respuestas. Les compartí todos los altibajos de mi carrera corporativa y también mi mayor arrepentimiento en la universidad: no haber estudiado en el extranjero.

No estudié en el extranjero porque no podía costearlo. En ese entonces, pagaba todos mis gastos universitarios con préstamos estudiantiles y no quería endeudarme aún más solo para vivir la experiencia de un semestre sin preocupaciones en el exterior. Además, me daba nervios pensar en mis posibilidades laborales una vez que me graduara. No tenía conexiones ni padres con amistades que pudieran abrirme puertas. Con toda esa incertidumbre, lo último que quería era sumarle $10,000 a mi préstamo estudiantil solo para ir a tomar sangría y comer tapas en España durante un semestre.

Supuse que Barcelona todavía estaría allí después de graduarme y cuando tuviera un salario de mujer adulta. ¿Para qué viajar siendo una estudiante universitaria sin lana, cuando puedo ir como una sofisticada campeona de los negocios?

Lo que no tomé en cuenta fue que, aunque sí tendría más dinero cuando fuera empleada a tiempo completo, tendría mucho menos tiempo para viajar. Les dije a los chavos que cuando trabajas en una empresa, tienes suerte si te dan unas vacaciones de dos a tres semanas al año, ¡y cuidado! Les animé a considerar esa opción, incluso si eso significaba endeudarse. Les dije que estudiar en el extranjero era una oportunidad única para vivir en un país diferente y experimentar una cultura nueva durante un par de meses, mientras todavía son jóvenes y tienen pocas o ninguna responsabilidad adulta. Les conté que conocía a muchos amigos que se endeudaron para estudiar en el extranjero y que ninguno de ellos se arrepintió. Al contrario, sus caras todavía se iluminaban de alegría al recordar su experiencia en el extranjero. Las únicas personas que se arrepintieron fueron las que se quedaron. Personas como yo.

Luego del career day, reflexioné sobre mi experiencia y sobre mi arrepentimiento por no haber estudiado en el extranjero. Al menos, motivé a los chicos a que no cometieran el mismo error. Pero ¿y yo? ¿Se me fue el tren? ¿Perdí por completo la oportunidad de cumplir mis sueños de viajar?

Estas preguntas fueron el punto de partida de uno de los principios más profundos del First-Gen Five: el presupuesto. O, como me gusta llamarlo, el plan de gastos.

Cómo mi sueño de viajar me llevó a aprender a presupuestar

Esa charla con los estudiantes de mi pueblo natal encendió en mí una chispa y me llevó a pensar en cómo hacer realidad mi sueño de viajar. Sabía que muchas personas solían viajar en sus sesentas, después de jubilarse, pero la idea de posponer mis sueños hasta la jubilación me causaba más horror que consuelo. ¿¿¿¿¿Treinta pinches añotototes??? ¿Tengo que aguantar más de treinta años para viajar? ¿Y si no llego?

¿Y si muero joven y hermosa como Marilyn Monroe? ¿Y si llego a los sesenta, pero con los mismos problemas de rodilla que mi abuela? ¿Y si tengo un dolor de espalda insoportable como el de mi tío? ¿Cómo se supone que voy a subir torres históricas en Europa con un cuerpo adolorido? Esperar hasta jubilarme en mis sesenta no puede ser la única opción.

Como cualquier persona desesperada en busca de una respuesta, corrí derechito al buscador de Google: "¿Cómo . . . puedo . . . viajar . . . mientras . . . soy . . . joven?" Escribí como loca en mi teléfono. La mayoría de los resultados eran artículos sobre estudiar en el extranjero o sobre enseñar inglés en otro país. Pos sí, nada útil. No tenía intención de volver a la escuela para obtener una maestría y sabía que no podría mantener mi estilo de vida con un salario como maestra de inglés. Seguí escaneando la página de resultados hasta que me topé con un artículo sobre las licencias sabáticas.

Se trata de un período prolongado de descanso o de pausa laboral, común en el ámbito académico. Los profesores universitarios con antigüedad suelen tomar un año sabático cada siete años para viajar, estudiar o hacer ambas cosas. Sin embargo, no es exclusivo de los profesores; cualquier persona puede solicitarla siempre y cuando su empleador la financie o utilice recursos propios.

¿De veras? Si esto funciona, quizás no tenga que esperar hasta jubilarme para viajar durante un período prolongado. Cuando leí otros artículos sobre los sabáticos, aprendí que muchas personas los llaman "pausas en la carrera". Al revisar el manual del empleado de mi empresa, descubrí que los tacaños de mi empresa no ofrecen ese beneficio de licencias sabáticas pagadas. También me enteré de que las pocas empresas que sí lo hacen, por lo general, piden que uno haya trabajado allí entre cinco y diez años antes de poder acceder a esta licencia. No quería esperar tanto tiempo. Así que si quería hacer una pausa en mi carrera, tendría que cubrir los gastos yo misma.

Después de investigar en línea, descubrí que muchas personas podrían realizar un viaje alrededor del mundo y tomarse un año sabático dejando su trabajo, con un presupuesto de entre 25,000 y 30,000 dólares. ¡No manches, qué cantidad de lana! Después de pagar la renta, los préstamos estudiantiles, el auto, la comida y todo lo demás, me quedaba muy poquito al final de cada mes. De veritas quería tomarme un año sabático, pero ¿cómo se supone que financie una meta tan grande?

Según otras personas que han tomado licencias sabáticas, encontré que generalmente hay tres formas de financiarlas:

1. Las despidieron del trabajo y recibieron su liquidación.

2. Recibieron una herencia familiar.

3. Elaboraron un presupuesto y ahorraron dinero.

¿Entonces, podría ser despedida y esperar a recibir la liquidación? Hmm, no parecía la estrategia más inteligente. Después de todo, ¿quién quiere que lo corran?

Como Latina First-Gen, no tenía una tía rica a punto de estirar la pata y dejarme toda su fortuna. Así que bye bye a la opción #2. Eso quiere decir que la única opción disponible era la de los presupuestos.

Estaba decidida a hacer realidad mi sueño. Según lo que leí sobre otras experiencias, elaborar un presupuesto podría ser la clave para lograrlo. Pero no tenía idea de por dónde empezar, ya que nunca me lo enseñaron ni en casa ni en la escuela.

Me dispuse a aprender todo lo posible sobre presupuestos, leyendo todos los libros de finanzas personales y escuchando —en modo maratón— todos los podcasts sobre dinero que encontré. Hice cambios astutos, como mudarme a una zona de menor costo de vida y apretar la cartera para ser más intencional con mis gastos.

Compré un mapa gigante en Amazon para motivarme y marqué en él las ciudades que quería visitar durante mi viaje alrededor del mundo. Soñaba despierta, en voz alta, con mi pareja, compartiendo las actividades y destinos que planeábamos para el extranjero. Rastreaba dónde iba mi dinero cada mes. Lo tenía todo controlado, like a science experiment. Presupuestar no se sentía como una tarea, sino como un juego emocionante que podía practicar cada mes y que me acercaba cada vez más a mi gran sueño.

En dos años y medio, logré pagar toda mi deuda y ahorré 20,000 dólares. Estaba a más de dos tercios del camino para alcanzar mi meta de 30,000 dólares y dejar mi trabajo para viajar por el mundo. Lo que antes parecía una meta inalcanzable ahora se sentía cada vez más cerca. Estaba en camino de cumplir mi sueño de viajar, gracias al poder del presupuesto.

Spoiler alert: nunca llegué a hacer ese viaje alrededor del mundo. Gracias a la pandemia de COVID-19 de 2020, todos los planes de viaje se detuvieron de golpe. Mi sabático tendría que esperar. Pero ese dinero sí me fue muy útil cuando renuncié a mi trabajo a tiempo completo en 2021 para iniciar una nueva carrera como emprendedora creativa. Cuatro años después, me dio la flexibilidad para mudarme a España como nómada digital y viajar a mi manera.

La lección aquí es que hacer un presupuesto y aprender a ser intencional con mi dinero me dio opciones. ¡Y quiero lo mismo para ti!

¿Qué es un presupuesto?

Hay una frase popular en la comunidad de finanzas personales: "Si no le dices a tu dinero a dónde debe ir, te preguntarás a dónde se fue." Un presupuesto te ayuda a llevar un control de adónde va tu dinero cada mes, para asegurarte de que esté trabajando para ti y así alcanzar tus metas de vida. Tu presupuesto funciona como un mapa que te guía hasta donde quieres ir.

¿Manejarías hacia una dirección que no conoces sin usar GPS? No, ¿verdad? Pondrías la dirección de destino en tu teléfono y esperarías a que te mostrara la ruta exacta para llegar. Un presupuesto ofrece el mismo nivel de orientación para tu dinero y tus metas de vida.

Un presupuesto te permite pagar tus cuentas puntualmente, evitar endeudarte, reducir tus deudas actuales y ahorrar o invertir para metas futuras. Cuando se hace bien, crear un presupuesto puede ser muy liberador. En lugar de ignorar tus gastos, tendrás una visión clara de a dónde va tu dinero cada mes y te sentirás más segura. Un presupuesto bien diseñado también facilitará la implementación de los demás pilares de First-Gen Five, como la creación de un fondo de tranquilidad.

Mitos y verdades sobre los presupuestos

Cuando hablo de presupuestos en mis talleres de finanzas, me gusta empezar explicando qué no son los presupuestos. ¡El presupuesto tiene muy mala fama! Atribuyo esa mala fama a nuestra sociedad consumista y capitalista. Nos ahogan con mensajes de "compra, compra y compra más" y nos hacen creer que necesitamos cosas que, en realidad, no son esenciales. La palabra "presupuestar" incluso parece una grosería: decir que algo es "de bajo presupuesto" o que "estoy con un presupuesto apretado" sugiere algo negativo y, automáticamente, implica que uno no tiene ni dónde caerse muerto. Esto está muy lejos de la verdad y más adelante hablaré al respecto.

Mi objetivo en esta sección es ayudarte a ver el presupuesto no como si te echaran un caballo encima, sino como una herramienta motivadora y una guía para alcanzar tus metas y sueños en la vida. Al terminar este capítulo, tendrás los primeros pasos para iniciar una relación más saludable con tus presupuestos.

MITO: SI ESTÁS CUIDANDO TU PRESUPUESTO ES PORQUE ERES UNA MUERTA DE HAMBRE

Verdad: Si estás cuidando tu presupuesto, eres responsable y tienes tus metas bien claras. ¿Y desde cuándo es malo tener metas?

Cuando tenía veintitantos años, en mi grupo de amigas yo era siempre la que andaba en la quiebra. Mis amistades trabajaban en sectores mejor remunerados o compartían gastos con sus parejas y tenían más dinero disponible. Mi trabajo me pagaba 45,000 dólares al año y vivía sola, lo cual no alcanzaba mucho en una ciudad grande como Los Ángeles.

Los fines de semana solíamos ir al brunch a restaurantes caros y de moda. Yo no podía pagar esas salidas como mis amigas. Y no me sentía segura de mí misma para decir que no podía pagar. Entonces, ¿qué hacía? Iba de todas formas y cargaba la cuenta en mi tarjeta de crédito. Una y otra vez. Los domingos de bottomless mimosas eran divertidos y glamurosos, pero acumular una deuda de cuatro cifras en mi tarjeta de crédito ya no resultaba tan gracioso.

Ahora entiendo que "tener un presupuesto ajustado" implica tener metas financieras claras y un plan de gastos para alcanzarlas. ¡Y eso es algo de lo que deberías sentirte orgullosa!

El lenguaje que usas importa. En lugar de decir "no me alcanza", intenta decir "eso no es una prioridad para mí en este momento" o "eso no me representa tanto valor como para costearlo". Es una forma de recuperar tu poder y mostrar que un presupuesto no es algo que te sucede, sino algo que estás ejecutando intencionalmente porque tienes planes más grandes con tu dinero. ¡Y nos encanta ver a una mujer empoderada que sea la jefa de su propia vida!

MITO: NO TIENE SENTIDO HACER PRESUPUESTO SI ESTÁS VIVIENDO DE SUELDO EN SUELDO

Verdad: Si tienes menos recursos, es aún más importante que cuentes con un presupuesto.

Esto es común entre muchos hijos de inmigrantes. La mayoría de nosotros crecimos en familias con recursos limitados, viviendo de cheque en cheque, por lo que a veces nos cuesta imaginar un futuro más allá de lo que conocimos en nuestra infancia. Esta realidad tiene sus raíces en la mentalidad de escasez de la que hablamos en el capítulo 2. Cuando apenas alcanzas el dinero para llegar a fin de mes, es comprensible que sientas que no hay espacio para soñar en grande.

Pero estoy aquí para decirte que tú puedes ser la primera de tu familia en romper el ciclo de vivir de sueldo en sueldo. Nuestros padres llegaron a este país precisamente por esa razón. Tus padres no dejaron todo lo que conocían y amaban para que tú vivieras al día y contaras los días de tu próxima quincena. Ellos vinieron aquí para darnos, a nosotros y a las futuras generaciones, la oportunidad de vivir una vida mejor.

Como la primera en graduarte de la universidad, tienes un mayor potencial de ingresos y más recursos para seguir adelante. Esto es algo que quizás no pudieron lograr ellos con trabajos a salario mínimo. No hay mejor forma de honrar su sacrificio que vivir una vida llena de riqueza y plenitud.

Quisiera reconocer que un presupuesto no funciona para todos. Hay problemas sistémicos que mantienen a muchas personas negras, indígenas y de otras comunidades de color atrapadas en la pobreza y en el ciclo de vivir de sueldo en sueldo. Es muy difícil elaborar un presupuesto o salir de la pobreza cuando el sistema está en tu contra. Como primera generación de tu familia en graduarte de la universidad, tienes más privilegios y la oportunidad de romper ese ciclo.

Usa ese privilegio y sé quien da el ejemplo y abre el camino para que otros en tu familia puedan hacer lo mismo.

Por último, entiendo lo que significa no tener muchas expectativas de cumplir un presupuesto cuando, al final del mes, lo que queda es una miseria. Si estás recién graduada de la universidad, es probable que hayas quedado con deuda estudiantil y que tengas un salario de principiante. Cuando me gradué de la universidad, era un milagro si me quedaban 100 dólares en la cuenta después de pagar la renta y la comida y de cubrir el resto de mis gastos esenciales. Quizá pienses que hacer un presupuesto solo tiene sentido para quienes tienen dinero para ello, pero en realidad no es una herramienta exclusiva de los ricos ni de quienes disponen de ingresos adicionales. Si estás ganando un salario más reducido, es aún más importante que tengas una idea clara de a dónde va cada dólar que recibes. Los ricos pueden permitirse ser imprudentes con su dinero; el resto de nosotros, no.

MITO: A MEDIDA QUE AVANCE EN MI CARRERA PROFESIONAL, GANARÉ MÁS DINERO Y NO TENDRÉ QUE PREOCUPARME POR UN PRESUPUESTO

Verdad: ¡Tener más dinero no siempre resuelve tus problemas de dinero!

Solía creer que, a medida que avanzaba en mi carrera, mis ingresos aumentarían y todo se resolvería mágicamente. Pero en realidad, alguien que gana $500,000 al año todavía puede estar viviendo de sueldo en sueldo. Si alguien gana esa misma cantidad, pero la gasta en un estilo de vida extravagante, también está viviendo de sueldo en sueldo. En el mundo de las finanzas personales, a estas personas se les llama HENRYs (High Earners, Not Rich Yet): tienen altos ingresos, pero aún no son ricos.

Ganar más dinero es solo una parte de la ecuación (una gran parte), pero el dinero rinde poco si no eres estratégico ni tienes un plan para usarlo.

Si no tienes un plan para tu dinero, ¿sabes quién sí lo tiene? La industria publicitaria multimillonaria. Esta industria invierte grandes sumas de dinero y recursos para analizar la psicología humana y los patrones que nos impulsan a gastar. Utilizan este conocimiento para activar nuestras emociones y motivarnos a comprar sus productos o servicios. No les preocupa nuestro presupuesto ni nuestras metas personales; su único objetivo es vender.

Por mi trabajo como influencer, sé de primera mano cuánto dinero invierten estas empresas en publicidad. El sponsor más grande que he tenido hasta el momento me pagó casi 20,000 dólares por un solo video en TikTok. ¡Eso es más de tres veces mi salario mensual en mi último empleo corporativo! Por suerte, algunas empresas con las que suelo colaborar operan en el sector financiero y sus productos te ayudan a ganar o ahorrar dinero, no a gastar. No me involucro en promover un consumismo excesivo como otros creadores de contenido, así que mi conciencia está tranquila.

Antes, los anunciantes solo podían llegar a nosotros si escuchábamos su comercial en la radio o veíamos su cartel en la carretera. Pero ahora tienen acceso a nosotros las 24 horas del día, los 7 días de la semana, a través de nuestro celular y de las maravillas del marketing digital. Esto quiere decir que es más importante que nunca crear tu propio plan y decidir el destino de tu dinero. No sé tú, pero a mí me importa demasiado mi dinero como para dejar que un montón de gringos encopetados, detrás de un equipo de web programmers, manipulen cómo lo gasto.

Al no contar con un plan de gastos, también se corre el riesgo de caer en una trampa conocida como *lifestyle creep*; en otras palabras: ¡se te subió a la cabeza! Esto ocurre cuando empiezas a gastar más en cosas no esenciales después de recibir más ingresos. Por ejemplo, si te dieron un ascenso y ahora ganas $20,000 más, ¡felicidades! La mejor opción, especialmente si tienes deudas o metas de ahorro, sería mantener tu estilo de vida actual y usar esos $20,000 adicionales para pagar deudas o aumentar tus ahorros.

La mayoría de las personas recibe un aumento de $20,000 y se pasa de lanza: "¡A wiwi! Ahora puedo comprar un auto nuevo y mudarme a un edificio súper chido y lujoso con el dinero extra que tengo. ¡Y que no me digan nada, güey!, yo me lo merezco". Es muy probable que tanto sus autos viejos como sus edificios estén en perfecto estado. Caer en este ciclo puede hacer que te estanques en lugar de avanzar hacia tus metas financieras.

MITO: SI TENGO UN PRESUPUESTO LIMITADO, NO PUEDO HACER NADA DIVERTIDO. ES COMO SI ME CASTIGARAN POR NO TENER MÁS DINERO

Verdad: Un presupuesto bien elaborado no se siente como una carga porque está alineado con tus metas y valores.

Si tu presupuesto te hace sentir que te estás privando de las cosas que amas, ¡aguas! Lo estás haciendo mal. Un presupuesto es muy parecido a una dieta. Si intentas ponerte más saludable y decides seguir una dieta súper estricta en la que solo puedas comer pechuga de pollo y hojitas de lechuga los siete días de la semana, te vas a sentir miserable. Y no puedes permitirte algo que te haga sentir miserable. No podrás adherirte a tu plan lo suficiente como para obtener resultados reales. El truco está en escoger una dieta que puedas mantener, como una dieta equilibrada con la mayoría de las comidas saludables, pero que te permita un gustito o una recompensa ocasional para motivarte en el camino. Así es como se logran resultados.

Lo mismo pasa con los presupuestos. Si tu presupuesto solo está dirigido a las "cosas serias y gastos responsables" y no tiene por lo menos un huequito para gastar en cosas que te hagan feliz, perderás la motivación muy rápido y te darás por vencida con tus presupuestos, metas y sueños.

Los expertos tradicionales en finanzas personales, en particular, los de la generación de los Boomers, suelen burlarse de quienes compran a diario un café helado o se dan el lujo de desayunar avocado toast. Pero si esas cosas de verdad te hacen feliz, puedes encontrar la manera de incluirlas en tu presupuesto.

A mí me encanta ir al salón y consentirme con manicuras y pedicuras. Otros pueden pensar que eso es desperdiciar dinero, ya que puedes arreglarte las uñas en casa por una fracción del costo. Pero para mí, una manicura de gel fresca me hace sentir bonita, femenina y bien arreglada. Me da confianza y me mantiene motivada para trabajar y cumplir mis sueños. Lo considero cuidado personal. Reservar $100 al mes para ir al salón es la forma en que elijo gastar mi dinero de manera consciente. La clave es gastar de acuerdo con tus valores y metas, en lugar de gastar sin pensar y como loca en cosas que no te importan.

Un presupuesto saludable es el mapa que te ayuda a convertir tus sueños financieros en realidad.

MITO: HACER PRESUPUESTOS ES DIFÍCIL Y COMPLICADO, ¡ESPECIALMENTE PARA ALGUIEN COMO YO QUE NO DOY PIE CON BOLA EN LAS MATEMÁTICAS!

Verdad: Tienes las habilidades necesarias para elaborar tu presupuesto.

¿Sabes la respuesta a 2+2? ¿O a 3 x 2? ¿Y a 10 ÷ 2? Si respondiste 4, 6 y 5, entonces ¿adivina qué? Tienes las habilidades necesarias para presupuestar. Sé que las matemáticas pueden parecer un poco intimidantes si no las consideras tu fuerte, pero en realidad solo necesitas conocer algunos conceptos básicos de aritmética para crear y mantener tu plan de gastos.

Algunos presupuestos pueden ser más complejos que otros. Hablaremos más sobre los métodos de presupuestación más adelante en este capítulo, pero recuerda que tu presupuesto solo será tan complicado como tú decidas que sea. No necesitas ser un experto en Excel ni un genio del cálculo diferencial para elaborar un presupuesto.

Revisión rápida del capítulo

En este capítulo, hemos tratado muchos temas; ahora revisaremos rápidamente lo que hemos aprendido.

- Un presupuesto es un plan de gastos que puede ayudarte a hacer realidad tus sueños financieros.

- Piensa en un presupuesto como un mapa que te guía hacia tus metas financieras. Al gastar dentro de ese presupuesto, demuestras que estás en control, ¡no la sociedad, los anunciantes, tus amigos ni tu familia!

- La clave para que un presupuesto sea efectivo es crear uno que refleje tus valores y metas personales.

- Las matemáticas que necesitas son básicas, solo habilidades aritméticas sencillas.

- ¡Presupuestar es tu BFF! Deja de resistirte y acéptalo; te aseguro que no te arrepentirás.

Para preparar este libro, entrevisté a algunos amigos cercanos y colegas, todos ellos profesionales First-Gen. En general, coincidieron en que uno de sus principales arrepentimientos financieros fue no haber comenzado a hacer presupuestos antes. Nadie expresó que hubiese preferido hacerlo más tarde. Aprovecha sus experiencias y empieza a desarrollar el hábito de presupuestar desde ahora.

Empieza con tu por qué

Espero haber hecho un buen trabajo hasta el momento y que hayas podido superar la resistencia inicial que sentiste al escuchar la intimidante palabra que empieza con P. Ahora que comprendes que presupuestar es fundamental para lograr tus sueños y metas financieras, vamos a hablar de cómo crear uno de manera efectiva.

El primer paso para crear tu plan de gastos es descubrir tu "por qué".

Oprah explicó de manera clara el poder del "por qué" durante una entrevista en The Daily Show. Trevor Noah, el conductor, le preguntó: "Podría decirse que has hablado con todas las personas más exitosas del mundo. ¿Qué característica crees que comparten aquellas que han logrado sus metas?"

Oprah respondió: "La gente llega a donde quiere llegar porque sabe a dónde quiere ir."

Luego prosiguió explicando que muchas personas no saben qué quieren de la vida. Están motivadas por lo que creen que deberían hacer o por lo que otros dicen que deberían hacer. Sin embargo, la pregunta más crucial que puedes hacerte es: "¿Qué es lo que realmente quiero?"

Cuando tienes valores y metas definidas, es más fácil tomar decisiones coherentes que te acerquen a tu objetivo. Tu visión te motivará a seguir adelante incluso en los momentos difíciles. Establecer metas claras funciona como un ancla que te mantiene enfocada en lo que de verdad importa y te ayuda a cambiar tus hábitos de gasto, pasando de los gastos improvisados a los gastos con propósito.

¡Esta es mi parte favorita del proceso! Es el momento de imaginar cómo sería nuestra vida ideal y qué metas financieras debemos lograr para alcanzarla. Como dice Kourtney Kardashian: "Todos tenemos diferentes prioridades", por esa razón, lo que tú consideras ideal puede ser muy diferente de lo que piensa la persona a tu lado.

ACTIVIDAD: ¡ATRÉVETE A SOÑAR!

Pon música relajante, acurrúcate en tu sofá con un cafecito caliente y hazte las preguntas que aparecen abajo. Escribe tus respuestas en un diario. No te juzgues por lo que respondas. Nadie más que tú verá tus respuestas, así que siéntete libre de expresarte y soñar a tu manera. ¡Ningún sueño es demasiado grande!

Por mucho que sientas tentación, porfis, no te saltes este paso. No es una tarea innecesaria. Cuando escribí en un diario mis respuestas a estas preguntas, experimenté un impulso poderoso y quiero que este ejercicio te provoque lo mismo.

- Si el dinero no fuera un problema, ¿cómo sería tu vida soñada? ¿Cómo disfrutarías de tus mañanas? ¿Y qué planes tendrías para tus noches?

- ¿Trabajarías? ¿Qué tipo de trabajo te gustaría realizar? ¿Prefieres trabajar a tiempo completo, parcial o por temporadas? Y si no sueñas con trabajar, ¿cómo te imaginas que sería tu manera de pasar el tiempo?

- ¿Qué tipo de vacaciones te gustan más? ¿Las relajantes y tropicales o las movidas y aventureras?

- ¿Cuánto tiempo te gusta pasar con tu familia cercana? ¿Y con tu familia extendida? ¿Los ves todos los días, unas veces al mes o quizá solo unas veces al año?

- ¿En qué lugar sueñas vivir? ¿En una acogedora casita en el campo? ¿O en un moderno departamento en el corazón de la ciudad? ¿Tal vez en el extranjero, disfrutando de una cultura diferente?

- ¿Es una prioridad para ti apoyar financieramente a tu familia? ¿Quisieras comprarles una casa a tus padres o

continuado

ayudarlos en su jubilación? ¿Quieres que tus hijos tengan una vida más cómoda que la tuya y hereden un patrimonio?

- ¿Dedicarías tiempo al voluntariado? ¿Qué causas sociales u organizaciones comunitarias te gustaría apoyar, ya sea con tu tiempo o con donaciones monetarias?

- ¿Sueñas con comenzar tu propio negocio? ¿Cuál sería tu emprendimiento? ¿Qué venderías y a quién te gustaría ayudar o servir? ¿Qué te motiva a interesarte por este negocio?

- ¿Quisieras jubilarte antes de los sesenta y cinco años? ¿O prefieres seguir trabajando y reportarte a un jefe hasta que seas una viejita arrugada y canosa?

- ¿Eres alguien que disfruta de aprender toda la vida? ¿Te gustaría estudiar en la escuela de posgrado y graduarte sin preocuparte por las deudas?

- ¿Estás lista para establecerte en un lugar y echar raíces? ¿Lista para tener un hogar y decorarlo a tu estilo?

- ¿Qué metas financieras te gustaría lograr en un año? ¿Y en cinco, diez o veinte años?

Gracias a esa claridad, logré pagar 20,000 dólares de deuda y ahorrar suficiente dinero para cubrir catorce meses de gastos en solo dos años y medio. Mi mayor "por qué" era poder cumplir mi gran sueño: dejar de trabajar durante un año y viajar por el mundo, aún siendo joven. Quería descubrir nuevas culturas y recorrer el mundo a mi propio ritmo, sin prisas ni tener que regresar estresada al trabajo para encontrar una pila de tareas. Este era mi sueño. No el sueño de mis padres ni el que imponía la sociedad. Tener ese sueño en mente me ayudó a mantenerme enfocada, a pagar la deuda y a ahorrar, incluso cuando las distracciones intentaban desviarme de mis metas de viajar.

ACTIVIDAD: ESCRIBE TUS METAS ECONÓMICAS

Tómate un tiempo sin interrupciones para reflexionar y responder las preguntas anteriores. Escribe qué te gustaría lograr financieramente en los próximos seis meses, un año y cinco años.

Aquí tienes algunos ejemplos para comenzar: pagar tu deuda estudiantil, ahorrar para tu fondo de emergencia, ahorrar para unas vacaciones, ahorrar para un auto nuevo, pagar la deuda de la tarjeta de crédito, ahorrar para un enganche o para los gastos de tu boda.

Completar este ejercicio será el primer paso para que tengas claridad sobre lo que en realidad quieres lograr con tu dinero. Necesitas una visión para gastar de manera consciente y en línea con tus metas de vida. Una vez que hayas terminado tus respuestas, tu siguiente paso será mantener tus metas a la vista.

Mantén a la vista tus metas

¿Sabías que solo el 9 por ciento de las personas cumplen sus resoluciones de Año Nuevo? Un nuevo año motiva a muchas personas a reflexionar y establecer grandes metas de vida. Se sienten muy entusiasmadas con la posibilidad de aprender algo nuevo, hacer más ejercicio o dejar de fumar. Sin embargo, esas esperanzas y sueños suelen desvanecerse en febrero, cuando la emoción inicial desaparece. En mi opinión, la motivación se pierde porque dejan de tener claro su objetivo.

Ahora que tienes claras tus metas financieras y de vida, es importante que mantengas estos objetivos presentes en tu día a día. Aquí te comparto algunas ideas:

- **Crea un *vision board*:** es una cartelera con un collage de imágenes y citas inspiradas en tus sueños y deseos. Puedes recortar imágenes de revistas o imprimir fotos de Internet. También puedes comprar por Internet un kit para elaborarlo (no son muy caros). Crea un tablero de visión que represente tus sueños más salvajes. Coloca tu cartelera en un lugar visible, como la pared de tu cuarto. La idea es que lo veas a diario y encuentres, frente a ti, la constante motivación e inspiración para seguir trabajando hacia tus metas.

  - **Pro tip:** Invita a tus amigas a una noche de charla y vinitos y diles que traigan materiales para crear juntas sus tableros.

- **Escucha podcasts:** logré mantener vivo mi sueño de viajar por el mundo gracias a todos los podcasts de viajes que escuché. Me encantaron las entrevistas y charlas con personas que tomaron sus licencias sabáticas, enseñaron inglés en el extranjero o aceptaron retos laborales en otros países. Escuchar cómo alcanzaron sus objetivos y aprender de sus errores fue inspirador y me ayudó a mantenerme enfocada en mi meta.

- **Programas de tele:** ¿Los podcasts no son lo tuyo? Intenta ver programas de TV que te motiven e inspiren a alcanzar tu objetivo. Supongamos que tu sueño es comprar tu primera casa. Mira programas como House Hunters o Fixer Upper para inspirarte en el estilo de tu futuro hogar.

- **Encuentra tu comunidad:** unirte a un grupo con un objetivo común, ya sea virtual o en persona, puede resultar muy enriquecedor. Esto es aún más beneficioso cuando las personas cercanas a ti no están tan comprometidas con su camino financiero como tú. En lugar de hacerlo sola, busca tu comunidad. Podrán llamarme "baby boomer", pero yo ando metida y contenta en los grupos de Facebook compartiendo con mujeres soñadoras como yo. Los grupos más valiosos en Facebook son aquellos que fomentan debates constantes y en los que las personas hacen preguntas, buscan consejos o comparten recursos. También puedes explorar comunidades en Discord y canales en Slack. El Paquete de Recursos C&C te da acceso exclusivo a nuestro canal de Discord, donde podrás conectar y recibir apoyo de otras lectoras del libro. Visita culturaandcash. com para acceder a los materiales.

- **Lee libros:** encuentra en tu biblioteca local tu nueva lectura, ya sea de ficción o no ficción, y ¡déjate inspirar! Por mi parte, me ha motivado mucho leer memorias como *Eat, Pray, Love* y *Under the Tuscan Sun*, así como libros súper útiles sobre cómo planear un sabático y otras experiencias fantásticas e inspiradoras.

- **Usa la pantalla de tu celular:** Según Zippia, el estadounidense promedio revisa su teléfono unas noventa y seis veces al día, o aproximadamente cada diez minutos. Aprovecha este hábito a tu favor. Si uno de tus grandes objetivos es viajar al Perú, prueba fijando una foto de Machu Picchu como fondo de pantalla en tu teléfono para mantener siempre visible tu destino soñado. También puedes hacer esto con el fondo de pantalla de tu computadora.

- **Un coach financiero:** aunque puede parecer la opción más costosa, vale mucho la pena considerarla si sientes que te beneficiaría contar con una guía personalizada y un poco más de responsabilidad directa. Este profesional en finanzas te acompaña en los pasos que necesitas para alcanzar tus metas. Juntos pueden revisar tus ingresos y patrones de gasto para crear un plan que se adapte a ti. Además, un coach financiero te brinda acompañamiento, apoyo y educación financiera de manera constante, ayudándote a mantenerte en el camino y lograr tus objetivos.

Las apariencias y el gasto intencional

Hasta ahora, hemos aprendido que el presupuesto es la base para alcanzar tus metas financieras. Compartimos algunos de los mitos más comunes sobre el presupuesto que tal vez te han impedido planear el tuyo. También discutimos cómo identificar tu "por qué" y tener claridad sobre tu visión de la vida puede ser un gran impulso para lograr tus objetivos financieros. Por último, te compartimos estrategias prácticas para mantener siempre presente tu visión de vida y cómo un recordatorio visual puede ayudarte a mantener vivo tu sueño.

Ahora, dedicaremos un momento a reflexionar sobre el gasto intencional y por qué quizás resulte un concepto un poco diferente para la comunidad latina.

Practicar un gasto intencional puede marcar una gran diferencia para alcanzar tus objetivos financieros. Aunque dediques tiempo a elaborar un presupuesto detallado, si con frecuencia gastas más de lo que deberías, te será difícil avanzar. No solo estamos en una sociedad capitalista que nos bombardea con la idea constante de comprar, sino que también la cultura nos ha enseñado a preocuparnos por "las apariencias".

En la comunidad latina, es bastante común sentir que debemos vestirnos o vivir de cierta forma para recibir validación externa y ser considerados exitosos. Le damos mucha importancia a la opinión de los demás. "¿Qué pensará la gente si uso estas fachas?". "Si sigo andando en el mismo cacharro de hace mil años, van a hablar mal de mí".

Me viene a la mente la conocida frase: "Antes muerta que sencilla". ¿Realmente preferimos la muerte a la sencillez de la vida y a replantear nuestras prioridades? Cuando nos juzgamos por nuestra vestimenta o por el auto que conducimos, es fácil caer en la trampa de gastar más para aparentar algo que no somos. Después de todo, como comunidad, evitamos hablar de dinero porque es un tema tabú, ¿verdad? No andamos contándole a todo el mundo sobre nuestro patrimonio neto, nuestras deudas ni nuestro puntaje crediticio. La única forma de juzgar la calidad de vida de nuestro vecino es por lo que se ve a simple vista.

Cuando cedes ante la presión de las "apariencias", estás dando más importancia a lo que piensan los demás que a tus propias metas de vida. Resiste esa presión de complacer a todo el mundo y alístate a defender lo que de corazón te importa. No digo que esto sea fácil, sobre todo cuando nos han condicionado a buscar la aprobación de nuestra familia y de nuestra comunidad. Pero este cambio es muy necesario para que podamos ver la luz al final del túnel de nuestras finanzas.

SÉ TACAÑA Y REFINADA, A TU MANERA

¿Cómo modificas tu mentalidad para convertirte en alguien que gasta con intención? Recuerda: gastar con intención es usar tu dinero con un propósito claro. Es lo opuesto a gastar de forma impulsiva. Una persona que gasta con intención lo hace sin sentir culpa cuando se trata de aquello que realmente aprecia y elimina sin remordimientos lo que no le sirve. Gastar según tus prioridades te hace sentir empoderada y con el control de tu vida. Con el gasto intencional, tú decides a dónde va tu dinero. Ya no te dejas llevar por las presiones de los anuncios ni por las expectativas sociales.

Tengo publicada en TikTok una serie de videos titulada "3 cosas en las que soy tacaña (cheap) y 3 cosas en las que soy refinada (bougie)". Una de las razones por las que la serie tiene tanto éxito es que las personas tienen opiniones diferentes sobre qué merece o no la pena gastar dinero. Por ejemplo, yo soy bien tacaña con los muebles. Prefiero los muebles baratos de Target, al estilo de los dormitorios universitarios. No me produce ninguna emoción ni me mueve el piso tener un mueble caro y elegante solo para guardar mi ropa. Sorry, ¡simplemente no me late!

Algunas personas piensan que una mujer de treinta y pico años, casada, debería tener en su casa un armario como Dios manda. ¡Y eso no tiene nada de malo! Cada loco con su tema. Ninguna de estas personas paga mis cuentas ni administra mi dinero. Sin embargo, como soy tacaña y me ahorro plata en los muebles y otras cosas que no considero importantes, puedo presumir y ser refinada con las cosas que amo de verdad.

Me encantan los conciertos y no me importa gastar dinero en buenos boletos. Un año, gasté mil dólares para ver a Ariana Grande en la gira Sweetener World Tour. A muchas personas quizás ni se les ocurra gastar tanto en un concierto. Pero para mí, no hay nada mejor que estar en la primera fila, cantando 7 Rings a todo pulmón junto a miles de Arianators. I want it—I got it!

Para practicar el gasto con intención y evitar gastar por impulso, prueba estas estrategias:

- **"¿Esto es algo que *quiero o necesito*?"** Esta pregunta todavía me la hago hasta el día de hoy. Cuando andas de compras, ya sea en persona o por Internet, espérate un tantito y hazte la siguiente pregunta: ¿esto es un deseo o una necesidad? ¿Realmente necesito comprar esto ahora? Si es una necesidad, como el mandado de la semana, entonces gasta sin culpa. Si tu respuesta es honesta y admites que no es una necesidad sino un deseo, piensa si es un gasto intencional. Esto me pasa mucho cuando compro ropa. Cuando encuentro un par de shorts que me quedan a toda madre, me dan ganas de comprar uno de cada color. ¡Me emociona tanto encontrar algo que me queda bien que me cuesta controlar la compra impulsiva! Entonces, me acuerdo de parar y esperar un tantito para preguntarme si de verdad necesito los cinco colores o si solo quiero los cinco colores. Ese momento de pausa me ayuda a tomar mejores decisiones de compra. Me quedo con dos colores y los otros tres van de regreso en la percha. ¡Qué padre es sentirse en control y elegir gastar con cuidado y propósito!

- **"¿Gastar en esto me acerca o me aleja de mis metas?"** Si respondiste que esto es un "quiero", ¡tranquila! El dinero no solo se usa para necesidades básicas. También tienes que gastar en cosas y experiencias que te hagan feliz. Como ya platicamos, ser demasiado restrictiva con tus gastos te hará sentir frustrada y puede hacerte abandonar los planes que fijaste en tu presupuesto. El chiste está en equilibrar los gustitos ocasionales con aquellos gastos que te ayuden a avanzar sin desviarte de tus metas financieras.

- **Ir de compras con lista en mano:** ¿Alguna vez has ido a Target a comprar jabón para la lavadora y terminaste frente a la cajera con un carrito lleno de monadas y chucherías? ¡Yup! A todas nos ha pasado. Le llaman el "efecto Target". Las grandes tiendas están diseñadas para seducirnos y hacer que gastemos más de lo necesario. ¿Por qué crees que hay un Starbucks en las tiendas de Target? Los genios del marketing saben que si tienes un vaso de café en la mano mientras compras, te tomarás tu tiempo recorriendo los pasillos y, cuanto más tiempo pases en la tienda, más probable es que compres cosas que en realidad no necesitas. Lo mismo puede suceder cuando vas al supermercado con hambre. Cuando te aventuras a hacer compras con el estómago vacío, tiendes a analizar menos lo que deberías comprar y a satisfacer tu hambre comprando por impulso todo lo que se te cruza por delante. ¿Quién es la verdadera víctima? Tu presupuesto para las compras.

Para evitar gastar de más, intenta hacer una lista de compras antes de salir de casa y haz el compromiso contigo misma de seguirla lo mejor que puedas. Si no está en la lista, pero aun así lo quieres, responde con honestidad las dos preguntas anteriores.

Cuatro elementos clave para elaborar un presupuesto

Hemos revisado las actitudes financieras necesarias para presupuestar de manera efectiva. Ahora, vamos a enfocarnos en cómo elaborar un plan de gastos. Este proceso puede llevar tiempo, por lo que te recomiendo reservar entre una y dos horas para recopilar toda la información. Si es demasiado para hacerlo en una sola sesión, divídelo en dos partes. Puedes registrar los datos en una hoja de cálculo o en un cuaderno, según te resulte más cómodo. Si te gustan las tablas de Excel, puedes descargar la plantilla de presupuesto que yo misma utilizo, disponible en el Paquete de Recursos C&C en culturaandcash.com.

Estos cuatro factores te ayudarán a comprender mejor las matemáticas detrás de tu presupuesto.

1. ¿Cuánto tienes?

Empieza por hacer un inventario del dinero que tienes a tu nombre. ¿A la fecha, cuánto dinero tienes en tu cuenta de cheques y en tu cuenta de ahorros? ¿Y en efectivo? Si la respuesta es cero, no te preocupes. Todos empezamos en algún momento. Lo importante es que tú ya estás dando el primer paso al iniciar este proceso.

Ejemplo:
Cuenta de cheques: $2,000, ahorros: $500, en efectivo: $300

2. ¿Cuánto debes?

A continuación, escribe las deudas pendientes y el pago mínimo que debes realizar cada mes. Incluye todo tipo de deudas, como préstamos estudiantiles, deudas médicas, créditos de auto, hipotecas, tarjetas de crédito, entre otras.

Ejemplo:
Préstamo estudiantil: pago mínimo $400 (saldo total: $40,000)
Letra del auto: pago mínimo $300 (saldo total: $20,000)
Deuda de tarjeta de crédito: pago mínimo $50 (saldo total: $5,000)

3. ¿Cuánto dinero recibes?

Ahora, haz una lista de tus ingresos mensuales. Aquí puedes incluir tu salario laboral, pensión alimenticia, ingresos por trabajos extra, etc.

Ejemplo:
Salario laboral: $4,000 ($2,000 quincenal)
Ingresos por trabajos extra: $200

4. ¿Cuánto gastas?

Este último paso será el que más tiempo tome, pero probablemente sea el más importante. Haz una lista de tus gastos mensuales y asegúrate de incluir todas tus facturas y pagos de deudas. Esta tarea puede ser abrumadora, especialmente si tienes muchos gastos. Pero ¡dale, que tú puedes! Para facilitar el trabajo, intenta dividir tus gastos en dos categorías: fijos y variables.

Comencemos por los fijos. Los gastos fijos son los que se mantienen iguales cada mes. Por ejemplo, la renta de tu depa debe ser la misma en enero y en febrero. No es un gasto que cambie. Algunos ejemplos de gastos fijos son los del hogar (servicios de internet, electricidad y celular), el transporte (letra y seguro del auto) y el seguro de salud.

Ejemplo:
Renta: $1,500
Electricidad: $50
Internet: $80
Celular: $50
Netflix: $20
Medicinas: $30
Seguro del auto: $70
Préstamo estudiantil: pago mínimo $400 (saldo total: $40,000)
Letra del auto: pago mínimo $300 (saldo total: $20,000)
Deuda de tarjeta de crédito: pago mínimo $50 (saldo total: $5,000)

A continuación, identifica tus gastos variables. Seguramente adivinaste que estos son los gastos que varían cada mes. Por ejemplo, lo que gastas en gasolina dependerá de cuánto manejes tu auto durante el mes y de cómo varíe el precio de la gasolina.

Algunos ejemplos de gastos variables incluyen comer fuera, entretenimiento, cuidado personal, ropa, viajes, regalos, gasolina y el mandado. Para determinar tu gasto en estas áreas, descarga los tres últimos estados de cuenta del banco y de tus tarjetas de crédito y débito. Utiliza estos estados para revisar tus transacciones pasadas y calcular, a ojo de buen cubero, tus gastos en esas categorías.

Ejemplo:
Mandado: $250
Comidas fuera: $200
Entretenimiento: $100
Gasolina: $150
Cuidado personal: $100
Productos de belleza: $50

Dale seguimiento a tus gastos

¡Vamos superbién! Comenzaste a elaborar tu presupuesto con el pie derecho. Ahora que tienes claridad sobre cuánto dinero debes, cuánto tienes y cuánto entra y sale, tendrás que hacer un seguimiento de tus gastos para asegurarte de que el presupuesto que creaste refleje tus gastos reales.

Mi recomendación es que monitorees tus gastos durante al menos dos meses, idealmente tres. ¿Por qué? Es probable que descubras que subestimaste algunos gastos. Por ejemplo, si en tu primera revisión del presupuesto pusiste $200 para entretenimiento, pero en realidad gastas cerca de $300. No hay nada de malo en ser optimista, pero tu presupuesto debe ser realista. Tener una visión más clara de tus gastos te ayudará a fijar metas de presupuesto alcanzables y a evitar la frustración causada por datos inexactos.

Para llevar un control de tu presupuesto, descarga una aplicación en tu celular y acostúmbrate a documentar tus gastos en el momento en que los hagas. Tal como te acostumbras a usar una aplicación como "MyFitnessPal" para registrar lo que comes, una app de presupuestos te ayuda a dar seguimiento a tus gastos.

Hay muchas aplicaciones en el mercado, pero las que he probado por mi cuenta y que de verdad me han gustado son GoodBudget (gratuita) y Envy (con un pago único de $4.99). Son fáciles de usar y te permiten categorizar tus transacciones para saber con precisión cuáles son tus patrones de gasto. A muchas personas les resulta útil usar aplicaciones o sitios web que sincronizan la información de sus tarjetas de crédito y categorizan de forma automática sus transacciones. En lo personal, no soy fan. Por experiencia, este software tiende a etiquetar mal algunas transacciones en categorías incorrectas, lo que genera trabajo adicional.

Por ejemplo, supongamos que compraste boletos para un concierto, pero el software registra la transacción como una salida a comer. Te tocaría entrar a la web y cambiarla manualmente a la categoría correcta. ¿Quién quiere hacer doble trabajo? ¡A mí ni me vean!

Mi opinión: si de todas formas vas a corregir errores a mano, es mejor que lleves un seguimiento preciso desde el principio mediante una aplicación para presupuestar. Siempre ando buscando y probando nuevas aplicaciones de presupuestos para recomendarlas a mi comunidad en redes sociales. Si quieres una lista actualizada de mis aplicaciones favoritas para elaborar y mantener presupuestos, accede al Paquete de Recursos C&C.

Analiza y ajusta tus gastos

Una vez que hayas llevado un registro de tus gastos durante dos o tres meses, estás lista para los siguientes pasos:

1. **Evalúa:** revisa el presupuesto inicial que creaste hace un par de meses y compáralo con tus gastos reales. ¿Estás satisfecha con lo que estás gastando en cada categoría? A lo mejor te diste cuenta de que estás gastando más de lo que quisieras en comer fuera. Quizá pusiste un valor muy alto para el gasto de gasolina. Ajusta los números de tu presupuesto para que se acerquen más a lo que en realidad gastas y a lo que te gustaría destinar. Recuerda que no solo es importante reducir gastos, sino también darte tus gustitos. Ahora que tienes los números reales, ¿cuánto espacio tienes para avanzar hacia tus metas financieras, como pagar deudas o aumentar tus ahorros? ¿$100 al mes? ¿$500 al mes? ¿Más? Anota tu evaluación en tu cuaderno o en la app de tu presupuesto.

2. **¿Qué pasa si no me queda ni un centavo?** Si te das cuenta de que al final del mes te queda muy poco o nada de espacio para encaminarte hacia tus metas, significa que debes reducir tus gastos y generar más ingresos para crear ese espacio adicional. No te sientas mal; todas comenzamos de cero alguna vez. La primera vez que hice este ejercicio me di cuenta de que apenitas me quedaban $100 libres a fin de mes. En el próximo capítulo, hablaremos de algunas formas de crear ese espacio que le hace falta a tu presupuesto sin sentirte restringida ni agotada.

3. **Revisa nuevamente tus metas:** ahora regresa al comienzo de esta sección, donde escribiste tus metas a corto plazo. Digamos que algunas de tus metas son crear tu fondo de

tranquilidad, pagar tu préstamo estudiantil y ahorrar para unas vacaciones. Si a fin de mes te quedan $600, decide cómo distribuir ese dinero para tus metas.

Estas combinaciones te pueden servir:

- $200 para el fondo de emergencia, $200 como pago extra del préstamo estudiantil y $200 para el ahorro de vacaciones.

- $400 para el fondo de emergencia, $100 como pago extra del préstamo estudiantil y $100 para el ahorro de vacaciones.

- $300 para el fondo de emergencia, $50 como pago extra del préstamo estudiantil y $250 para el ahorro de vacaciones.

- O cualquier otra combinación que te parezca adecuada para distribuir tus $600.

USA FONDOS DE RESERVA PARA MANTENER ALINEADOS TUS GASTOS

Cuando pienses en tus metas a corto plazo, también debes considerar los fondos de reserva. No confundas los fondos de reserva con los fondos de tranquilidad. Recuerda: el fondo de tranquilidad es para cubrir emergencias imprevistas, como una pérdida repentina de empleo. En cambio, un fondo de reserva es una forma inteligente de ahorrar para un gasto previsto. Estos fondos son útiles para gastos grandes e irregulares.

Los fondos de reserva funcionan porque estás apartando dinero para un gasto que sabes que vendrá. Si planificas para este gasto del futuro, no pondrás patas arriba tu presupuesto cuando llegue el momento de hacerlo.

Un ejemplo claro es el de los regalos de Navidad. Ya sabemos que ese gasto viene sí o sí y también cuándo llegará. Entonces, en lugar de volverte loca buscando dinero extra para comprar regalos o cargarlos a la tarjeta de crédito, puedes crear un fondo de reserva.

Si tu plan es gastar $500 en regalos de Navidad, divide $500 entre doce meses y te dará alrededor de $42. Eso quiere decir que, si ahorras $42 durante 12 meses comenzando en enero, para diciembre tendrás el dinero necesario para comprar los regalos sin preocupaciones ni deudas. ¿A poco y no dan ganas de celebrar?

También puedes usar fondos de reserva para pagar otros gastos irregulares, como la prima anual de tu seguro de auto, gastos veterinarios, vacaciones y mantenimiento del auto. Identifica para qué gastos futuros puedes crear un fondo de reserva e incluye los aportes a dicho fondo en tu presupuesto mensual.

4. **Escoge un método para presupuestar:** Ahora que has entendido mejor tus hábitos de gasto y has decidido cuánto dinero adicional deseas destinar a tus metas a corto plazo y a tus fondos de reserva, es momento de elegir un método para presupuestar que te ayude a alcanzarlas. Aquí te comparto algunos, organizados de los más fáciles a los más complejos, para que puedas probar el que mejor se ajuste a tus necesidades.

Cuatro maneras de presupuestar que sí funcionan

Método del sobre: el método del sobre, conocido en inglés como "cash stuffing", consiste en dividir el dinero en efectivo en sobres separados que representan tus categorías de gasto. Supongamos que presupuestaste 300 dólares al mes para el entretenimiento. Al inicio del mes, retirarás $300 del cajero automático y los pondrás en un sobre llamado "entretenimiento". Para tus gastos de entretenimiento, solo podrás usar el dinero del sobre correspondiente. Y aunque te haga ojitos, ¡ni se te ocurra usar la tarjeta de crédito para estos gastos!

Cuando se terminen los 300 dólares del sobre, ¡puf! ¡Se acabó! No hay más gastos de entretenimiento porque has alcanzado el monto presupuestado del mes. Debes ser disciplinada y respetar el tope que asignaste. No debes sacar dinero de otro sobre ni usar la tarjeta de crédito.

Este método es excelente si tiendes a gastar de más. Al utilizar dinero en efectivo, te vuelves más consciente de tus decisiones de compra. Cuando pagas con tarjeta o con Apple Pay o Google Pay, la transacción resulta menos tangible y no se siente tan real. Hoy en día casi nadie intercambia dinero en efectivo. Pero créeme, no hay nada más real y tangible que el "cash" y eso es lo que te ayuda a controlar las compras impulsivas.

Si no quieres llevar efectivo contigo por miedo a perderlo, puedes usar una aplicación como GoodBudget para pagar con sobres virtuales.

Herramientas en línea: puedes usar una plataforma gratuita de presupuestos, como Empower, para sincronizar y categorizar tus transacciones. Recuerda que en este caso, será necesario que revises y ajustes de forma directa las transacciones al final del mes para que queden en la categoría adecuada. Pruébalo y decide si este método funciona para ti.

Págate a ti misma: para este método deberás configurar todos los pagos de tus gastos fijos y de tus metas de ahorro para que se descuenten en cuanto recibas tu salario. El saldo que quede después de cumplir con tus prioridades será lo que puedas gastar el resto del mes libremente y sin preocupaciones.

Supongamos que te pagan la quincena el primero y el quince de cada mes. Puedes configurar pagos automáticos en tu banco para que, tan pronto recibas tu dinero, se destinen a cubrir gastos fijos como renta, celular e internet, y también a tus metas de ahorro, como $100 para vacaciones y $200 para el fondo de emergencia. La idea es que, como no puedes gastar más de lo que tienes, estás creando una barrera que proteja tus prioridades. Lo que más tiempo lleva es dejar listo el sistema para que funcione en piloto automático; después de hacerlo, no tendrás que intervenir más. De los cuatro métodos que comparto, este es el más sencillo.

Hoja de cálculo: Sé que a muchas personas se les ponen los pelos de punta cuando menciono hojas de cálculo, pero este es un libro de finanzas personales y, en este universo, merecen una mención honorífica. Microsoft Excel es una excelente herramienta para organizar tus finanzas y es lo que yo uso en mi día a día. ¿Tablas y fórmulas que hagan los cálculos por ti? ¡Yes, please! Puedes ajustar el formato y el estilo, y agregar diferentes pestañas cada mes para dar seguimiento a tus gastos. ¡Recuerda visitar culturaandcash. com para descargar gratis la plantilla exacta que uso para mi presupuesto mensual!

Elegir el método correcto para tus presupuestos es como ir de shopping por unos jeans nuevos: tendrás que probar varios hasta encontrar el que te quede perfecto. Recuerda que "no hay atajo sin trabajo", así que sé paciente contigo misma y acepta que cometerás algunos errores en el camino. Mantén tu compromiso de encontrar la opción que mejor se adapte a ti y a la realización de tus sueños.

Presupuestar pensando en la familia

Ahora que estás dando pasos para crear el hábito de presupuestar y registrar tus gastos, recuerda que cualquier dinero que compartas con tu familia también debería estar incluido en tu presupuesto. Si con frecuencia ayudas a tu familia con algunos gastos pero no los anotas, no tendrás una idea clara de cuánto gastas cada mes. Si para ti es importante incluir a tu familia en tu presupuesto, prueba estas estrategias:

INICIA LA CONVERSACIÓN

Habla con tu familia y comparte con ellos que estás aprendiendo a administrar mejor tu dinero y que para ti es muy importante incluirlos en tu presupuesto. Pregúntales qué tipo de ayuda financiera podrían necesitar y con qué frecuencia. Sabemos que son mejores las cuentas claras y el chocolate espeso, así que pídeles que sean lo más específicos posible: ¿Quisieran ayuda para cubrir algún gasto mensual fijo en su hogar? ¿O prefieren contar contigo solo en caso de emergencias? ¿Qué tipos de emergencias económicas han enfrentado antes y cuánto han costado? Con toda esta información, podrás estar mejor preparada para apoyarlos de la mejor manera posible.

ASIGNA UN VALOR FIJO PARA UNA MENSUALIDAD

¿Tu familia necesita dinero de manera regular? Inclúyelo en tu presupuesto mensual como si fuera otro gasto fijo. Decide cuánto puedes aportar y comprométete a enviar sin falta la cantidad pactada. Por ejemplo, si decides darles una mesada de $100 cada quince días, suma $200 a tus gastos mensuales en la categoría de gastos fijos. Mantén la constancia y envíales el dinero cada quincena. La regularidad te ayudará a mantenerte dentro de tu presupuesto. Puedes transferir dinero de forma sencilla con Zelle, Venmo o en efectivo.

CREA PARA ELLOS UN FONDO DE RESERVA

En el capítulo anterior, compartimos ideas sobre fondos de tranquilidad y cómo puedes crear uno dedicado al cuidado de tu familia. Si alguien en tu familia necesita ayuda con gastos importantes, como costos médicos o arreglos en el hogar, considera crear un fondo de reserva y llámalo "fondo de apoyo familiar". ¿Te gustaría tener $500 para una emergencia familiar? ¿$1,000? Piensa en una cantidad que sea cómoda para ti, divídela entre doce y haz el hábito de ahorrar esa misma cantidad cada mes.

O ESTABLECE EL LÍMITE

Recuerda: un límite es una línea saludable que alguien establece para cuidar su bienestar. Si usaste el método Quiero y Puedo y descubriste que no tienes los recursos económicos para ayudar o prefieres concentrarte en tus metas financieras, está bien. Si tu familia te presiona para que des dinero que no tienes o no estás dispuesta a gastar, sé amable y diles que te encantaría colaborar, pero primero estás trabajando en mejorar tus finanzas. En su lugar, ofrece tu tiempo o tus consejos. Y si te acusan de ser una coda o una muerta de hambre por rechazar, recuerda que no es verdad. Ser quien rompe el ciclo en tu familia no será fácil, pero puedes lograrlo. Más adelante, cuando sea un momento más adecuado o tengas dinero extra, podrás brindar apoyo económico. Decirle a tu familia "ahora no puedo" no significa "nunca podré".

Un presupuesto es el primer paso hacia tu bienestar financiero

En este capítulo, platicamos sobre cómo el presupuesto puede ser un mapa que te acompañe en el camino hacia tu futuro ideal. Un presupuesto no debería limitarte. En cambio, debe permitirte gastar con intención en lo que es importante para ti y reducir los gastos en lo que no lo es. Es un plan para administrar tu dinero. En comparación con los otros pilares del First-Gen Five, presupuestar puede ser el más difícil de adoptar. La neta es que se siente complicado porque el gasto consciente debe ser una práctica diaria. No se trata solo de prender un switch y olvidarse, sino de un compromiso que merece tu constancia y esfuerzo. Por eso, la mayor parte del capítulo está dedicada a ayudarte a adoptar una mentalidad financiera más positiva y a desaprender creencias limitantes que te impiden aprovechar todo el potencial de tus presupuestos.

Confía en el proceso y no permitas que las presiones externas te hagan gastar en cosas que no son importantes para ti. Al tener una visión clara y elaborar un presupuesto que la refleje, te será más sencillo mantener el rumbo.

Puede tomarte meses o incluso años acostumbrarte al ritmo y a la práctica del gasto intencional. Pero, con la práctica, te saldrá natural. Ten en cuenta que presupuestar es un proceso de prueba y error. Sé paciente. Los errores que cometas en el camino son normales, así que no seas tan dura contigo misma y date ánimos para continuar, ya que el siguiente mes lo harás mejor. Recuerda no perder de vista tu propósito y mantener vivo tu sueño. Porque cuando le das un propósito a tu dinero, eres más consciente de cómo administrarlo.

Por último, ten en cuenta que esto de apretar la correa y presupuestar con tanto rigor no será para toda la vida. Una vez que alcances las metas más importantes, como librarte de las deudas o ahorrar lo suficiente para tu fondo de tranquilidad, tendrás dinero extra disponible para otras metas financieras o para mejorar tu calidad de vida. Tendrás más espacio para disfrutar de los placeres de la vida sabiendo que también has construido una base financiera sólida para ti. Pero primero, tienes que esforzarte para lograr esa estabilidad económica. Piensa en lo agradecida que va a estar tu "yo" del futuro.

Presupuestar puede resultar mucho más fácil cuando dispones de mayores ingresos. Sin embargo, como latina First-Gen con una historia y un camino diferentes, tal vez tienes algunas deudas que dificultan contar con dinero extra. En el próximo capítulo, analizaremos cómo la deuda puede influir en tus finanzas y cómo reducirla puede mejorar de forma significativa tu bienestar financiero. Quiero motivarte a tomar el control de tu proceso de pago y ofrecerte consejos para pagar tus deudas en menos tiempo. Cuando elimines la deuda, tendrás más dinero para gastar en lo que consideras importante.

CAPÍTULO 5

LA DEUDA DEBE INCOMODARTE

Mis finanzas van a mejorar y me llevarán más allá de mis sueños.

Era el otoño de 2016 y estaba en busca de un cuarto de alquiler en Carlsbad, una agradable zona costera en el norte de San Diego, California. Acababa de comenzar un nuevo trabajo y pensaba que sería ideal vivir cerca para ahorrar tiempo en el trayecto. Pronto encontré en Craigslist una publicación de una mujer llamada Claire, que parecía perfecta para lo que necesitaba.

El anuncio en Craigslist describía a Claire como una mujer de la casa, amante de los perros y el ejercicio. Hasta ahora, todo iba bien, pensé. Cuando la conocí en persona para ver el cuarto que tenía disponible, llevé a mi perrita, Bailey, para asegurarme de que se acoplara con sus dos labradores negros, que se veían un poco llenitos. Los perros se olfatearon entre sí y corretearon amistosamente por el patio. Claire fue amable y respondió con paciencia todas mis preguntas sobre el vecindario y la casa de tres cuartos en la que seríamos roomies.

Esa misma noche, le conté a mi mamá que había encontrado un lugar que cumplía con todos los requisitos: quedaba a diez minutos de mi nuevo trabajo, tenía un patio grande para mi perro y la renta mensual era adecuada. Cuando mi mamá vio las fotos que le mostré de Claire, me miró horrorizada. "No te vayas a mudar a ese lugar; esa mujer tiene cara de loca", me advirtió. ¿Qué hice yo? Por supuesto, ignoré su opinión sin fundamento y firmé el contrato de alquiler esa misma semana.

¿Compañera de casa o pesadilla?

Al principio, la convivencia era ideal. Claire trabajaba medio tiempo en un supermercado y el resto del día lo pasaba en casa. Me gustaba la idea de que Bailey tuviera compañía mientras yo trabajaba casi todo el día fuera. Cuando llegaba, desde la puerta me recibía el delicioso aroma a canela y cáscaras de naranja del agua aromática que Claire siempre hervía en la estufa. A veces, cuando tenía que trabajar hasta tarde, me dejaba una nota en la mesa de la cocina que decía: "Te dejé sopa por si se te antoja servirte".

Aunque ella era treinta años mayor que yo, teníamos una buena dinámica. Con frecuencia pasábamos las tardes hablando de nuestras familias o de los dramas del trabajo. Me sentía segura y tranquila, y Bailey tenía nuevos amigos perrunos con quienes jugar. Un mes después, otra mujer llamada Jen se mudó a la casa. Era una instructora de yoga sin hijos, un par de años mayor que yo. Era relajada, ordenada y respetuosa. ¡La casa se sentía súper tranquila! Como un santuario zen y un buen lugar de descanso tras mis horas intensas de trabajo.

No había pasado ni un mes y medio cuando Jen me contó que se iba a mudar. La noticia me sorprendió, pero pensé que a lo mejor había conseguido un trabajo nuevo y que le quedaría lejos del área, o que había decidido alquilar un depa para ella sola para tener privacidad. "¿A poco y te vas a mudar con tu novio?" le pregunté, haciéndome la chistosa y, al mismo tiempo, con ganas de que me soltara algún chisme. Ella negó con la cabeza y en su rostro se dibujó una sonrisa incómoda. Al instante, me confesó que no se sentía en paz viviendo con Claire. Se me hizo un nudo en el estómago y la miré, confundida.

"Claire se pasa el día entero tomando licor en su habitación", susurró. En dos ocasiones, la había encontrado azotando los gabinetes de la cocina y murmurando cosas sin sentido. Incluso le había gritado a Jen sin motivo aparente.

Jen era exactamente lo que uno esperaría de una instructora de yoga: tranquila, relajada y serena. Por eso, que de la nada Claire comenzara a gritarle, no tenía sentido en absoluto. Al menos, no la Claire que había visto en las últimas semanas. Pero ¿qué sabía yo? Si yo estaba todo el día en la oficina, mientras que Jen y Claire, gracias a sus horarios flexibles, pasaban más tiempo juntas en casa.

Que Jen decidiera irse tan rápido me puso en alerta. Primero, me acordé de lo que dijo mi mamá, que Claire tenía "cara de loca". Y ahora, súper-zen Jen decía que Claire era explosiva y andaba todo el tiempo "hasta las chanclas". ¿Será que yo estoy ciega?

Pero cuando el río suena, piedras trae. Un par de semanas después, la verdadera Claire empezó a resurgir. Pasó a regañarme diciendo que debía prestar más atención a la limpieza de la casa. Como era la primera vez que tocaba ese tema del aseo conmigo, su acusación y su tono condescendiente me tomaron por sorpresa. Pensé que quizás había tenido un día complicado en el trabajo, así que le sonreí y le dije que no había problema y que, con mucho gusto, podíamos platicar sobre sus expectativas de limpieza para asegurarnos de estar en sintonía.

Esa misma noche, Claire me entregó una lista con mis tareas de limpieza diarias, semanales, quincenales y mensuales. ¡Se pasó de lanza! No soy Marie Kondo, pero siempre me esfuerzo por mantener el espacio limpio y recoger cualquier cosa que se desordene o se ensucie. Era una lista de tareas, como esas que te daban de niña para ganarte la mesada, aunque aquí no había mesada ni recompensa al final de la semana. La forma brusca en que me habló y esa lista ridícula me sacaron un poco de onda, pero no tanto como para sentir aún que ya no podía seguir viviendo allí.

La siguiente semana, Jen ya no estaba. Claire empezó a actuar más distante de lo habitual. Evitaba mirarme a los ojos cuando nos encontrábamos en las áreas comunes de la casa y pasaba mucho tiempo encerrada en su habitación, sola. Si necesitaba preguntarle algo, ella respondía súper mamoncita y con pocas palabras. Los agradables días del aroma a canela y naranja habían quedado atrás.

Una noche, mientras limpiaba después de cenar, abrí la basura y la encontré llena hasta el tope con un montón de botellitas de vino vacías. Debían haber sido unas veinte de esas botellas miniatura de Sutter Home, todas en el basurero. Ahí sí me cayó el veinte y enseguida entré en pánico. ¡Jen tenía razón; Claire era alcohólica!

La verdad es que no soy ninguna persinada. Me encanta tomar de vez en cuando una buena michelada o un Bellini con mis amigos, pero ese montón de botellas me pareció excesivo y perturbador, y más viniendo de alguien que parecía vivir una vida saludable y amar el ejercicio, tal como se mostró en su publicación en Craigslist y en la primera vez que nos vimos. El hecho de que aparentara ser lo que no era me hizo sentir incómoda y vulnerable. ¿Qué otras mentiras me habrá dicho?

Esa misma noche empecé a buscar un nuevo lugar para mudarme, pero todas las opciones disponibles estaban carísimas y fuera de mi presupuesto. Me entró la angustia. Mi casa ya no se sentía como un refugio seguro. En el camino a casa después del trabajo, a menudo me preguntaba con qué versión de Claire me toparía. ¿Sería la dulce Claire, que compartía la cena conmigo y se interesaba por cómo me iba en el trabajo, o la grosera con las greñas alborotadas que me trataba como si hubiera insultado a su madre?

Vivía en una rutina explosiva e impredecible que me generaba ansiedad, sobre todo cuando sabía que en unos meses tendría que estudiar para una certificación laboral que requería toda mi atención.

Necesitaba un lugar seguro y tranquilo para vivir y estudiar, si no quería tronar en el examen. Mi casa era como un campo minado y sentía como si estuviera al borde de un precipicio; siempre inquieta y a la espera del próximo arrebato de Claire. Le conté a una compañera de trabajo lo que ocurría en casa. Ella me miró con horror y me aconsejó que me fuera lo antes posible. Incluso me regaló un spray de pimienta de bolsillo para protegerme.

La gota que derramó el vaso ocurrió un día en que llegué temprano a casa y la encontré desbaratada, como si hubiera habido un terremoto. La sala estaba patas arriba. Había mantas y almohadas regadas por todo el piso. Las alfombras estaban arrugadas y todas las luces de la casa estaban apagadas. Los bebederos de agua de sus perros no tenían ni una gota. ¡Esto fue lo más alarmante, ya que sus perros eran como sus hijos! Les puse comida y agua a los perros y busqué a Claire, pero no la encontré por ningún lado. Sobre la mesa de la cocina me topé con un montón de sobres abiertos con facturas y cartas que decían: "PAGO ATRASADO" y "AVISO DE TERMINACIÓN", en letras rojas, en negrita, y con la palabra "URGENTE" en mayúsculas. Otra decía algo sobre una hipoteca en mora.

OMG. Claire atravesaba graves problemas económicos, lo que explicaba el consumo excesivo de licor y los cambios de humor. En ese momento, fue evidente para mí que sus problemas con el alcohol, su comportamiento errático y las dificultades financieras por las que atravesaba eran una receta para el desastre, y yo no quería meterme en nada de eso. Esas malas vibras no eran para mí. ¡Tenía que alejarme, y rápido!

En busca desesperada de opciones

El problema era que todos los departamentos que encontraba en la zona costaban casi el doble de lo que pagaba en ese momento. Estaba pagando $900 de alquiler por un cuarto y apenas podía con eso. Un departamento pequeño me costaría al menos $1,500. Compartir con otra persona desconocida de Craigslist no era una opción porque, ahora más que nunca, sabía que necesitaba estabilidad para mi próximo examen y para no descarrilar mi bienestar mental. No podía arriesgarme a encontrar otra cajita de sorpresas ni exponerme a otra mala experiencia con una roomie impredecible.

Para colmo, en ninguno de los lugares que encontré aceptaban a Bailey, mi labradora mix de 60 libras. Buscar un nuevo hogar era urgente, pero encontrar uno que se ajustara a mis necesidades y a mi presupuesto parecía una misión imposible. Comencé a llenarme de angustia; necesitaba una solución, ¡y la necesitaba ya!

Y claro, para cargar aún más el cañón, solo tenía como $1,000 ahorrados, y eso no alcanzaba para un depósito de arriendo ni para pagar los gastos de mudanza en el condado de San Diego. Estaba hasta el cuello con las deudas: préstamo estudiantil, tarjetas de crédito y la letra del auto; entre eso y mis gastos fijos, mi salario se desvanecía como el agua. ¡Tenía un trabajo de lujo! Pero vivía con las justas.

Aunque contaba con el apoyo emocional de mis padres durante esta pesadilla, no tenían recursos económicos para sacarme de ese problema ni para ayudarme a encontrar un lugar seguro donde mudarme. Ni siquiera podían contribuir con una parte del alquiler mientras me recuperaba, si apenas cubrían sus propios gastos. Me sentí desprotegida, estresada y sola. Me costaba mucho dormir por las noches y, con la ansiedad a cuestas, era muy difícil concentrarme en el trabajo. ¿Para esto me esforcé tanto trabajando? ¿Para terminar atrapada en estas situaciones y sentirme como una víctima indefensa?

Una salida

Después de semanas de búsqueda desesperada, finalmente encontré un departamento de un cuarto que aceptaba a un perro de raza grande y que, más o menos, podía pagar. No me quedaría mucho dinero a fin de mes, pero podría hacer malabares para salir adelante. Con renovada esperanza, fui a ver el lugar.

El minidepartamento se caía en pedazos: el techo tenía textura de popcorn, el piso era de vinilo barato y la estufa eléctrica parecía tener décadas de uso. Pero, aunque era pequeño, anticuado y con olor a humedad, era seguro y cercano al trabajo. No era un hogar que me hiciera sentir orgullosa, pero sí sería todo mío y libre de Claire.

Entusiasmada, regresé a la oficina de arrendamiento y le dije a la gerente que me interesaba alquilarlo de inmediato. ¡Me sentí aliviada! La búsqueda de un lugar seguro para vivir había terminado. Estaba llenando la solicitud cuando la gerente se acercó y me tocó el hombro. "Señorita, lo siento mucho, pero la unidad que le interesa acaba de alquilarse a otra persona", dijo con amabilidad.

Sentí como si me aplastara una avalancha de emociones. Me cubrí el rostro y empecé a llorar sin consuelo. ¡En la torre! Acababa de perder el departamento que había encontrado con tanto esfuerzo. No tenía dinero ni control sobre la situación. ¡Ni siquiera tenía un prospecto de vivienda! No tenía nada.

La gerente se sorprendió ante mi reacción, al parecer exagerada. Seguro pensó: "¿En serio? ¿Todo esto por un departamento viejo con techos de popcorn?" De seguro la mujer debió de pensar que yo era una dramática. Pero la verdad es que, después de semanas de estrés por el dinero y la mudanza, pensar que había encontrado la solución y que luego me la arrebataran de las manos se sintió como una verdadera tragedia.

Por fortuna, la escena despertó su empatía y decidió hablar con su jefa para hacer una excepción y conseguirme un departamento similar al mismo precio. Para finales de mes, ya no vivía en la casa de Claire.

El peso de la deuda

Hoy, al recordar esos momentos difíciles, puedo ver con claridad cómo mi mala administración del dinero me había tomado por sorpresa. No tenía ahorros de emergencia y, en cambio, estaba ahorcada por una deuda que se chupaba la mayor parte de mis ingresos. En ese entonces, no comprendía que la deuda fuera mi mayor obstáculo. Pensaba que mientras cumpliera con los pagos mínimos, estaría bien y que, con el tiempo, la pagaría por completo. No entendía cómo la deuda podía afectar mi estilo de vida, mi salud mental o mi bienestar financiero. No sentía la urgencia de pagarla.

Muchas de nosotras, latinas First-Gen, comenzamos en negativo. Es difícil no endeudarse cuando eres una joven adulta sin privilegios. La deuda es casi un mal necesario en nuestro camino para salir adelante en la vida. No habría podido asistir a la universidad si no hubiera tomado préstamos estudiantiles. No habría podido llegar a mi trabajo de medio tiempo ni a mis clases en la universidad si no fuera porque saqué un préstamo para el auto. No me arrepiento de haber asumido deudas, pero desearía haber contado con un plan para controlarlas en lugar de que las deudas fueran las que me controlaran a mí.

Por esta razón, pagar las deudas es uno de los cinco pilares del First-Gen Five. En este capítulo, quiero enseñarte por qué las deudas deben considerarse una emergencia, los beneficios de vivir sin deudas y darte consejos prácticos para pagarlas de manera proactiva.

¿Qué es la deuda?

Para explicarlo de manera sencilla, la deuda es un monto de dinero que tomas prestado y tienes que devolver. Por lo general, esa plata la prestan instituciones financieras, como bancos, cooperativas o tarjetas de crédito. Pero es importante saber que estas instituciones no te prestan dinero solo porque les caes bien; lo hacen porque ganan dinero con ello, y a eso le llaman "interés", es decir, el costo que pagas por pedir dinero prestado. Cuando pides un préstamo, debes devolver la cantidad que tomaste más el interés.

Una mirada a la vida sin deudas

Cuando estaba agobiada por las deudas, me resultaba difícil imaginar una vida sin ellas. Comencé a endeudarme a los diecisiete años y no sabía qué era ser adulta sin deudas. Como eso parecía muy lejano, no lograba emocionarme ni darle prioridad a ese propósito.

No fue sino hasta que viví la pesadilla de la roomie de Craigslist que entendí de primera mano cómo la deuda me estaba frenando y afectando mi vida. No quiero que aprendas a trancazos como yo. Ahora que vivo libre de deudas, con mucho orgullo quiero compartir contigo los beneficios que ojalá hubiera sabido antes.

- **Más espacio para enfocarte en lo que te apasiona:** una vez que saldes tu deuda, el dinero que antes se destinaba a pagarla queda libre para que lo uses como se te dé la gana. Esto significa que tu dinero ganado con esfuerzo ya no va directamente a los acreedores, sino que se convierte en un ingreso disponible. Tú decides qué hacer con ese dinero. Ya no sientes que estás desnudando a un santo para vestir a otro, ni que trabajas solo para pagar deudas. ¡Es liberador, de verdad! Contarás con dinero adicional que puedes usar para alcanzar tus metas y sueños, como el enganche de tu primera casa o el de tu viaje soñado a un destino tropical. Además, tendrás recursos adicionales para apoyar a quienes amas sin sacrificar tu bienestar.

- **Menos estrés por el dinero:** cuando estés libre de deudas, sentirás que te quitaste una gran carga de encima. Estarás más estable, te sentirás más segura y tendrás más poder económico para evitar situaciones tóxicas, como meterte a vivir con una compañera problemática o trabajar para un jefe explotador. La deuda ya no te domina. Tu salud física y mental mejorará porque tendrás más margen en tus finanzas y no te sentirás tan ahorcada por el dinero que debes. Con deuda, parece que estás remando en contra de la corriente. Puedes moverte y patear con fuerza todo lo que quieras, pero al final las deudas te harán sentir cansada y con la sensación de no haber avanzado nada. Cuando estás libre de deudas, es como si estuvieras relajada en un flotador, moviéndote lento y río abajo en un día soleado, con una margarita en la mano. ¡Vivir sin deudas es genial!

- **Mayor flexibilidad y más opciones:** este es, sin duda, uno de mis beneficios favoritos. Vivir sin deudas te brinda la libertad para lograr lo que deseas. Puedes elegir dónde vivir, aspirar a las oportunidades profesionales que te apasionan y adoptar el estilo de vida de tus sueños. Gracias a estar libre de deudas, pude dejar mi trabajo de oficina y convertirme en creadora de contenido a tiempo completo en TikTok. Cuando no tienes deudas, tus gastos se reducen, por lo que no necesitas andar rebuscando dinero para cubrir lo básico. Esto me dio valor para explorar nuevas opciones profesionales, aunque al inicio no pagaban mucho. Cuando estaba endeudada, necesitaba unos $900 extra solo para mantenerme. Si aún debiera miles de dólares, no habría podido dejar mi empleo estable y emprender un camino diferente. La deuda sería una gran barrera y, además, un desperdicio total de talento y energía. Vivir con menos deudas, o sin ellas, te permite tomar el control y diseñar la vida que deseas a la medida. Tus deudas no te dominan; tú tienes el poder.

ACTIVIDAD: VISUALIZA TU VIDA LIBRE DE DEUDAS

Ahora tómate un tiempo para soñar con el uso que le darías a ese dinerito extra una vez que estés libre de deudas. Primero, calcula cuánto de tu dinero mensual se destina a pagar deudas en este momento. Cuando elimines tu deuda, ese dinero quedará disponible para que lo uses como quieras.

¿Qué harías con ese dinero? ¿Qué metas financieras podrías priorizar con el dinero extra? ¿Usarías una parte para comprarte algo o contratar algún servicio que facilite tu vida?

Ten presentes estas respuestas y úsalas como motivación mientras lees el resto de este capítulo.

Creencias limitantes sobre la deuda

Te mereces una vida abundante y libre de deudas. ¡Ya merito llega tu momento! Pero antes de comenzar este camino, necesitamos deshacernos de algunos bloqueos mentales que provienen tanto de la sociedad como de nuestra crianza y que pueden impedirte ver la deuda como la emergencia que en verdad es. ¿Qué conceptos has escuchado en casa sobre la deuda? Yo empiezo.

"TENER DEUDAS ES NORMAL."

Esta es una creencia que heredé de mis padres. Recuerdo cuando decidí tomar la iniciativa y empezar a pagar mi deuda. ¡Estaba tan emocionada de compartir mis planes con mi mamá! Cuando le conté, en lugar de recibir aplausos y porras por mi buen juicio y decisiones financieras, escuché: "¿Para qué? Siempre vas a tener deuda, de una u otra forma." Mi entusiasmo se fue encogiendo hasta que ¡puf!, se desvaneció.

Hasta la fecha, llevo más de cinco años sin deudas, por lo que la idea de que "siempre vas a tener deuda" no es cierta. Ahora lo sé por experiencia propia.

En aquel entonces, cuando mi mamá me dijo esas palabras, yo era más joven, más sensible y no tenía tanta experiencia para administrar mi dinero. Pensé que tal vez tenía razón; después de todo, es mi mamá y ha vivido más tiempo que yo, por lo que debe saber de qué habla. Ahora que he disfrutado de los beneficios de vivir sin deudas, siento una mezcla de alivio y orgullo por haber tenido la valentía de cambiar esa creencia limitante sobre el dinero y romper con ese ciclo generacional. Por eso, es tan importante rodearse de una comunidad que comparta tus ideas, te apoye y te anime mientras trabajas para mejorar tus finanzas.

No culpo a mi mamá por su mentalidad negativa respecto al

dinero; siento empatía y la comprendo. El sistema no fue diseñado para que ella prosperara. Nunca le impartieron educación financiera y nuestra sociedad capitalista se aprovechó de ella y de otros grupos marginados para hacerlos gastar y consumir a costa de su bienestar financiero. No obstante, debes saber que aunque se trate de un familiar o de alguien mayor, eso no significa que tengas que aceptar todo lo que dicen como la verdad absoluta.

ACTIVIDAD: HAZ UNA PAUSA PARA REFLEXIONAR

Tómate un momento para reflexionar sobre los conceptos económicos que has aprendido a lo largo de tu vida y considera si en realidad te han beneficiado o, por el contrario, han obstaculizado tu crecimiento financiero. Lo que no te conviene, ¡déjalo ir!

"NUNCA VOY A TERMINAR DE PAGAR."

Con frecuencia escucho a mis clientes de coaching financiero decir esto. Me viene a la mente una clienta que debía más de $200,000 por un préstamo estudiantil y no puedo evitar llenarme de empatía e identificarme con ella. ¡Doscientos mil dólares son mucho dinero! Es como cargar una pesada roca cuesta arriba. ¡Con esa cantidad de dinero hasta puedes comprarte una casa en algunos lugares del país!

Y se siente todavía más cañón cuando sabes que las Pattys Privilegio y las Danis Del Medio lograron evitar o minimizar su deuda gracias a su privilegio generacional, mientras nosotras, las Ginas First-Gen, seguimos lidiando con la carga financiera. Es absurdo que alguien pueda perder su dinero apostando en un casino y luego declararse en bancarrota, pero que un estudiante que aspira a una educación superior para tener una mejor vida quede atado de por vida a una pinche deuda. Hasta que cambien las leyes y las políticas públicas, los préstamos estudiantiles seguirán formando parte de nuestra realidad diaria, por ello, lo más sensato es aprender a manejarlos.

Mi consejo para quienes se sienten abrumados por su deuda: tómate un momento, detente, respira hondo y recuerda que tienes todo lo necesario para lograr lo que te propongas. Puedes pagar esa deuda; solo necesitas un plan, dedicación, esfuerzo constante y paciencia. Yo te enseñaré cómo hacerlo.

Los latinos y sus autos

Además de nuestras creencias limitantes sobre el dinero, he observado otro aspecto de los latinos que muchas veces nos atrapa en un ciclo interminable de deudas: la obsesión por los autos. Desde que tengo memoria, he escuchado a mi familia relacionar el éxito de alguien con el auto que tiene. Justo el otro día, cuando visitaba a mi familia, mi abuela me estaba platicando sobre la hija de una vecina y lo exitosa que es: "Le va muy bien. Trabaja en el gobierno y anda en un auto del año."

En Estados Unidos, es más habitual describir a alguien exitoso mencionando su cargo o la empresa en la que trabaja. Por ejemplo, oímos cosas como: "¡Claro! Trabaja en Goldman Sachs" o "Es directora de Desarrollo en Microsoft". Sin embargo, nunca he oído a un estadounidense decir: "Pero además, maneja un Tesla". En nuestra comunidad, en cambio, eso se interpreta como una señal de éxito.

Es importante que hablemos con sinceridad sobre cómo esta obsesión por los autos afecta a nuestra comunidad latina. Le damos demasiada importancia a qué tipo de auto manejamos. Como mencioné antes, considero que esto se debe a que muchos de nosotros no tuvimos acceso a una educación financiera, por lo que nos equivocamos al pensar que solo podemos mostrar nuestra prosperidad a través de lo que se ve.

¿Acaso todo el mundo revisa tu estado de cuenta para saber cuánta lana tienes en el banco? No, pero cualquiera puede ver qué auto tienes en tu garaje cuando se reúnen para la carne asada familiar. Y eso es lo que termina midiéndote. ¿Recuerdas cuando mencioné en el capítulo dos que mi papá tiene cuatro autos? Esos cuatro autos son su símbolo de estatus, mostrando a cualquiera que pase por su casa que él es el más chingón de toda la cuadra.

Un vehículo no debe considerarse una inversión ni un símbolo de estatus. Una verdadera inversión incrementa su valor con el tiempo, pero un auto es un activo que se deprecia, es decir, pierde valor con los años. Si compras un auto este año, en cinco años valdrá menos, no más. ¡Es más! Los autos nuevos pierden valor desde que salen por la puerta del concesionario. En lugar de ayudarte a generar dinero, un auto te cuesta dinero por el seguro, el mantenimiento, las reparaciones, el registro, la gasolina y las cuotas de financiamiento.

UN AUTO NO ES MÁS QUE UNA HERRAMIENTA

Un auto debe considerarse una herramienta necesaria para desplazarse del punto A al punto B. No te dejes engañar por las estrategias de marketing que dicen que necesitas un auto de lujo para vivir feliz.

Dos de mis mejores amigas cayeron en una de estas estrategias publicitarias y ambas compraron el mismo BMW blanco para andar igualitas. Se quejaban de los altos costos de mantenimiento y, haciéndose las chistosas, decían que querían prenderles fuego a sus autos para cobrar el seguro (por cierto, ¡que ni se te ocurra hacer esto! Es fraude). En fin, no hay necesidad de buscarse dolores de cabeza por gusto. Lo mejor es conducir un vehículo seguro, confiable y económico de mantener. Autos prácticos, como un Honda Civic o un Toyota Camry, son opciones comprobadas y económicas tanto para comprar como para mantener.

No deberías asociar tu autoestima ni tu éxito con el tipo de auto que manejas, aunque desde la infancia hayas escuchado lo contrario. ¿En qué autos crees que andan los millonarios? ¿Mercedes, Ferrari o BMW? Un estudio de Experian Automotive revela que el 61% de las personas con mayor riqueza conducen marcas como Ford, Honda o Toyota[10]. ¡Los ricos son como nosotros! La diferencia es que saben que no tiene sentido gastar mucho en un auto que pierde valor con el tiempo. En lugar de autos lujosos, prefieren modelos modestos y destinan ese dinero a aumentar su patrimonio invirtiendo en la bolsa, en emprendimientos o en bienes raíces. Así es como se construye una verdadera riqueza.

EVITA ENDEUDARTE CONSTANTEMENTE POR UN AUTO NUEVO

La mayoría de los libros tradicionales de finanzas personales te recomendarán comprar un vehículo usado, confiable y de entre dos y tres años de antigüedad. Esto se debe a que no tienen los altos costos de mantenimiento de los autos más viejos, ya que todavía

---

10   Jing Pan, "'Not Living Their Life to Impress Others': These Are the Top Car Brands that Rich Americans Earning More than $200K Drive Most—Here's Why You Should Steer toward Them Too," Yahoo, April 16, 2023, https://www.yahoo.com/now/not-living-life-impress-others-140000227.

son relativamente nuevos y cuestan mucho menos que uno nuevo en el concesionario.

Después de la pandemia, la disponibilidad de autos disminuyó, lo que hizo que los vehículos usados terminaran siendo tan caros como los nuevos. Solo he tenido dos autos y ambos los compré nuevos. No porque me interesaran los modelos del año, sino porque, viviendo lejos de mi familia, si surgía un problema mecánico, me tocaría arreglármelas sola con un mecánico poco confiable. Creo que lo mejor al comprar un auto nuevo es usarlo hasta que se caiga en pedazos.

En mi familia, es muy común comprar un auto nuevo con un crédito a cinco años y una vez que se termina de pagar, regresar al concesionario para sacar un modelo más nuevo.

Hace unos años, platiqué de esto con mi familia. Les conté emocionada que ya solo me faltaban un par de meses para terminar de pagar mi Toyota Corolla del 2011. "¡Qué chido!¿Y qué auto te vas a comprar después?", dijo mi tío. ¡Ese no es el chiste! ¡Es así como te quedas atrapada en el ciclo interminable de las deudas!

En lugar de sacar otro préstamo, sé inteligente con el dinero extra que tendrás al no estar comprometida con el pago mensual de un vehículo nuevo (esa lana extra es tu nuevo ingreso disponible). Puedes usar ese dinero adicional para ahorrar, pagar otras deudas o invertir. Así es como mejoras tus finanzas, no cavando un hoyo y metiéndote en nuevas deudas por el simple hecho de tener un auto.

Mi familia me hizo bullying durante años por andar en mi Corolla viejo (pero 100% pago). Me insistieron en que merecía darme el gustito de comprar un auto del año. Algo que me hiciera sentir orgullosa de manejarlo y de que me vieran en él. Me llené de paciencia para explicarles que estaba aprovechando ese dinero extra para pagar mis deudas, pero les valió. Lo único que ellos veían era una coda que no quería gastar su lana en un auto nuevo, aunque mi Corolla estuviera en perfectas condiciones.

En esa época y durante años, soporté las carrillas de mi familia. Pero ya no permito que otros tomen decisiones financieras por mí, y tú tampoco deberías. No dejes que se burlen de ti ni que te presionen para gastar en cosas que no puedes o no deseas permitirte, incluso si se trata de tu familia.

¿Toda la deuda es mala?

Hemos dedicado gran parte de este capítulo a explorar cómo la deuda puede dificultar que vivas la vida fabulosa y abundante que mereces. También hablamos sobre algunas creencias limitantes que podrían impedirte gestionar tus deudas de manera más agresiva. Ahora, vamos a conocer los diferentes tipos de deuda y cómo te impactan. Algunos son más perjudiciales que otros. Aquí te comparto tres que deberías conocer.

LA DEUDA POR NADA

Los tipos de deuda en esta categoría incluyen la deuda de tarjeta de crédito y los préstamos al consumidor. ¡Es la peor deuda que puedes tener! Evítala a toda costa. Si ya la tienes, enfócate en saldarla antes que los demás tipos de deuda. La deuda por nada también se conoce como "mala deuda".

La deuda por nada suele surgir por un consumo excesivo, como gastar de más en ropa, muebles, comer fuera o comprar los últimos gadgets.

Llamo esto deuda por nada, porque aunque comprar todas estas cosas puede darte una inyección rápida de dopamina, la verdad es que no incrementan tu patrimonio ni contribuyen a construir una riqueza duradera para las generaciones futuras.

Endeudarse con una tarjeta de crédito para lucir bien fashion y lograr un look perfecto para Instagram no te ayudará a generar ingresos ni a construir patrimonio. En diez años, no tendrás nada valioso que mostrar en respuesta a esa deuda. Si no ayuda a generar riqueza a largo plazo, endeudarse por eso no vale la pena. Y si no cuentas con esa suma de dinero en efectivo, no debes permitirte ese gasto.

Este tipo de deuda se puede evitar planificando tus gastos y realizando compras en cash, así evitas pagar intereses. Lo que hace que esta deuda sea aún más perjudicial es que suele tener tasas de interés bastante altas (a menudo de doble dígito), lo que hace que comprar te salga más caro. La deuda impulsiva suele surgir de la búsqueda de gratificación rápida y, además, puede acumularse por gastos excesivos derivados de las emociones, como una forma poco saludable de sobrellevar la pérdida o el duelo.

Si tienes este tipo de deuda, no quiero que te sientas avergonzada por ello. Sé compasiva contigo misma. Ya estás dando un gran paso al leer este libro y aceptar tomar el control de tu camino financiero. Pero entiende que cargar con este tipo de deuda hará que sea más difícil avanzar de verdad hacia tus metas económicas. Este es tu momento de declararte en emergencia y enfocarte en la prioridad de pagar esta deuda; más adelante te explicaré cómo hacerlo.

LA DEUDA POR EMERGENCIA

En esta categoría se encuentran las deudas por gastos médicos, las deudas con la tarjeta de crédito a raíz de un despido o la deuda por un accidente inesperado. ¡Así es la vida! De vez en cuando nos tira una curva y, cuando eso pasa, son nuestras finanzas las que reciben el golpe. Pero tú tranqui, lo único que te hace falta es un plan. Puedes prepararte para los altibajos de la vida asegurando una cobertura adecuada y un fondo de emergencia, como hablamos en el capítulo tres.

LA DEUDA POR TU FUTURO

Los tipos de deuda en esta categoría incluyen hipotecas, préstamos estudiantiles y de negocios. Aunque es la menos perjudicial de las tres, es importante que seas precavida y pienses con detenimiento antes de adquirirla.

Este tipo de deuda suele ser necesaria para realizar compras importantes, como estudiar en la universidad o comprar una casa; en otras palabras, estás invirtiendo en tu futuro. A menos que tengas padres ricos o ganes la lotería, la mayoría de nosotros tendremos que asumir este tipo de deuda para cubrir gastos tan grandes.

Asistir a la universidad puede brindarte la oportunidad de conseguir un trabajo mejor remunerado que quienes no cuentan con educación universitaria. Es una inversión en tu formación académica que, a largo plazo, puede recompensarte. Aplicar a un crédito hipotecario te permite comprar una casa para vivir y también te ofrece una posesión de capital (la propiedad) que, con el tiempo, puedes vender para obtener dinero. Un préstamo de negocio para abrir tu propio café puede ser una gran inversión en tu futuro si tu negocio prospera y resulta rentable.

La deuda de inversión suele tener una tasa de interés más baja. Por ejemplo, algunos de mis préstamos estudiantiles federales tenían una tasa del 6 por ciento, muy inferior a las de doble dígito asociadas a las deudas sin un propósito claro. La deuda para tu futuro suele estar bien pensada y forma parte de una visión a largo plazo para mejorar tu situación financiera.

Otros expertos en finanzas la llaman "deuda buena". ¡Me choca ese término! Llamarla de esa manera hizo que otros millennials y yo actuáramos de forma imprudente con los préstamos estudiantiles. Pedí más préstamos de los que necesitaba porque no entendía bien cómo funcionaban los intereses y la deuda. En la secundaria, un maestro afirmó que los préstamos estudiantiles eran "deuda buena", y esa fue la única referencia que tuve sobre la deuda estudiantil: que era "deuda buena".

Cuando la oficina de ayuda financiera me ofreció todas las opciones de préstamos estudiantiles disponibles, pensé: "¡Ándale, una buena deuda! ¡Échale más!" Sin embargo, la deuda sigue siendo deuda. Cualquier deuda puede bloquearte cuando llegue el momento de invertir en tus metas y sueños. Por eso, debería evitarse o reducirse siempre que sea posible.

Cómo saldar tus deudas

En este capítulo, exploramos cómo la deuda puede influir en tus finanzas y las ventajas de vivir sin deudas. También compartimos ideas sobre cómo superar esas creencias que nos hacen dudar de nuestra capacidad para pagar lo que debemos y aprendimos por qué comprar autos nuevos a veces puede mantenernos atrapadas en un ciclo de deuda. Además, platicamos sobre los tres tipos de deuda y cómo reconocerlos.

Por lo pronto, deberías sentirte más decidida a tomar las riendas de tu deuda y eliminarla por completo. Pero ¿qué pasa si no tienes dinero extra para pagar tu deuda de manera más agresiva? Aquí tienes tres cosas que puedes hacer para que te quede más dinero para pagarla.

1. **Reduce tus gastos:** Si sientes que no tienes dinero extra para enviar un poco más del pago mínimo mensual de tu deuda, intenta buscar formas de reducir tus gastos.

¿Podrías reducir tus gastos de vivienda buscando un roommate temporal o regresando a casa de tus padres? ¿Podrías cambiar tu plan de celular de un proveedor tradicional a uno de prepago?

¿Podrías reducir las salidas a comer y ahorrar más cocinando en casa? ¿Podrías cancelar las suscripciones que no usas para ahorrar un poco más? Según CNBC, el 42 por ciento de las personas no se dan cuenta de que siguen pagando por servicios que ya no utilizan. De veras: ¿quién necesita tantas suscripciones? ¡Piensa en toda la lana que podrías ahorrar!

Sé creativa y piensa en todas las formas posibles de reducir tus gastos. Revisa y analiza en qué estás gastando tu dinero y elimina lo innecesario. Apóyate en lo que revisamos en el capítulo anterior; te será útil para esta importante tarea.

Si examinas tus patrones de gasto y descubres que solo tienes $50 extra para pagar deudas, no te preocupes. Lo importante es que puedas utilizar cualquier dinero adicional para pagar más del mínimo requerido. Por ejemplo, si tu pago mínimo es de $200 y consigues pagar $250, esos $50 extra te ayudarán a cubrir tu saldo y a liberarte de las deudas en menos tiempo.

2. **Aumenta tus ingresos:** si ya estás hasta el cuello con tus gastos, considera aumentar tus ingresos. ¿Qué tal si platicas con tu jefe sobre la posibilidad de hacer horas extras? O tal vez sea hora de buscar un nuevo empleo que te ofrezca un mejor sueldo. Cambiar de trabajo puede ser una forma sencilla de conseguir un aumento significativo. La BBC menciona que quienes cambian de empleo suelen recibir un aumento del 12 por ciento[11]. ¡Eso es mucho más que el miserable aumento anual del 2 al 3 por ciento que te darían si te quedas en el mismo puesto! También podrías considerar un side hustle, como cuidar a los niños de tu vecino, registrarte

---

11 Alex Christian, "The Case for Job Hopping," Worklife, BBC, July 21, 2022, https://www.bbc.com/worklife/article/20220720-the-case-for-job-hopping.

en Instacart para hacer deliveries o trabajar como bartender en un restaurante cercano.

En realidad, solo puedes reducir tus gastos hasta cierto punto, pero no hay límites para aumentar tus ingresos. Anímate a explorar nuevas maneras de ganar dinero extra y usa ese dinero adicional para ir eliminando esa deuda. ¡Dale, que tú puedes!

3. **Reduce tus gastos y aumenta tus ingresos:** si puedes hacer ambas cosas al mismo tiempo, ¡estás hecha!

Voy a contarte cómo logré acelerar el pago de mis deudas: me mudé de San Diego, California, a Phoenix, Arizona, dejando atrás la hermosa costa californiana y a mis seres queridos. En Phoenix no conocía a nadie y el verano era sofocante; además, Arizona es un estado muy conservador, lleno de fanáticos de las armas con sus gorras rojas de MAGA. Pero ante la necesidad urgente de cambiar por un tiempo mi estilo de vida para tomar el control de mis finanzas, supe que mudarme era la manera más efectiva de lograrlo.

Así fue como mudarme a Arizona aceleró el pago de mi deuda: el costo de vida en Phoenix es un 31 por ciento menor que en San Diego. Gracias a eso, pude reducir mis gastos mensuales y destinar ese ahorro al pago de mi deuda. Además, el nuevo trabajo en Phoenix significó un aumento de $10,000, y ese ingreso adicional también lo utilicé para pagar mi deuda. En otras palabras: reduje mis gastos de vivienda y aumenté mis ingresos gracias a un mejor empleo. ¡Toma!

Si la opción #3 resulta imposible para ti en este momento, no te achicopales. Hacer cualquiera de las tres cosas que mencioné arriba sigue siendo mejor que ignorar tu deuda y limitarte a los pagos mínimos. Enfócate en lo que sí puedes hacer y planifica la mejor manera de rebuscar ese dinero extra para pagar tu deuda.

Elige una estrategia para pagar deudas

Ahora que hemos explorado varias formas de liberar más dinero para pagar tu deuda, hablemos de cómo aprovechar mejor ese dinero extra. Si estás decidida a controlar tu deuda antes de que ella te controle a ti, aquí tienes cuatro pasos sencillos y efectivos para guiarte en el camino.

1. **Organiza tus deudas:** Primero que nada, visita culturaandcash.com para acceder al Paquete de Recursos C&C y descarga mi organizador de deudas gratuito. Personaliza el documento editable y utilízalo para organizar tus deudas por nombre, saldo pendiente, pago mínimo, porcentaje de interés y fecha de pago. El rastreador te permitirá dar seguimiento a tus finanzas y te dará una visión clara de dónde están todas tus obligaciones.

Anota todas tus deudas, como préstamos estudiantiles, deudas médicas, préstamos para autos, hipotecas, tarjetas de crédito, etc. Ya revisamos esto en el capítulo 4, "Presupuestar es tu BFF". No dejes que las matemáticas te asusten; te prometo que son cálculos simples. Revisemos un ejemplo con números redondeados para que sea más fácil de entender.

Por ejemplo: Sonia tiene estas tres deudas:

Préstamo estudiantil: $10,000, pago mínimo $400, 5% de interés
Préstamo de auto: $2,000, pago mínimo $300, 10% de interés
Tarjeta de crédito: $5,000, pago mínimo $50, 20% de interés

2. **Elige una estrategia para pagar tus deudas:** ¿Cuál de las tres deudas de Sonia sería mejor atacar primero? ¿Debería concentrarse en una en particular o repartir sus esfuerzos para pagar todas? Una persona con poca experiencia financiera podría optar por pagar primero la deuda más elevada: los $10,000 del préstamo estudiantil.

Préstamo estudiantil: $10,000, pago mínimo $400, *5% de interés*
Préstamo de auto: $2,000, pago mínimo $300, 10% de interés
Tarjeta de crédito: $5,000, pago mínimo $50, 20% de interés

A primera vista, podría tener sentido pagar el préstamo con el saldo más alto. Pero al comparar esa deuda con las otras dos, notarás que el préstamo estudiantil tiene la menor tasa de interés. Al ser solo el 5 por ciento, el costo de ese préstamo es relativamente bajo.

Aunque el saldo sea el más alto, al tener un interés menor, la deuda resulta más económica que las otras. Esto no implica que debas esperar diez años completos para pagar tus préstamos estudiantiles, ya que recuerda: la deuda sigue siendo deuda y puede limitarte. Sin embargo, como es la deuda más barata en tu lista, no debería ser tu primera prioridad de pago. En su lugar, sería más sensato utilizar el método de la bola de nieve o el método de la avalancha.

EL MÉTODO DE LA BOLA DE NIEVE

Con este método, te enfocas en pagar primero la deuda con el saldo más pequeño.

Si aplicamos este método al ejemplo anterior, concluimos que Sonia debería centrarse en el préstamo de auto de $2,000, ya que es el saldo más bajo de los tres.

Préstamo estudiantil: $10,000, pago mínimo $400, 5% de interés
Préstamo de auto: $2,000, pago mínimo $300, *10% de interés*
Tarjeta de crédito: $5,000, pago mínimo $50, 20% de interés

Con esta estrategia, Sonia pagaría el mínimo mensual del préstamo estudiantil y de la tarjeta de crédito, $400 y $50, respectivamente, y destinaría todo el dinero adicional a pagar el préstamo del auto.

Por qué funciona

El método de la bola de nieve funciona porque te concentras en pagar primero la deuda más pequeña, algo que puedes lograr en poco tiempo. Es mucho más fácil liquidar una deuda de $2,000 que una de $10,000, ya que un saldo mayor requiere más tiempo para pagarse.

Cuando termines de pagar ese primer préstamo, sentirás una descarga de adrenalina y satisfacción. Tus tres deudas se reducen a dos y este pequeño logro te dará más motivación para continuar pagando las restantes. El método de la bola de nieve te ayudará a mantener ese impulso, ya que mientras pagas cada deuda, tu motivación aumenta y te anima a seguir adelante. Notarás que te sentirás más animada y confiada al administrar tu dinero. Recuerda que si ya pagaste una deuda, tienes todo lo necesario para deshacerte de las demás y avanzar con paso firme hacia tus metas financieras.

Si amas las plantas, te resultará fácil entender esta analogía. Es como cuando, por primera vez, logras mantener viva una planta de interior. Si la primera sobrevive, tu reacción inmediata es preguntarte qué otros tipos de plantas podrías tener en casa. Empiezas a investigar y decides pasar de las suculentas, que necesitan poco mantenimiento, a plantas que requieren más atención, porque ahora sabes que no se te van a morir. Cuando menos piensas, tienes la casa llena de plantitas. Saber que cuentas con las habilidades para superar un desafío te da la confianza para afrontar nuevos y mayores retos en el futuro.

EL MÉTODO DE AVALANCHA

Con este método, te enfocas en pagar primero la deuda con la tasa de interés más alta.

Retomando nuestro ejemplo anterior y aplicando este método, Sonia debería enfocarse en pagar la tarjeta de crédito, ya que es la deuda con el interés más alto de las tres.

Préstamo estudiantil: $10,000, pago mínimo $400, 5% de interés
Préstamo de auto: $2,000, pago mínimo $300, 10% de interés
Tarjeta de crédito: $5,000, pago mínimo $50, *20% de interés*

Con esta estrategia, Sonia seguiría realizando pagos mínimos de $400 en su préstamo estudiantil y de $300 en el del auto. En cambio, concentraría su esfuerzo adicional en pagar la deuda de la tarjeta de crédito más rápido.

Por qué funciona

Esta estrategia funciona porque te ayuda a ahorrar en los intereses. Dado que la deuda con la tasa más alta es la más costosa de las tres, resulta lógico centrarse en evitar pagar la mayor cantidad de intereses. ¿Quién querría pagar más a estos acreedores? ¡Yo, ni loca! Si quieres ahorrar dinero a largo plazo, esta estrategia podría ser la mejor para ti.

Con este método, tu progreso puede ser un poquito más lento en comparación con la estrategia de la bola de nieve. Esa técnica consiste en atacar primero la deuda con el saldo más pequeño, lo que te permitiría lograrlo más rápido. Por ejemplo, una deuda de $500 tal vez puedas pagarla en unos meses, mientras que una de $5,000 podría tomarte varios años.

Si eliges el método de la avalancha, es importante que te sientas cómoda manteniendo un saldo alto hasta que todo se liquide. La ventaja de este enfoque es que puedes pagar menos intereses en total, ya que te concentras en saldar primero la deuda con la tasa más alta, que también es la más costosa en tu lista.

¿Cuál método es mejor? ¡Depende! ¿Qué te motiva más?

¿Te resultará reconfortante ver cómo tu deuda pasa de tres préstamos a dos? ¡Entonces, la estrategia de la bola de nieve puede ser una excelente opción!

¿O te motiva más saber que estás ahorrando una cantidad significativa de dinero? En mi caso, eso me da tranquilidad. Sé que ese saldo no llegará a $0 en un futuro cercano, pero sí ahorraré mucho en intereses a largo plazo. ¡Ah! Y de paso, les di en la madre a las compañías de tarjetas de crédito.

Piensa en cuál de estos métodos resuena contigo, elige una estrategia y ponte en marcha. ¡Échale ganas! Yo estoy contigo.

3. **Paga más que el mínimo:** En resumen, el primer paso para eliminar tus deudas es organizarte, lo que requiere comprender qué tipos de deuda tienes, sus saldos pendientes, los pagos mínimos y las tasas de interés. Mi herramienta gratuita para organizar deudas te ayudará con esto. El segundo paso es seleccionar una estrategia para pagar tus deudas, como el método de la bola de nieve o el de la avalancha. Por último, el tercer paso consiste en comprometerte a pagar más que el mínimo mensual.

Será casi imposible librarte de las deudas si sigues pagando solo el mínimo, especialmente si se trata de deudas con altos intereses, como las de tarjetas de crédito.

Pagar el mínimo puede parecer conveniente. Es un pago menor, lo que significa más dinero en tus bolsillos hoy. Pero ese pago reducido tiene un gran costo para tu futuro. Pagar solo el mínimo te mantiene en deuda por más tiempo, lo que implica que terminarás pagando más intereses. A largo plazo, esto te costará mucho más y dificultará que avances satisfactoriamente hacia tus metas financieras.

Supongamos que tu pago mínimo es de $50. En lugar de pagar solo esa cantidad, usa cualquier dinero extra que tengas para reducir el saldo. Incluso si son $20 adicionales, te ayudará a pagar la deuda más rápido que si solo hicieras el pago mínimo.

4. **La paciencia es clave. ¡Premia tu esfuerzo en el camino!** Por último, ten paciencia. No acumulaste esta deuda de un día para otro, por lo que no es realista esperar pagarla de la noche a la mañana.

La mejor manera de pagar deudas es con constancia y disciplina. Establece pequeñas metas y no bajes la guardia. Sé amable contigo misma, mantén el enfoque y sigue haciendo esos pagos extra. Cuando te sientas desmotivada, intenta recordar por qué es importante para ti vivir sin deudas y aprovecha ese recordatorio como un impulso para no desfallecer. Date un gustito a medida que avances en tu camino, como una pedicura relajante o un traguito con las amigas para celebrar tu determinación. Encuentra una comunidad con ideas afines que también esté enfocada en el mismo esfuerzo. El Paquete de recursos C&C disponible en mi página web incluye acceso a un canal exclusivo en Discord donde puedes conocer y recibir apoyo de otras lectoras de este libro. Y si es importante para ti, celebra tus logros en las redes sociales. La mayoría de las personas te apoyarán y compartirán tu alegría. ¡Eres capaz!

Navegando la deuda con tu familia

Ahora que hemos aprendido qué es la deuda, los beneficios de vivir sin deudas y las distintas estrategias para pagarla de una vez por todas, hablemos de cómo abordar este tema con tu familia.

A las latinas First-Gen no nos sorprende que un familiar nos pida sacar un préstamo a nuestro nombre y asumir la responsabilidad financiera para ayudarle.

Como mencionamos en el capítulo 2, los latinos operamos como una cultura colectiva. Somos personas comunitarias, por lo que acudir a nuestra familia cuando necesitamos apoyo es algo natural. Las instituciones financieras no suelen ser muy serviciales ni acogedoras con inmigrantes que tienen recursos económicos limitados. Es difícil que alguien bilingüe te atienda en un banco y aún más difícil encontrar a alguien de confianza que te asesore con toda la documentación legal necesaria para un préstamo. Si eres inmigrante con ingresos bajos y un mal puntaje de crédito, sabes que es muy poco probable que te aprueben un préstamo. En esta situación, resulta más fácil llamar a tu hija o a tu sobrina . . . la que gana bien.

Lidiar con la deuda en familia puede resultar complicado. Una de mis amigas, llamémosla Marissa, me contó que tuvo una bronca con su familia porque no quiso solicitar un préstamo para el auto de su primo menor. Marissa es la más estable financieramente en su familia y tiene un buen historial crediticio, así que, por supuesto, la familia acudió a ella. Ella les dijo que no se sentía cómoda con ese plan y ellos, furiosos, le dijeron que era una malagradecida, una mala prima y una mala sobrina. Esto generó fricciones en su familia y mi amiga sintió, con justa razón, que se estaban aprovechando de ella.

Antes de solicitar un préstamo a tu nombre para ayudar a un familiar, ya sea para un negocio, un auto o una hipoteca, considera lo siguiente:

1. **Familiarízate con las consecuencias:** solicitar un préstamo supone un compromiso financiero importante. En un mundo ideal, solicitarías el préstamo, un miembro de tu familia haría los pagos a tiempo y el préstamo se saldaría sin inconvenientes. Pero no vivimos en un mundo perfecto, por lo que es importante entender qué podría ocurrir en el peor de los escenarios.

Supongamos que Marissa aceptó solicitar un préstamo a su nombre para el auto de su primo. Sin embargo, seis meses después, su primo fue despedido de su trabajo en Subway y ya no pudo seguir pagando el vehículo. El préstamo aún debe pagarse y, dado que Marissa lo hizo a su nombre, será ella la responsable de los pagos. Si Marissa no asume la deuda, su puntaje de crédito se verá afectado. Si los pagos atrasados se acumulan, el banco podrá embargar el auto por la fuerza, lo cual es un procedimiento muy serio y puede afectar su crédito durante hasta siete años.

Quizá Marissa pueda hacer los pagos, pero a costa de su propio bienestar financiero. Debido a la nueva responsabilidad económica por el auto de su primo, le queda menos dinero para el fondo que había creado para el enganche de su primera casa. Ya no le alcanza el dinero para salir a cenar con sus amigas. Ahora vive de sueldo en sueldo o, peor aún, se está endeudando para cumplir con todas sus obligaciones financieras. Todo este problema surgió por un auto que ni siquiera era suyo.

Hacerte cargo de una deuda ajena también puede afectar tu imagen ante las instituciones financieras. Cuando tu puntuación de crédito cae, suele indicar que tienes más deudas, por lo que los bancos consideran riesgoso prestarte dinero. Imagina que en un año eres tú quien necesita comprar un auto nuevo. Como el préstamo de tu primo aparece en tu historial crediticio, puede que tengas que pagar más intereses o, en el peor de los casos, que te nieguen el préstamo.

Si aceptas ser co-deudora en un préstamo hipotecario para un familiar, cuando llegue el momento de adquirir tu primera vivienda, podrías perder ciertos beneficios para compradores primerizos, como deducciones fiscales adicionales o programas específicos diseñados para quienes compran su primera casa. La propiedad que adquiriste como favor a tu familia sería considerada tu "primera vivienda", aunque en realidad no lo sea.

Por último, en este escenario tan delicado, si algo sale mal, puede arruinarte la relación con ese ser querido. Creo que cualquiera que decida prestar dinero a la familia lo hace con las mejores intenciones. Pero si esa persona termina siendo "mala paga", ¿te enfadarías con tu familiar o le guardarías rencor? ¿Te sentirías cómoda sabiendo que esto podría cambiar tu relación para siempre?

Esta es mi regla personal: no presto dinero que no pueda darme el lujo de perder. Cuando presto dinero a alguien cercano, lo considero un regalo, ya que me alegra ayudar a mis seres queridos, siempre que mis finanzas lo permitan. Sin embargo, reconozco que los seres humanos somos complejos y que podríamos no sentir la misma urgencia por devolverle el dinero a alguien conocido que a un banco. ¡Obvio! Una persona será más flexible que una institución financiera.

Si presto dinero, no espero que me lo devuelvan. Si regresa a mis manos, será una sorpresa agradable. En mi época de drama con la roommate de Craigslist, no podía permitirme regalar mi dinero. Si este es tu caso, entonces es hora de poner límites. Más sobre eso en un momento.

2. **Elabora un plan de pago:** si aplicas el enfoque Quiero y Puedo y decides solicitar un préstamo para un familiar, te recomiendo mantener una conversación abierta y honesta sobre tus expectativas. Explícale las razones por las que aceptaste ayudar y expresa que deseas que todo salga bien, pero también discute con claridad las posibles consecuencias de no cumplir con los pagos.

Elabora un calendario de pagos. ¿Prefieres que los pagos se realicen directamente al banco? ¿Es importante que te envíen el comprobante por email para constatarlo? ¿O te resulta más conveniente que te envíen el dinero por adelantado para que tú te encargues de pagar al banco?

Asegúrate de que ambas partes conozcan las fechas de pago, el monto y el plazo para saldar la deuda por completo. Un pequeño aviso: si propones firmar un acuerdo por escrito, tu familia podría considerarlo demasiado formal y sentirse ofendida. Podrían interpretar un contrato como una señal de que no confías en ellos. Si te resulta incómodo prestar dinero sin un acuerdo que te proteja, es mejor seguir tu instinto y buscar otras formas de ayudar.

3. **Establece el límite:** he tenido que poner este tipo de límites con mi mamá y mi papá. Hace poco, mi papá me pidió que sacara un préstamo a su nombre para comprar una casa. Me dijo: "No te preocupes, mija, yo haré los pagos y cuando termine de pagar la casa, te la dejaré como agradecimiento". (¡Chido, riqueza generacional!) Confío ciegamente en mi papá y me consta que es una persona responsable con sus deudas. Él buscaría una chamba extra y sufriría en silencio antes de quedar mal con un pago, así que no me preocupaba que fuera "mala paga". Amo a mi papá, pero le dije que no

podía hacerle ese favor porque sabía que afectaría mis finanzas y mi elegibilidad para recibir beneficios cuando comprara mi primera casa. Pude notar en su rostro la decepción, pero entendió y no me presionó para que cambiara de opinión. Este es el mejor escenario posible. Tu familia te pide algo; tú con respeto dices que no; ellos entienden y todo resulta bien. Tus finanzas y tu relación continúan intactas.

Sin embargo, puede que tu familia no sea tan comprensiva. También he visto y vivido el otro lado de la moneda. A veces, terminas siendo la oveja negra de la familia por dar prioridad a tus finanzas, y eso es algo con lo que debes hacer las paces, por más difícil que sea.

Ten siempre presente que velar por tus intereses no te hace mala hija ni ingrata con tu familia. Puedes ofrecer ayuda de otra manera y, si ellos están abiertos a esa posibilidad, planea cómo podrías apoyarlos. Diles que estarías feliz de pasar tiempo con ellos elaborando un presupuesto o brindándoles recursos para que aprendan a mejorar su puntaje de crédito y así puedan obtener préstamos por su cuenta.

Al final, la decisión de endeudarte por tu familia es tuya nada más. En lo personal, solo consideraría endeudarme por alguien más si estuviera segura de poder cubrir los pagos y de que no guardaría rencor si las cosas no salen como se planearon. Cualquiera que sea tu decisión, que sea la que en verdad refleje tus valores, prioridades y situación financiera. Lo importante es que no la tomes porque te sientes presionada o porque te hicieron sentir culpable. Aprender a hablar con sinceridad sobre el dinero puede llevar tiempo, pero a medida que tengas más conversaciones de este tipo con tu familia, verás que se vuelve mucho más sencillo.

¡Tú puedes dominar tus deudas!

En este capítulo, analizamos cómo la deuda, si bien suele ser un mal necesario para muchos inmigrantes First-Gen, puede influir en nuestras finanzas y convertirse en un obstáculo para alcanzar nuestras metas económicas. Ahorrar para comprar una casa, cambiar nuestro auto o financiar nuestros estudios de maestría será más complicado si la deuda se come la mayor parte de nuestros ingresos. Vivir sin deudas nos brinda una mayor libertad y nos ayuda a construir una vida con mayor intención y propósito.

Platicamos sobre las creencias limitantes más comunes en torno al pago de deudas y sobre qué podemos hacer para superarlas. Analizamos los distintos tipos de deuda, ideas para obtener dinero extra para pagarlas y diversas estrategias para eliminarlas más rápido. También discutimos cómo abordar el tema de los préstamos con tu familia, ya sea mediante una conversación abierta, un plan de pago o estableciendo límites financieros.

Aunque el tema de la deuda puede parecer el menos "sexy" de los pilares de First-Gen Five, asumir el control de ella es tan crucial como planificar y ahorrar para el futuro. Recuerda que cada vez que saldas una deuda, tienes más dinero disponible para lo que realmente importa. Estoy segura de que, después de tanto esfuerzo, cuando pagues ese último centavo de deuda, te sentirás realizada y con la confianza para celebrar ese gran logro. ¡Tu yo del futuro se lo merece y te lo agradecerá!

En el próximo capítulo, descubrirás cómo un historial crediticio sólido puede abrirte muchas puertas cuando más las necesitas. Construir tu historial de crédito suele ser más rápido que pagar deudas grandes, ahorrar para un fondo de emergencia o invertir para el futuro. Es una victoria alcanzable que además te ofrece ahorro y ventajas. ¡Manos a la obra!

CAPÍTULO 6

CONSTRUYE TU CRÉDITO Y MUÉSTRALES A LAS TARJETAS QUIÉN ES LA JEFA

Soy capaz de alcanzar la riqueza y el éxito.

Hollywood: con el glamour en todo su esplendor y las celebridades más famosas transitando por las calles como si fueran personas comunes y corrientes. El muelle de Santa Mónica y los días cálidos en la playa. Sudar mientras haces hiking en Runyon Canyon. Esas y otras actividades rutinarias eran las que esperaba con ilusión cuando decidí convertirme en residente de la ciudad de Los Ángeles. Acababa de terminar la universidad y me había mudado a la zona metropolitana de L.A. para estrenarme en mi primer trabajo como adulta de a deveras. Mientras mis compañeras se quejaban de haber dejado atrás los días de la universidad para trabajar en "el mundo real", yo me sentía realizada y con muchas ganas de comenzar mi vida adulta en una ciudad tan diversa y acelerada.

Fui la primera de mi familia en graduarme de la universidad y, sin conexiones en el mercado laboral, conseguí mi primer trabajo profesional. Me sentía parte de una ciudad vibrante, donde muchos de mis compañeros de la uni también vivían; con ellos disfrutaba explorando mis nuevos lugares favoritos. Aunque algunos de mis amigos pudieron volver a vivir con sus padres, yo tuve que buscar mi propio departamento, un pequeño sótano convertido en estudio en Pasadena, California. Me sentía independiente, preparada para afrontar lo que viniera y llena de esperanza por esta nueva etapa.

La preocupada hermana mayor

Fue entonces cuando empecé a sentirme culpable por mi hermano menor, Carlos. Su situación era muy diferente a la mía. Se había salido de la prepa unos años antes y, a sus 21 años, vivía en casa de nuestros padres, en un pequeño pueblo fronterizo, y no tenía planes sólidos para su futuro. Quería apoyar a mi hermano para que alcanzara el éxito, como lo hice yo. Pensé que un cambio de entorno podría impulsarlo a superar su estancamiento. Tal vez, si se mudaba conmigo a una ciudad grande como Los Ángeles, se llenaría de inspiración ante las numerosas oportunidades y encontraría su camino. Le propuse que se mudara conmigo y, en un mes, dejó Mexicali y manejó las cuatro horas para llegar a Los Ángeles.

Otro *roommate* de terror

Como dice el refrán, "quien se mete a redentor termina crucificado". Mi hermano no fue exactamente el compañero de casa que esperaba. Como muchos latinos, estaba acostumbrado a que mi mamá le cocinara y le limpiara (aunque ya fuera un grandulón hecho y derecho), así que nunca aprendió a "ser adulto" como se debe. Yo, bien ingenua, pensé que se comportaría de la mejor manera y que mejoraría sus hábitos por agradecimiento al estar como invitado en mi casa. Habíamos vivido juntos durante casi veinte años, por lo que no me sorprendió que fuera un desastre; pero su desorden no me molestaba tanto cuando vivíamos bajo el techo de mi mamá. La casa de mis padres era más grande, así que su marranero siempre quedaba fuera de mi vista y de mi mente. Yo tenía mi propio espacio ordenado y limpio, lejos de su cochinero.

Pero en ese pequeño estudio, la situación era muy distinta. No teníamos paredes, así que no había privacidad. Como mencioné en el capítulo anterior, no soy obsesiva con la limpieza, pero mi hermano ¡se pasaba de cochino! Dejaba su ropa sucia regada por el suelo y sus platos y cubiertos en el fregadero durante horas, lo que hacía que el lugar apestara todo el tiempo. Después de un día de trabajo en la oficina, diligencias y tráfico, solo quería llegar mero a casa para relajarme en el sofá y disfrutar la noche, no para lidiar con el desorden que mi hermano había dejado. Quería compartir el espacio, pero esto . . . ¡Nmms! A esto no me apunté.

Nos la pasábamos discutiendo y de mal humor por las expectativas de limpieza. No le pedía que fuera mi mayordomo ni que me recibiera en casa con una cena de cinco estrellas. El acuerdo original era que él pudiera venir a vivir conmigo en Los Ángeles sin pagar renta, siempre y cuando consiguiera una chamba y se hiciera cargo de su desorden. La idea era que, una vez que tuviera trabajo y pudiera mantenerse, se mudara a su propio lugar.

Después de largas discusiones sin llegar a una solución, le anuncié a mi hermano que invitarlo a vivir conmigo había sido un error. Primero, porque no había espacio: solo era un estudio sin paredes, donde yo dormía en la cama y él en un futón barato e incómodo, a unos cinco pies de distancia. Ambos teníamos veinte y tantos años y necesitábamos privacidad. Y, segundo, él no quería esforzarse por ser un mejor compañero de vivienda. Le dije que lamentaba que mis planes de ayudarlo no hubieran funcionado y que debía regresar a casa de nuestros padres, a más tardar a fin de mes. Lo que no imaginaba era que esto provocaría una bronca mezquina que marcaría la dinámica familiar, incluso más de una década después.

Dime de qué lado estás y te diré quién es tu favorito

¿Mencioné que mi hermano es el favorito? Mi mamá tomó la noticia como un ataque personal. Estaba echando a su niño consentido de patitas a la calle. En lugar de mantenerse imparcial ante una discusión entre sus dos hijos adultos, ella decidió ponerse del lado de mi hermano y me juzgó por ser una "mala hermana" y por "no estar dispuesta a ayudar a la familia". Me dijo que si mi hermano regresaba, me quitaría el auto.

Mi mamá se refería al Toyota Corolla de 4 años que compró para mí cuando conseguí mi primera chamba a los diecisiete años. En ese entonces, mi mamá no tenía el dinero para comprarme un auto de contado, pero sabía que lo necesitaba para ir al trabajo y a la escuela. En ese momento, me propuso que, si me hacía cargo de pagar las mensualidades y todos los demás gastos, ella podría sacar un préstamo a su nombre y que el auto sería mío. Yo, que apenas era una estudiante a punto de graduarme de la prepa, acepté emocionada la idea de tener mi propio auto y, por fin, algo de independencia.

Una costosa responsabilidad

Para comprar el auto, ella pagó un enganche de $2,000 al concesionario. Ese día, me entregó las llaves y toda la responsabilidad financiera del vehículo. Durante cuatro años y medio, pagué todas y cada una de las letras mensuales, la prima del seguro, el registro de la matrícula y los costos de mantenimiento, lo que sumó más de

$20,000 (sí, hice las cuentas). Es mucho dinero para una joven que apenas empieza su vida adulta.

Tener un auto representó una gran carga financiera para mí. Para cumplir con mis responsabilidades, organicé mis horarios de clases para trabajar en turnos nocturnos en restaurantes durante toda la universidad. La mayor parte de mis ingresos se destinaba a pagar el auto, y apenas me quedaba para disfrutar. Nunca incumplí un pago ni pedí ayuda a mis padres. Trabajé sin descanso para cumplir con lo pactado y sacrifiqué mucho para poder pagar este auto.

¿Y ahora? Me parecía muy injusto que todo mi esfuerzo pudiera ignorarse por completo debido a un conflicto entre su hija mayor y su consentido. Sin embargo, como mi mamá era la propietaria legal, tenía derecho a quitarme el auto. Conocía a mi mamá lo suficiente como para saber que no estaba fingiendo; ella no hacía amenazas vacías y tenía toda la intención de quitarme el auto. En retrospectiva, lo veo como una forma de abuso financiero que ocurre cuando alguien manipula, intimida o amenaza de forma deliberada a otra persona, reteniendo dinero u otros bienes para ganar control en la relación.

Esperanza rota y desesperación

Mi situación iba de mal en peor. No solo estaba en shock y dolida por todo el drama familiar, sino que además, estaba a punto de quedarme sin auto. ¿Cómo se suponía que iba a llegar al trabajo todos los días? Necesitaba un auto para poder movilizarme y "funcionar" como un adulto normal. El auto era mi única forma de desplazarme al trabajo, al mercado y a mis citas médicas. Hoy en día, la solución parece sencilla: sacas el teléfono y pides un Uber o un Lyft para llegar a donde necesites ir. Pero en aquel entonces, las aplicaciones de transporte compartido simplemente no existían.

No tenía familia en Los Ángeles, así que no podía pedirle a alguien que me prestara su auto o que me diera un aventón. No podía caminar al trabajo porque estaba muy lejos. El transporte público en Los Ángeles no es muy eficiente ni confiable, así que aunque era una opción, no era la mejor.

No podía darme el lujo de comprar otro auto. Solo habían pasado seis meses desde que terminé la universidad. No tenía lana ni ahorros en el banco. Lo que sí tenía era una enorme deuda con los préstamos estudiantiles y las tarjetas de crédito. Estaba estresada por lo que venía y por cómo iba a conseguir el dinero para un auto nuevo. No tenía otra familia a la que acudir. No podía creer que mi propia familia me estuviera poniendo estas dificultades y complicándome la vida así, solo porque sí. ¿Qué debía hacer en esa situación?

La opción del crédito en tiempos de necesidad

Después de desahogarme con un buen amigo, me animó a visitar el concesionario y a explorar la opción de solicitar un préstamo para un auto nuevo. Mi amigo tenía más experiencia en estos temas de dinero y me explicó que, aunque no tuviera ahorros, con mis buenos ingresos y un empleo estable, podía calificar para un préstamo sin necesidad de pagar el enganche. Al principio, me sentí escéptica pues la idea sonaba demasiado buena para ser verdad: ¿un auto nuevo sin enganche? Pero en ese momento, me sentía tan desesperada que pensé que no tenía nada que perder y decidí intentarlo.

Esa misma semana seguí su consejo y visité un concesionario para ver y probar varios modelos de autos. Aunque aún tenía dudas sobre si era buena idea solicitar un préstamo, crucé los dedos y esperé con ilusión una buena noticia en medio de mi telenovela familiar. Necesitaba ese auto con mucha urgencia.

Unos minutos más tarde, el vendedor regresó con una sonrisa y me comunicó que mi solicitud había sido aprobada. Gracias a mi buen historial crediticio, no solo calificaba para un enganche de $0, sino también para un interés del 0%, lo que me permitía financiar el auto sin pagar intereses. ¡Eso representaba un gran ahorro a largo plazo!

Sentí una oleada de alivio y tranquilidad recorrer mi cuerpo. Logré reemplazar mi auto y no tuve que pagar un montón de dinero en el enganche. Mi problema de transporte quedó resuelto y ya no me quitaría el sueño. Me fui del concesionario esa misma noche manejando mi auto nuevo y agradecida por haber encontrado una solución a esa pesadilla horrible. ¡Mi buen crédito me salvó el pellejo!

Ese mismo mes, mi hermano volvió a vivir con mis padres, y ¿saben cuál fue su regalo de bienvenida? Mi Corolla.

Usar el crédito a tu favor

Cuando era más joven, cometí muchos errores y tomé malas decisiones financieras. Como nadie me enseñó cómo funcionaba el dinero, no valoré la importancia de contar con un fondo de emergencia, lo que me llevó a un profundo desgaste y a sentirme atrapada en un trabajo tóxico. Mi deuda creció fuera de control y eso me hacía sentir impotente y bajo una presión constante, sobre todo cuando tuve que convivir con roommates difíciles. Sin embargo, no me daba cuenta de que, en realidad, estaba gestionando mi crédito de manera responsable y construyendo un buen historial crediticio. Tras el famoso drama familiar, mi hermano y yo hicimos las paces, y esa experiencia me enseñó que un buen historial crediticio puede ser un salvavidas cuando no tienes otra opción. Si alguna vez enfrentas una situación difícil, quiero que el crédito pueda hacer lo mismo por ti.

¿Qué es el puntaje de crédito?

Piensa en tu puntaje de crédito como una especie de reporte o boleta de calificaciones. Esa calificación, o en este caso tu puntaje, se determina por lo responsable que eres al pagar tus deudas.

Tu reporte de crédito es elaborado por tres empresas llamadas burós de crédito. Los tres principales son Equifax, Experian y TransUnion. Un puntaje de crédito puede variar entre 300 y 850. Al igual que en la escuela, mientras más alta sea tu calificación, mejor. Un puntaje de crédito más alto indica a los prestamistas que puedes pagar tu deuda a tiempo, lo que te convierte en un solicitante más atractivo. A ellos no les gustan las personas malas pagas.

Como mencionamos en el capítulo anterior, las instituciones financieras no prestan dinero solo porque son buena onda. Lo hacen porque es un negocio para ellas y pueden ganar dinero contigo. Y prestar dinero a personas que no van a devolverlo simplemente sería un mal negocio. Un puntaje de crédito es lo que usan para determinar si confían lo suficiente en tu capacidad de pago como para prestarte dinero.

Por qué necesitas crédito

El crédito es el cuarto pilar de nuestros First-Gen Five y es crucial, porque contar con un buen puntaje de crédito te abre muchas opciones y te da más flexibilidad. Patty Privilegio y Dani Del Medio quizás puedan recibir ayuda económica de sus familias para sus gastos grandes o imprevistos. Pero como nuestros padres inmigrantes suelen tener recursos más limitados y no siempre pueden ofrecer ese tipo de apoyo, es fundamental aprovechar todo lo positivo que puede aportar un reporte de crédito saludable.

Además, acceder al sistema financiero de Estados Unidos resulta muy difícil sin un historial crediticio. Aquí te presento algunas formas en que el crédito influye en tu vida personal.

- **Vivienda:** ¿Se acuerdan de El Chavo del 8? Don Ramón evitaba constantemente al Señor Barriga porque le debía la renta atrasada. ¡Ningún dueño de casa quiere lidiar con eso! Todos los propietarios o empresas de alquiler revisarán tu reporte de crédito como parte del proceso de solicitud para decidir si te alquilarán o no una vivienda. Si planeas comprar una propiedad, es muy probable que necesites solicitar un préstamo para financiarla. Comprar una vivienda cuesta miles de dólares y un crédito hipotecario es la forma de pagar el costo, descontando el enganche que hayas aportado. Para solicitar un préstamo hipotecario, necesitas al menos un puntaje de crédito de 620. Si tu puntaje es menor a 620, es posible que te nieguen el préstamo o que te cobren una tasa de interés mucho más alta para compensar el riesgo.

- **Gastos grandes:** Al igual que yo necesitaba crédito para resolver el problema del auto con mi familia, con seguridad tú también necesitarás crédito para gastos similares. Un vehículo puede valer decenas de miles de dólares, por lo que, salvo que tengas efectivo para pagar al contado, tendrás que pedir un préstamo. Otros gastos importantes que podrían requerir crédito son comprar un colchón para tu primer departamento o adquirir un dispositivo electrónico costoso, como una laptop para la universidad o para tu trabajo. Contar con un buen historial crediticio hace mucho más sencillo cubrir estas necesidades.

- **Préstamos:** ¿Tienes planes de emprender tu propio negocio algún día? Empezar un negocio desde cero requerirá una inversión financiera. Tienes que gastar dinero para ganar dinero. Supongamos que planeas abrir un restaurante. Necesitarás dinero para pagar el arrendamiento del local, el equipo de cocina, los insumos para alimentos y el software de punto de venta, solo para comenzar. Un préstamo comercial puede ayudarte a cubrir muchos de estos costos iniciales, pero necesitarás un buen historial crediticio para que te aprueben uno.

- **Seguro de auto:** Las aseguradoras consideran diversos factores para calcular tu prima de seguro de auto, como tu historial de manejo, si has tenido accidentes, tu ocupación, edad y género. Uno de estos es tu puntaje de crédito, que refleja tu responsabilidad financiera y sirve como indicador de qué tan responsable serías como conductor. Un puntaje bajo se asocia con un mayor riesgo y, por lo tanto, con una prima más alta. Un puntaje de crédito bajo puede hacer que pagues más por tu seguro. Para rentar un auto, también necesitarás una tarjeta de crédito; aunque técnicamente puedes rentar sin ella, por regla general te exigirán un depósito en efectivo.

- **Elegibilidad para el empleo:** Esto puede sorprenderte, pero, dependiendo de tu industria, es común que tu empleador revise tu reporte de crédito durante el proceso de contratación. En mi experiencia en el sector financiero, todos los empleadores con los que he trabajado han revisado mi reporte de crédito antes de contratarme. Dado que muchos trabajos en finanzas ofrecen acceso a información confidencial, prefieren no contratar a alguien con problemas financieros graves, ya que piensan que, si estás desesperado por dinero, podrías arriesgarte a hacer algo poco ético, como robar o manipular datos para beneficiar tus finanzas. Esto también ocurre en las fuerzas armadas. La milicia realiza verificaciones de crédito a sus miembros para puestos de alta seguridad. Si un integrante está sin recursos, ¿qué lo impediría de aceptar un soborno para vender secretos militares a un enemigo extranjero? La milicia evita esos riesgos y exige un buen puntaje crediticio para los cargos importantes. Un mal puntaje puede limitar tus oportunidades laborales.

Mitos y conceptos erróneos sobre el crédito

Antes de profundizar en cómo construir crédito, es necesario aclarar algunas ideas erróneas que puedas tener sobre el tema. La cultura latina suele estar muy enfocada en el dinero en efectivo. La creencia de que "el cash manda" está profundamente arraigada en la desconfianza hacia los sistemas financieros y en la necesidad de mantener un perfil bajo, temas que ya abordamos en el Capítulo 2.

Mi papá solo realiza compras en efectivo y evita usar tarjetas de crédito. Para él, el efectivo es simple y directo: lo tienes o no lo tienes. No hay fórmulas raras, intereses por pagar ni estados de cuenta que descifrar. Si tienes suficiente dinero para comprar algo en efectivo, se considera un símbolo de orgullo, una señal de que en verdad puedes pagarlo. "¡Me compré el auto al contado!". Es casi como si usar cash fuera más seguro e inteligente.

Aquí tienes dos de las ideas erróneas más comunes sobre las tarjetas de crédito y la construcción de un historial crediticio:

MITO: USAR TARJETAS DE CRÉDITO ES ENDEUDARSE. ES MEJOR USAR EFECTIVO.

Verdad: El *mal uso* de las tarjetas de crédito te llevará a endeudarte.

Muchas personas temen usar las tarjetas de crédito porque creen que se endeudarán automáticamente. Escucho esto con frecuencia entre los estudiantes de mis talleres grupales. Este miedo generalmente proviene de la falta de confianza y de educación sobre cómo utilizarlas de forma correcta y responsable.

Una razón común por la que las personas adquieren deudas con tarjetas de crédito es que las consideran "dinero gratis". ¡No es dinero gratis! Recuerda: los acreedores esperan que devuelvas cada centavo que te prestaron.

El chiste es tratar tu tarjeta de crédito como si fuera una tarjeta de débito. ¿Te comportarías como un burro sin mecate haciendo compras ilimitadas con tu tarjeta de débito? No, porque controlas tus gastos y sabes que solo puedes gastar lo que hay en tu cuenta de cheques. Si lo hicieras, te estarías sobregirando a menudo o te rechazarían la tarjeta por fondos insuficientes. De manera similar, una tarjeta de crédito solo debe usarse para realizar compras que puedas pagar en su totalidad al final del mes.

Aunque pagar en efectivo es una manera segura de evitar endeudarse, no es posible construir un buen historial crediticio solo con cash. Las agencias de crédito necesitan ver cómo manejas préstamos, líneas de crédito y otras deudas en el día a día. Además, gastar grandes cantidades en efectivo en lugar de aprovechar una tasa de interés baja puede no ser la mejor estrategia. Lo ideal sería solicitar préstamos a bajo interés y usar ese dinero en efectivo para invertir y hacer crecer tu patrimonio, ya sea en la bolsa, en bienes raíces o en un negocio. A veces, lo que parece "más seguro" no siempre es la opción más inteligente desde el punto de vista financiero.

MITO: TENER UN SALDO PENDIENTE EN TU TARJETA DE CRÉDITO TE AYUDARÁ A CONSTRUIR TU HISTORIAL CREDITICIO.

Verdad: No es necesario tener una deuda pendiente para construir crédito.

Este mito me hierve la sangre. No sé quién inventó esto, pero lo escucho con frecuencia en mi comunidad en redes sociales, por lo que alguien está difundiendo mentiras. No necesitas saldo pendiente para construir tu historial crediticio. El crédito se basa en cinco factores específicos que determinan tu puntaje (entraremos en detalle más adelante). Tener un saldo pendiente no es uno de esos factores.

Mantener un saldo en tu tarjeta de crédito significa no pagar el monto total adeudado. Por ejemplo, imagina que te #inspiraron a comprar un walking pad después de ver a varias influencers presumiendo uno en TikTok. ¡Claro! ¿A quién no le gustaría aprovechar esa reunión inútil en Zoom para cumplir su meta diaria de caminar? La cinta de andar cuesta $400 y la compraste con tu tarjeta. En lugar de pagar los 400 dólares completos al final del mes, algunas personas piensan que solo deben pagar una parte y dejar el resto pendiente para mejorar su puntaje de crédito. Esto va en contra de manejar las tarjetas de crédito de manera responsable. ¡Así es como te endeudas!

Debido a que no pagaste el monto total cargado en tu tarjeta de crédito, ahora debes intereses a la compañía. Para evitar cargos de interés, paga siempre el saldo completo de la cuenta. Si no puedes pagarlo en su totalidad al final del mes, considera posponer la compra hasta que cuentes con los recursos necesarios.

Beneficios de tener un buen historial crediticio y protección adicional

Antes, hablamos sobre lo importante que es contar con un historial de crédito para desenvolverte como una persona adulta e independiente en la economía de Estados Unidos. También aclaramos algunos conceptos erróneos que podrían dificultar la construcción de tu historial crediticio. Y si aún no estás del todo convencida, quizás conocer los beneficios que un buen puntaje de crédito puede ofrecerte te motive aún más.

Tener crédito es solo el comienzo. La verdadera meta es construir una excelente calificación crediticia, porque cuando disfrutas de un crédito sobresaliente, se abren muchas más posibilidades. ¡Y una latina con opciones es una latina empoderada!

Si tienes un excelente historial crediticio, es decir, un puntaje superior a 720, podrías calificar para estos beneficios adicionales:

MEJORES OFERTAS Y CONDICIONES DE PRÉSTAMO

Cuanto mayor sea tu puntaje de crédito, mejores condiciones podrás obtener. Un puntaje alto indica a los prestamistas que eres una estudiante A+ en el manejo de tu crédito. Esto te posiciona como alguien más responsable que quienes tienen puntajes más bajos. Los prestamistas saben que si te prestan dinero, hay una alta probabilidad de que lo pagues en su totalidad. Eres exactamente la persona a quien prefieren prestar dinero.

Obtener mejores condiciones de préstamo es bueno para ti porque significa que te cuesta menos pedir dinero prestado; de esta manera, ahorrarás y tendrás más efectivo para gastar en lo que sea importante para ti.

Esto fue lo que me salvó cuando estaba en medio de la telenovela con mi familia y el auto. Gracias a mi excelente historial crediticio, no tuve que pagar enganche y obtuve financiamiento al 0%, lo que significaba que no tenía que pagar intereses sobre el préstamo de $20,000.

Imagina que alguien con un puntaje de crédito bajo intenta comprar un auto por $20,000. La tasa de interés anual promedio (APR) para un préstamo de vehículo en esa situación es del 9.75%. Con un préstamo a cinco años, esa persona terminaría pagando $5,340 en intereses adicionales por el mismo auto, lo que representa el 26% del monto total del préstamo, solo por tener un historial crediticio deficiente.

Gracias a mi buen historial crediticio, pude obtener un mes de renta gratis y no tuve que pagar depósito al mudarme a un nuevo conjunto residencial. La mudanza suele ser costosa y, sin duda, una de las experiencias más estresantes. Es necesario contar con dinero para comprar materiales, contratar personal para cargar tus cajas y muebles, y rentar un camión; todos estos costos se suman al depósito y a los primeros y últimos meses de renta que exigen los dueños. Conseguir beneficios adicionales, como no pagar el depósito o recibir un mes gratis, puede hacer que el proceso sea pan comido. ¡Vale la pena tener buen crédito!

MEJOR PROTECCIÓN

Utilizar una tarjeta de crédito para realizar compras ofrece una mayor protección que una tarjeta de débito. Las tarjetas de crédito cuentan, por lo general, con políticas más favorables para combatir fraudes y robo de identidad. Si compras un artículo y más tarde descubres que tiene un defecto, puedes aprovechar la protección de devolución de la tarjeta para solicitar un reembolso. Además, si consideras que un comerciante no cumplió con un servicio por el que pagaste, puedes presentar una disputa a través de tu compañía de tarjeta de crédito, la cual se encargará de investigar y resolver el caso.

Las tarjetas de crédito también ofrecen un servicio al cliente más eficiente que el de muchos bancos. Además, muchas compañías de tarjetas de crédito cubren el deducible de seguro si usas su tarjeta para alquilar un auto y tienes un accidente. Este deducible puede ir de $500 a $2,500 (¡no, gracias!). Estos son solo algunos de los múltiples beneficios que ofrecen las tarjetas de crédito, ventajas con las que no cuentas al usar una tarjeta de débito.

RECOMPENSAS

Otra gran ventaja de las tarjetas de crédito son las recompensas. Ya sea que recibas cash back al final del mes, beneficios de viaje o puntos para comprar mercancía, tarjetas de regalo o boletos para conciertos, por mencionar algunos ejemplos. ¿Te imaginas ir a un concierto de Karol G y sentarte en la primera fila sin pagar un centavo? ¡Con una tarjeta de crédito podrías acceder a este tipo de beneficios! Yo he viajado a Italia, ¡de a grapa!, gracias a las millas que acumulo con mi tarjeta.

Pero ¡aguas! Quiero advertirte que dominar el juego de las recompensas de tu tarjeta de crédito requiere experiencia y disciplina. Es fácil que alguien comience a gastar de más con su tarjeta de crédito bajo el pretexto de acumular más puntos. Por eso las tarjetas te ofrecen tantos beneficios. Quieren que gastes más, que te endeudes y que les debas intereses. La clave está en que tú seas quien tenga la sartén por el mango y les ganes en su propio juego, manteniendo tus gastos bajo control y solo cargando lo que puedas pagar al final del mes. De esta forma, puedes acumular puntos sin pagarles intereses. Si quieres una lista de mis tarjetas de crédito de recompensas de viaje favoritas, descarga el Paquete de recursos C&C en culturaandcash.com.

OFERTAS DE TRANSFERENCIA DE SALDO

Esta también es una estrategia avanzada que a menudo se subestima, pero merece destacarse. Una oferta de transferencia de saldo puede ser una opción fantástica para saldar la deuda de tu tarjeta de crédito. Aquí te explico cómo funciona.

Supongamos que debes $5,000 en tu tarjeta American Express, con una tasa de interés anual del 24%. Esa tasa tan elevada hace que pagar tu deuda sea extremadamente difícil, ya que además del saldo de $5,000, tienes que lidiar con un interés muy alto. Eliminar una deuda en estas condiciones puede sentirse cuesta arriba.

Dado tu buen historial crediticio, recibes por correo una carta de una nueva compañía de tarjetas (supongamos que es Capital One) que te ofrece una transferencia de saldo. En ella te dicen: "¡Hola, amiguis! Nos dimos cuenta de que tienes un saldo pendiente de $5,000 en tu tarjeta. ¿Qué tal si transfieres esa deuda a nosotros y, en lugar de los 24% de interés que te cobran los careros de American Express, te ofrecemos 0% de interés durante los próximos veintiún meses? ¿Te apuntas?"

Existe un gran beneficio en esa tasa de interés del 0%. Es como un congelamiento de tu deuda, similar a la pausa de intereses de los préstamos estudiantiles que implementó el Departamento de Educación de Estados Unidos durante la pandemia para quienes tienen deuda federal. El período de gracia te permite avanzar de manera significativa hacia tu objetivo de pagar en su totalidad los $5,000. Sin intereses: todo lo que pagues se aplicará directamente a reducir el saldo. La condición es que, solo durante el período promocional (que en el ejemplo dura veintiún meses), la tasa será del 0 %. Luego, volverás a pagar intereses altos.

Piénsalo así: todos conocemos la historia de Cenicienta. Las hadas madrinas de Cenicienta lanzan un hechizo mágico para que ella pueda ir al baile en una elegante carroza y lucir un hermoso vestido de gala. Cuando llegue la medianoche y el hechizo se rompa, su vestido y todo lo demás volverán a ser como antes.

Tu periodo promocional es el hechizo mágico. ¡Ponte las pilas! No durará para siempre. Aprovecha y realiza pagos adicionales para reducir tu saldo. En nuestro ejemplo, la magia se desvanece después de veintiún meses.

Si una oferta de transferencia de saldo te parece atractiva, debes saber que, por lo general, te cobran una tarifa fija del 3 al 5%, lo cual no está mal y, a mi criterio, vale la pena a cambio de mantener la tasa de interés congelada en 0%. Evita hacer compras adicionales con la nueva tarjeta; en su lugar, aprovecha esa tasa congelada para realizar pagos extra y así reducir tu saldo. Si estás lista para apretar el cinturón y enfocarte en pagar tu deuda, una oferta de transferencia de saldo puede ser la solución perfecta.

Cuando te metes en problemas con una tarjeta de crédito

¡Hablemos a calzón quitado! Usar las tarjetas de crédito de manera responsable puede traerte muchos beneficios. Podrás acceder a mejores ofertas y contar con más opciones, lo que se traduce en más dinero en tu bolsillo.

No obstante, usar las tarjetas de crédito de manera irresponsable puede conducirte a la deuda. En el capítulo 5 mencionamos que es uno de los peores tipos de deuda debido a sus altas tasas de interés. Es fácil gastar más de lo que puedes pagar con una tarjeta, sobre todo hoy en día, cuando en las redes sociales todos parecen ser magnates y andar en la gozadera.

Cada vez que deslizas el feed de TikTok o Instagram, ves a todo el mundo preparando smoothies verdes en sus cocinas modernas con vista a la ciudad desde sus departamentos en edificios caros, mostrando su outfit de hoy muy fashion y disfrutando de unas vacaciones que parecen sacadas de una revista. Es humano sentir FOMO y pensar: "Pero si yo me parto el lomo, ¡merezco eso también!", y luego cerrar los ojos y cargarlo todo a la tarjeta de crédito. Pero la verdad es que no sabes cómo esas personas que aparecen en las redes financian su estilo de vida. Podrían ser herederos de fondos fiduciarios, tener un sugar o estar ahogados en deudas de tarjeta de crédito. Sé fuerte ante la tentación de gastar de más y vivir por encima de tus posibilidades solo porque otros aparentan tener un estilo de vida más lujoso.

Las *red flags* de las tarjetas de crédito

Un saldo alto en tu tarjeta de crédito puede descarrilar tus finanzas, dificultar alcanzar tus metas económicas, afectar tu bienestar emocional e incluso llevarte a la bancarrota.

Aquí tienes algunas señales de alerta (red flags) que podrían indicar que estás usando tus tarjetas de crédito de manera irresponsable:

- Utilizas tu tarjeta de crédito para todas tus compras, como comida, ropa, gasolina, salidas y entretenimiento, sin poner límites a tus gastos.

- Estás usando tu tarjeta para pagar por cosas que seguramente no comprarías con tu tarjeta de débito, como unas vacaciones exóticas o ropa de moda.

- No te das cuenta de cuánto estás acumulando en la tarjeta de crédito cada mes.

- No te alcanza para pagar el saldo total de tu estado de cuenta.

- Solo estás pagando el mínimo obligatorio a fin de mes.

- Alcanzaste el límite de tu línea de crédito y no puedes comprar nada más.

Si te encuentras haciendo alguna de estas cosas, ¡detente! Cualquiera de estos comportamientos puede ser una señal de que has perdido el control de tus gastos. En este momento, seguir usando la tarjeta de crédito solo te puede perjudicar aún más. Algunos expertos en finanzas sugieren medidas extremas, como partir la tarjeta por la mitad o dejarla congelada en un vaso con agua en el refri. A mí me ha funcionado guardar la tarjeta en una caja en la parte más profunda de mi clóset. Esto crea una barrera que te impide usarla y te ayuda a enfocarte en pagar lo que debes.

En la actualidad, los niveles de deuda en tarjetas de crédito son los más altos de la historia. Según Forbes, el promedio de deuda de tarjetas en Estados Unidos es de $6,523[12]. Yo también he enfrentado mis propios problemas con esta deuda. Hace unos años, pasé por un momento difícil tras terminar con mi primer novio serio. En lugar de manejar la ruptura de manera saludable, recurrí a la terapia de las compras. Me volví loca comprando de tocho morocho para decorar mi hogar y así sentirme mejor (Spoiler alert: ¡no funcionó!). Sabía que no tenía suficiente dinero en mi cuenta de cheques para cubrir esos gastos, pero pensaba que mi yo del futuro podría preocuparse por eso más tarde. Como mencioné antes, a veces nuestro gasto excesivo responde más a causas emocionales que a las racionales. Sin darme cuenta, acumulé una deuda de $7,000 por mis compras compulsivas. Perdí el control de mis finanzas; no solo seguía sintiéndome re mal emocionalmente, sino que también estaba endeudada hasta el cuello con las tarjetas. ¡Ningún pinche hombre lo vale!

Green flags en el uso de tarjetas

Para contrastar, hablemos de algunas señales positivas (green flags) que indican que estás usando las tarjetas de crédito de manera responsable:

- Estás usando tus tarjetas de crédito con intención. Solo las utilizas para uno o dos gastos específicos cada mes, como hacer las compras en el supermercado o llenar el tanque de gasolina.

---

12 Robin Saks Frankel, "U.S. Average Credit Card Debt in 2026," Forbes, February 27, 2026, https://www.forbes.com/advisor/credit-cards/average-credit-card-debt/.

- Solo haces compras que puedes pagar en su totalidad al final del mes. Si acumulas $1,000 en la tarjeta, pagas esos $1,000 al final del mes. Tratas tu tarjeta de crédito con el mismo respeto que tu tarjeta de débito.

- Tienes claras las transacciones y el saldo de tu tarjeta de crédito cada mes. La cantidad de un mes a otro no varía mucho.

- Siempre te aseguras de pagar el saldo completo de tu tarjeta, porque sabes que esa es la manera de evitar intereses y la acumulación de deuda.

- Nunca te conformas con pagar solo el mínimo.

- Todavía tienes disponible la mayor parte de tu límite de crédito.

Endeudarse con tarjetas de crédito puede pasarle a cualquiera. Según el Federal Reserve Bank of New York, los estadounidenses deben casi $1.23 trillones a las tarjetas de crédito[13]. No podemos negar que deslizar esa tarjeta brillante para que el dinero aparezca de la nada tiene un no sé qué, qué sé yo. ¡Y ni hablar de las compras en línea! En ese enorme mall virtual, ni siquiera tienes que deslizar nada: basta con un clic. El botón de "comprar ahora" de Amazon está diseñado estratégicamente para que realices compras sin pensar. Cuantas menos oportunidades tengas de reconsiderar, mejor será para ellos. Pero ahora que sabes cómo identificar cuándo estás usando mal tu tarjeta de crédito, puedes detectarlo en tiempo real y evitar caer en una deuda con ella.

---

13   Frankel, https://www.forbes.com/advisor/credit-cards/average-credit-card-debt/.

Cómo se determinan los puntajes de crédito

Repasemos lo que hemos aprendido hasta ahora. Discutimos qué es el crédito y por qué es importante en Estados Unidos. También aclaramos algunos mitos comunes que podrían impedirte mejorar tu puntaje de crédito. Aprendimos sobre los beneficios de mantener un buen historial crediticio y cómo detectar señales de alerta (red flags) y señales positivas (green flags) que muestran que utilizas el crédito de manera responsable.

Otra razón por la que a las personas les resulta difícil construir crédito y manejar las tarjetas de crédito con responsabilidad es que no comprenden cómo se determina su puntaje de crédito. Para lograr un buen puntaje, primero deben entender la fórmula que emplean las agencias de crédito para calcularlo.

Aquí están los cinco factores que afectan tu puntaje de crédito, en orden de mayor a menor importancia:

1. **(35%) Pagos puntuales:** este es el factor más importante de los cinco y, en mi opinión, el más fácil de adoptar. Los prestamistas quieren ver que puedes pagar tu deuda a tiempo cada mes. Si pagas tus cuentas tarde, incluso con uno o dos días de retraso, te ven como una persona irresponsable y con mayor riesgo al prestarte dinero. Cuando olvidas pagar tu estado de cuenta a tiempo, no solo te cobran una tarifa por pago tardío (que varía entre $25 y $40, según la tarjeta de crédito), sino que también se afecta tu puntaje de crédito.

   Por suerte, esto es fácil de evitar. Si configuras el pago automático en tu cuenta, los pagos se realizarán según lo programado. Soy una súper fan del pago automático. ¡No te hagas! Sabes bien que no te vas a acordar de pagarlo cada mes. Hay veces que estamos reocupadas; por eso, es mejor simplificarnos la vida y programar pagos automáticos para que nunca más te atrases.

2. **(30%) Cuánto pides prestado:** el segundo factor más importante es cuánto dinero debes en comparación con cuánto tienes disponible. A los prestamistas les gusta ver que uses menos del 30 % del crédito disponible.

Revisemos este ejemplo: Imagina que solicitas una tarjeta de crédito y te aprueban con una línea de crédito de $1,000. Muchas personas pensarían: "¡Qué padre! Puedo gastar los $1,000 y, con tal de que pague el saldo completo, no hay bronca". ¡Espérate tantito! Desde el punto de vista de los prestamistas, usar toda tu línea de crédito, aunque pagues el saldo completo, puede dar la impresión de problemas financieros y hacer que te consideren un usuario de mayor riesgo. Por ello, es recomendable demostrar estabilidad financiera y administrar bien tu crédito. Para mantener una buena relación con ellos y proteger tu puntaje, evita gastar más del 30 % de tu crédito disponible. En este caso, sería ideal no gastar más de $300 de los $1,000.

3. **(15%) La antigüedad de tus cuentas:** Los siguientes tres factores influyen un poco menos en tu puntaje de crédito, pero aun así vale la pena conocerlos. Otro aspecto clave es cuánto tiempo hace que tienes crédito. A los prestamistas les gusta ver un historial largo y estable que muestre que has sido responsable con la deuda y las tarjetas de crédito.

Esto quiere decir que una persona de cuarenta años que empezó a manejar su crédito a los veinte y ahora tiene una historia crediticia de veinte años, tendrá una puntuación más alta que alguien de diecinueve años que solo ha gestionado crédito durante un año. Cuanto más tiempo mantengas abierta tu línea de crédito y demuestres ser responsable con el dinero, mejor será tu puntuación.

4. **(10%) La variedad de tus líneas de crédito:** el cuarto factor que afecta tu puntaje es la diversidad de tu deuda. A los prestamistas les gusta ver que manejas diferentes tipos de deuda de manera responsable.

Imagina que Yesenia tiene cuatro tipos de deuda en su historial crediticio: tarjetas de crédito, un préstamo de auto, un préstamo estudiantil y un crédito hipotecario. Por otro lado, Noemí solo tiene un tipo de línea de crédito: un préstamo de auto. Aunque ambas cumplen con sus pagos a tiempo, los prestamistas suelen preferir una variedad de créditos, por lo que Yesenia tendría una puntuación más alta que Noemí, ya que demuestra capacidad para gestionar con éxito distintos tipos de deuda.

5. **(10%) Tus consultas de crédito recientes:** el último factor que influye en tu puntaje de crédito suele ser el más complejo de los cinco. Por fortuna, solo afecta una pequeña parte de tu puntaje total. En esencia, las agencias de crédito te penalizan cada vez que consultan tu historial crediticio. Cuando pides una nueva línea de crédito, ya sea para una tarjeta o un préstamo de auto, los prestamistas realizan una consulta de crédito conocida como consulta dura (hard inquiry). Una consulta dura ocurre cuando un prestamista revisa tu informe de crédito como parte del proceso para decidir si te concederá o no el préstamo que solicitaste.

Una consulta dura también puede ocurrir cuando completas una solicitud para alquilar un departamento nuevo o cuando se requiere como parte de una verificación de antecedentes para un nuevo empleo. Cada consulta afecta tu puntaje crediticio, por lo que debes tener cuidado con el número de consultas que realizas en un corto período de tiempo. Si realizas demasiadas consultas, las agencias de crédito lo interpretan como una señal de alarma. Piensan: "¡Ajá! Esta persona está desesperada por pedir dinero prestado. ¿Estará enfrentando problemas económicos? Si no tiene dinero, quizás no podamos recuperar lo que le prestamos, por lo que no sería prudente confiar en ella en este momento."

Sí, lo sé. Puede parecer contradictorio, ¿verdad? Penalizar a alguien que solicita un crédito porque necesita dinero. Es casi como negar el propósito principal de la transacción. Pero hay que recordar que los prestamistas no son organizaciones benéficas. La única razón por la que te prestan dinero es que esperan recuperarlo y obtener intereses. Si detectan un riesgo de crisis financiera, prefieren mantenerse alejados.

El *hack* de Gigi para construir un buen historial crediticio

Me imagino que te sientes abrumada por toda la información nueva que estás aprendiendo. Pero tranquila, no te achicopales porque ¡tengo buenas noticias! Con este truco, podrás construir un buen historial crediticio de forma automática. Creé un proceso sencillo de tres pasos para simplificar tus finanzas y ayudarte a obtener una buena puntuación de crédito mientras te echas una siesta. Le enseñé esta estrategia a mi hermano menor, Pablo, cuando cumplió dieciocho años, y para cuando cumplió veintiuno, ¡ya tenía una puntuación excelente!

Estos son los tres pasos que debes seguir:

1. **Usa tu tarjeta de crédito solo para una cuenta pequeña, fija y recurrente:** tómate un momento para pensar en tus gastos mensuales. De todas tus cuentas por pagar, ¿hay alguna pequeña que se mantenga igual todos los meses?

Un ejemplo claro sería una suscripción a Apple Music o Netflix. Para considerarla una cuenta pequeña, su costo debería estar entre $10 y $50. Hoy en día, el precio mensual de una suscripción estándar de Netflix es de $17.99, por lo que cumple con ese criterio. Este monto no varía mes a mes, sin importar cuánto veas televisión, por lo que es una cuenta fija. Además, te facturan una vez al mes, lo que confirma que se trata de un gasto recurrente. ¡Perfecto! Cumple con los tres requisitos.

Pequeña: $17.99 (¡chécalo!)

Fija: Siempre $17.99 (¡chécalo!)

Recurrente: $17.99 al mes (¡y chécalo!)

Una vez que hayas seleccionado la cuenta que usarás para este primer paso, realiza los pagos con tu tarjeta de crédito. No utilices esta tarjeta de crédito (ni ninguna otra) para ningún otro gasto. Paga todos los demás gastos con tu tarjeta de débito.

2. **Configura el pago automático con tu tarjeta de crédito para pagar esta factura:** para continuar con el ejemplo de Netflix, ingresa a tu cuenta y configura el pago automático con tu tarjeta de crédito. Así, Netflix realizará el cobro mensual automáticamente en tu tarjeta sin que tengas que intervenir.

3. **Configura el pago automático de esta tarjeta de crédito con tu banco:** dado que este valor se cargará cada mes en tu tarjeta, ahora deberás programar con tu banco el pago de este valor mensual. Una vez que configures el proceso, podrás sacarlo de tu mente.

POR QUÉ FUNCIONA

¿Recuerdas cuáles son los dos factores más importantes que influyen en tu puntaje de crédito? Los principales son los pagos puntuales (35% de tu puntaje) y la cantidad de dinero que debes en relación con lo que tienes disponible (30%). Estos dos factores suman el 65% de tu puntaje total, por lo que si los tienes bajo control, tu puntaje tendrá buena pinta.

El método es efectivo porque, al habilitar el pago automático, siempre realizarás los pagos a tiempo, sin importar cuán ocupada estés. Además, al usar tu tarjeta de crédito solo para cubrir una factura pequeña, fija y recurrente, estás tomando prestado mucho menos dinero del que realmente tienes. Una factura típica de streaming debería estar muy por debajo del límite del 30%, preferido por los prestamistas.

Esta estrategia es excelente para quienes buscan construir crédito por primera vez o para quienes han perdido el control de sus gastos con tarjeta y quieren volver a encarrilarse.

ACTIVIDAD: CONFIGURA EL PAGO AUTOMÁTICO PARA UNA CUENTA PEQUEÑA Y RECURRENTE

Considera una cuenta pequeña, fija y recurrente que puedas utilizar para este truco, como un servicio de suscripción (Netflix, YouTube Premium, etc.) o tu factura de internet o teléfono.

Una vez que elijas, inicia sesión en tu cuenta y ve a los ajustes de facturación. Allí, solo tienes que ingresar tu tarjeta de crédito para configurar el pago automático mensual.

Luego, ingresa al portal en línea de tu tarjeta de crédito y configura el pago automático del saldo total del estado de cuenta con tu cuenta bancaria.

Recuerda: no hagas más compras ni pagues nada más con esta tarjeta; úsala únicamente para la cuenta que elegiste para este truco. Dale un poco de tiempo y observa cómo tu puntaje de crédito mejora.

Cómo monitorear tu puntaje de crédito

Ahora que hemos revisado los cinco factores que afectan tu puntaje de crédito y mi método de tres pasos para mejorar tu historial, hablemos de la importancia de dar seguimiento a tu puntaje con frecuencia. Para mantener una buena calificación, debes observar y revisar de forma constante tu actividad crediticia. Aquí te comparto varias razones por las que es vital tenerlo siempre en la mira.

Si vigilas tu puntaje con frecuencia, podrás identificar fraudes o robos de identidad en el momento en que ocurren. Por ejemplo, si notas una caída abrupta de 50 puntos, es una variación considerable y debe despertar sospechas si no has hecho nada fuera de lo normal. Tras investigar, descubres que la caída se debe a que se abrió una nueva línea de crédito en el último mes, pero no fuiste quien la solicitó. ¡Alguien más lo hizo! Esto indica que tu número de Seguro Social ha sido comprometido y que podrías ser víctima de robo de identidad. Es crucial que actúes con rapidez y reportes la actividad sospechosa a las agencias de crédito lo antes posible.

Revisar de forma periódica tu reporte de crédito te ayuda a garantizar que la información que ven los prestamistas sea correcta y esté actualizada. Si encuentras errores, corregirlos puede llevar tiempo y no querrás que unos cuantos datos incorrectos afecten tu situación justo en el momento en que necesitas crédito.

Dar seguimiento a tu puntuación también te permite comprender mejor el estado de tu crédito y detectar en qué aspectos puedes mejorar. No quieres llevarte sorpresas al solicitar un nuevo préstamo o una línea de crédito. Por eso, es fundamental que conozcas tu posición financiera con anticipación, antes de solicitar un préstamo.

Llevar un control de tu puntaje de crédito no tiene que ser otra tarea abrumadora en tu lista de pendientes. Aquí tienes dos formas sencillas de monitorear tu puntaje:

1. **Solicita un reporte de crédito gratuito:** como consumidora, tienes derecho a obtener un informe de crédito gratuito de las tres principales agencias de reporte crediticio una vez al año. Solicitar tu informe no afecta tu puntuación. Puedes pedir tu copia anual en AnnualCreditReport.com. Al tenerlo, revísalo con atención para verificar que no haya información incorrecta. Es importante asegurarte de que los datos reflejen solo tus actividades y no las de alguien más que pudo haber comprometido tu información personal. ¡Porque estos pinches estafadores siempre buscan hacer de las suyas! También puedes consultar gratis tu puntuación de crédito y registrarte para recibir alertas mensuales en creditkarma.com y en quizzle.com.

   Pro tip: Configura un recordatorio en el calendario de tu teléfono para que recuerdes practicar estos pasos y mantenerte al tanto de tu puntaje de crédito.

2. **Aplicaciones y sitios web para el seguimiento del crédito:** Existen muchas páginas web y aplicaciones gratuitas en el mercado que pueden ayudarte a monitorear tu puntaje de crédito. Algunas de las más populares son Credit Karma, CreditWise, Experian y myFICO. Casi todas las compañías de tarjetas de crédito hoy en día ofrecen monitoreo de crédito gratuito como parte de sus beneficios. Una vez que optes por recibir este servicio gratuito, podrás consultar tu puntaje de crédito en tiempo real cada vez que ingreses a la aplicación o al sitio web. También tendrás acceso a recursos educativos gratuitos para aprender cómo mantener un puntaje saludable.

Navegando el crédito con la familia

Ahora que conoces todos los beneficios del crédito, hablemos de cómo gestionarlo en familia. Formar parte de una cultura familiar colectiva significa que, si los demás conocen tu buen historial crediticio, te verán como la persona a la que acudir en caso de necesidad financiera. En esta sección, abordaremos los aspectos más importantes a considerar al prestar tu crédito y cómo puedes apoyar a un miembro más joven de la familia en mejorar su puntaje crediticio, convirtiéndolo en usuario autorizado.

Lo que debes tener en cuenta al prestar tu crédito

Mi amigo Rafa tiene una buena historia con moraleja sobre su experiencia prestando crédito a su familia. Su papá estaba ilusionado con la idea de comprar un televisor de $2,000, pero no tenía el dinero ni el crédito para hacerlo. Le pidió a Rafa que lo financiara y le aseguró que le devolvería el dinero. Rafa estuvo feliz de ayudar a su papá y confió en que le pagaría, así que cargó la compra del televisor a su tarjeta de crédito personal. Acordaron que su papá haría todos los pagos y que, en un plazo de dos años, saldarían la deuda.

Pero unos meses después, su papá empezó a saltarse los pagos. Rafa notaba que la factura no estaba pagada y le preguntaba a su papá qué pasaba. Su papá le decía que ese mes había tenido gastos inesperados y que no podría hacer el pago. Rafa entendía que si no se realizaban los pagos, esto afectaría su historial crediticio, no el de su papá, así que empezó a pagar esa deuda con su propio dinero. Comenzó a resentir a su padre por no cumplir su parte del acuerdo, lo que puso tensión en su relación. En retrospectiva, Rafa se arrepiente de haber prestado su crédito para comprar un televisor y desearía haber dicho que no cuando su papá se lo pidió.

De los cinco pilares del First-Gen Five, prestar tu crédito es el que puede causar el mayor enredo financiero. Si decides prestar tu crédito, entiende que tu puntuación de crédito se verá afectada si no se realizan los pagos a tiempo. Si la persona por la que estás tomando el préstamo deja de pagar, tú serías responsable de esa deuda.

Evalúa si cuentas con los recursos económicos suficientes para realizar ese pago en caso de que se presente esa situación. Si no puedes pagar a tiempo, la deuda se retrasará y esto podría perjudicar tu historial crediticio durante muchos años, dificultando que compres tu primera casa o que te aprueben un préstamo para un auto en el futuro. Además, considera si esta situación podría generar tensión en tu relación con la persona que te pide el dinero prestado. Si piensas que esto puede suceder y valoras mucho esa relación, quizás sea mejor decir que no, incluso si se trata de un familiar.

También hay otras maneras de brindar apoyo. Puedes dedicar tiempo a enseñarles lo que aprendiste sobre el crédito en este libro y mostrarles cómo construir un historial crediticio sólido por su cuenta. Aunque su puntaje de crédito no mejorará de la noche a la mañana, al hacerlo, estarás empoderándolos para que desarrollen mejores habilidades.

Dándole un aventón a tu familia

Si tienes una buena puntuación de crédito y conoces a un familiar que podría necesitar ayuda para construir su historial crediticio, considera agregarlo a tu tarjeta de crédito como "usuario autorizado". Un usuario autorizado es alguien que ha sido añadido a la línea de crédito del titular principal. La persona tiene su propia tarjeta asignada y puede realizar compras en esa cuenta, igual que tú.

Así funciona: Imagina que tienes una hermana adolescente de quince años y quieres ayudarla a empezar a construir su historial crediticio. Para ello, puedes comunicarte con tu institución financiera, ya sea en línea o por teléfono, y agregar a tu hermana a tu línea de crédito. Para incluirla, necesitarán su información personal, como su nombre, fecha de nacimiento y número de Seguro Social, entre otros datos. Algunas tarjetas de crédito no cobran por este servicio, mientras que otras sí, por lo que es importante verificar los costos con tu entidad financiera.

Una vez que la hayas añadido, sigue usando tu tarjeta de crédito de manera responsable y, con el tiempo, tu hermana se beneficiará de tu buen historial crediticio. ¡Y eso es todo! Ella no necesita usar la tarjeta para hacer compras y beneficiarse de este truco. Es como que la llevas en los hombros para cosechar los frutos de tu buen crédito.

Técnicamente, podrías entregarle la tarjeta de crédito física a tu hermanita, ya que es una usuaria autorizada. Aunque yo, en lo personal, no lo haría. No le tendría suficiente confianza y, la verdad, no tengo tiempo para andar de niñera. Recuerdo cómo era yo a esa edad y, casi seguro, habría salido de compras con mis amigas en cuanto tuviera la oportunidad. ¡Los adolescentes son adolescentes!

Si decides entregar la tarjeta a la persona autorizada, debes comprender que serás responsable de todos los cargos en tu cuenta. Un mal uso de la tarjeta afecta, en última instancia, el puntaje de crédito del titular principal, es decir, tú. La razón para agregarla como usuaria autorizada es hacerle un favor, no crear más problemas para ti. Lo mejor es que tengas la tarjeta adicional en tu poder y que esa persona aproveche tu buen historial crediticio.

Al poner en práctica esta estrategia, estarás apoyando a tu hermana menor para que vaya construyendo su historial crediticio incluso antes de cumplir los dieciocho años. Cuando llegue ese momento, ya tendrá una base sólida, lo que puede marcar una gran diferencia en su puntaje crediticio. Esto le facilitará obtener mejores tasas de interés y préstamos más favorables, y le permitirá ahorrar dinero en el camino. Es una forma muy acertada de preparar a quienes más quieres para un futuro financiero exitoso.

Un buen historial crediticio te respalda

En este capítulo, exploramos todo lo relacionado con el crédito y los beneficios que acompañan una buena calificación crediticia. Descubrimos cómo nuestro puntaje de crédito influye en aspectos clave, como el tipo de vivienda, los préstamos e incluso las oportunidades laborales. También aclaramos algunos mitos comunes sobre el crédito que podrían estar impidiéndote aprovechar al máximo tus tarjetas de crédito. Además, platicamos sobre las ventajas adicionales que puedes obtener al mantener un buen historial crediticio, como acceder a mejores condiciones en préstamos que te ayudan a ahorrar dinero o recibir recompensas por tus gastos del día a día. Ahora tienes claro qué señales de advertencia (rojas y verdes) debes buscar para asegurarte de usar tus tarjetas de manera responsable. Aprendimos cuáles son los cinco factores que influyen en tu puntaje de crédito y cómo mi sencillo truco de tres pasos puede ayudarte a mejorarlo de forma automática. Por último, vimos cómo monitorear tu crédito para mantenerte protegida de estafadores y qué aspectos tener en cuenta al permitir que tu familia use tu línea de crédito.

Llevar las riendas de tu crédito no tiene por qué resultar aterrador. Ahora que conoces los factores que afectan tu puntaje para bien o para mal, sé consciente de tu comportamiento y ajústalo cuando sea necesario. De los cinco pilares del First-Gen Five, construir crédito es el más sencillo y rápido de poner en práctica. Ahorrar para tener un fondo de emergencia y eliminar deudas puede tomar algunos años. Elaborar un presupuesto y gastar con intención son prácticas que debes incorporar de inmediato a tu día a día.

En el siguiente capítulo, descubrirás que puede llevar décadas cosechar los beneficios de invertir en la bolsa de valores. Sin embargo, al practicar tus nuevas habilidades crediticias, podrías ver una mejora notable en tu puntaje en menos de un año. Y con mi truco para mejorar tu crédito, verás que puedes lograrlo con muy poco esfuerzo.

Ya estamos casi al final de este libro y quiero que sepas lo orgullosa que debes sentirte por todo lo que has avanzado y aprendido en este proceso. En nuestro último capítulo, nos centraremos en el quinto pilar del First-Gen Five: la inversión a largo plazo. Sé que la idea de invertir en la bolsa puede intimidarte si estás empezando, ¡pero tú, tranqui! Te lo explicaré todo de manera sencilla y clara para que puedas entenderlo sin problema. Al finalizar este próximo capítulo, tendrás los conocimientos y la confianza que necesitas para dar tus primeros pasos en la inversión y encaminarte a ser la primera persona de tu familia en involucrarse en la bolsa. ¡Venga!

CAPÍTULO 7

INVERTIR NO ES SOLO PARA LOS GRINGOS CORBATUDOS

Cada día adquiero más riqueza.

Hemos dedicado la mayor parte de este libro a analizar los pasos que puedes seguir para encaminarte hacia un futuro económico brillante. Entre ellos, establecer un fondo de tranquilidad sólido para que tu salud mental no se vea afectada en caso de tener que escapar de un ambiente laboral tóxico; personalizar, a tu medida, un plan de gastos que te permita alcanzar tus sueños y metas de vida; crear tu propia estrategia para deshacerte de las deudas y tener así más espacio y libertad para usar tu dinero en lo que más te apasiona; y, por último, mejorar tu puntaje de crédito para que obtengas más flexibilidad, beneficios y ahorro cuando solicites un préstamo.

¿Y si nada de eso fuera importante? Imagina que eres rica y que el dinero no representa un problema en tu vida. ¿Qué harías con esa abundancia económica? Si pudieras cubrir todas tus necesidades y aún sobrara, ¿cómo aprovecharías tu tiempo si no tuvieras que trabajar para ganar dinero?

¿Pasarías más tiempo con tu familia, preparando una comida deliciosa en la casa de tus padres y disfrutando de visitas prolongadas, sin la presión de tener que regresar temprano para trabajar al día siguiente? Tal vez dedicarías más tiempo a viajar y conocer nuevas culturas, sin el estrés de volver a un escritorio con una torre de papeleo encima ni a la computadora con una tonelada de correos pendientes por responder. A lo mejor siempre has querido aprender a tocar la guitarra y dedicarías tiempo a practicar en casa con tu nuevo instrumento musical. Quizás te fascina tu profesión y continúas trabajando, pero sólo a medio tiempo. Aunque encuentras tu carrera muy satisfactoria, ya no es necesario que chambees el día entero por dinero. Irías a trabajar por elección, *no por obligación*.

Tómate un momento para soñar despierta, imaginando cómo sería tu vida si pudieras diseñar cada día a tu manera, poniendo en primer lugar tus necesidades, valores y pasiones. De veritas, piénsalo.

¡Amigui, si estás sonriendo ahora mismo, es porque acabas de experimentar por primera vez cómo se ve la libertad financiera! Llegar a ese punto significa que tienes suficientes ingresos o patrimonio como para no necesitar trabajar nunca más, aunque puedes elegir hacerlo si así lo deseas. Puedes decidir cómo serán tus mañanas, tardes y noches. Ya no estás atada a un jefe, a las políticas de la empresa ni a las evaluaciones de desempeño; ahora tienes la libertad de crear la vida que sueñas.

¿Pero cómo se alcanza esa libertad financiera? Existen algunas formas de lograrlo:

- Puedes nacer rica.

- Puedes casarte con alguien rico.

- Puedes ganar la lotería.

- . . . o puedes tomar el control y comenzar a invertir.

¿Qué es invertir?

Cuando inviertes, usas dinero para adquirir activos y planeas venderlos en el futuro a un valor superior al original. En esencia, logras que tu dinero "trabaje para ti". Por ejemplo, nadie compra una casa por $300,000 con la intención de venderla algún día por un valor mucho menor, como $50,000. La idea es que tu activo incremente su valor con el tiempo para que puedas venderlo por más de lo que pagaste. Las formas más comunes de inversión incluyen la compra de bienes raíces, la inversión en un negocio o en la bolsa de valores.\

De estas tres opciones, invertir en la bolsa de valores tiene la barrera de entrada más baja. Esto significa que, para quienes están empezando a construir su patrimonio y cuentan con recursos limitados, es la opción más accesible. En comparación, invertir en bienes raíces requiere investigar el mercado de alquiler adecuado y contar con miles de dólares para el enganche y la compra de una propiedad. Por otro lado, invertir para emprender un negocio requiere muchas horas de trabajo y, posiblemente, obtener un préstamo elevado. La inversión en la bolsa permite comenzar con solo $10 al mes y con conocimientos básicos de inversión. Este capítulo se centrará en cómo invertir en la bolsa de valores para asegurar tu futuro financiero.

Debo admitir que la antigua profesional en inversiones que llevo dentro está dando brincos de emoción por comenzar este capítulo. Me encanta enseñar este tema y podría escribir un libro completo sobre inversión. Como invertir es solo uno de los cinco pilares del First-Gen Five, en este capítulo me enfocaré en enseñarte lo básico sobre inversión. Te ayudaré a superar cualquier bloqueo mental que te impida actuar, te explicaré por qué invertir es esencial para las First-Gen que buscan aumentar su riqueza y te ofreceré algunos consejos sencillos para empezar a invertir hoy.

¿Qué ching*dos es la bolsa de valores?

De la misma manera que Amazon es un mercado para comprar desde electrónicos hasta muebles y ropa, la bolsa de valores es un mercado para adquirir instrumentos financieros, como acciones, bonos y fondos mutuos. Quédate conmigo y no te dejes intimidar por las palabras complicadas. A este nivel, no necesitas saber con exactitud qué significan estas cosas, solo que son inversiones disponibles para comprar en este mercado llamado bolsa de valores. Por ahora, piensa en la bolsa como un lugar donde puedes comprar un pequeño pedazo de una empresa.

Tomemos como ejemplo Rare Beauty. Por si no lo sabes, Rare Beauty es una marca de maquillaje creada por Selena Gómez. Uno de los productos favoritos de su línea inclusiva es el rubor de alto pigmento, y yo, en lo personal, soy fan del spray facial que funciona como primer y fijador. ¡Huele delicioso! Aunque Selena es la imagen y la fundadora de la marca, no es la única que ha invertido en Rare Beauty. Además de aportar su propio capital para establecer la empresa, recurre a fondos de inversionistas privados y obtiene préstamos bancarios para cubrir las necesidades del negocio.

Supongamos que Rare Beauty quiere expandirse y crear una nueva línea de esmaltes para uñas, llamada Rare Beauty Nails. Para lanzarla, necesitarán dinero extra para realizar investigaciones de mercado, desarrollar el producto, invertir en publicidad y contratar personal. Necesitarán más dinero. Expandir un negocio no es barato.

En lugar de pedirles dinero otra vez a los mismos inversionistas o solicitar otro préstamo al banco, podrían considerar que Rare Beauty cotice en la bolsa de valores. Cuando una empresa cotiza en la bolsa, también permite al público invertir en ella. Esto significa que personas comunes, como tú y yo, podemos comprar acciones de la empresa. Así, si tienes acciones de Rare Beauty y la empresa tiene éxito, también te beneficias.

Como inversionista en la bolsa, tu meta es crear un portafolio de inversiones que genere ingresos suficientes para sustituir tu salario. A medida que las empresas en las que inviertes crecen, tus ganancias también aumentan. En esencia, invertir en la bolsa es aprovechar el éxito de esas empresas.

Una vez que los dividendos e intereses de tus inversiones sustituyan tu sueldo, podrás mandar a tu jefe a la fregada y vivir de los rendimientos que genera tu portafolio.

Ya no tendrás que reportarte a un trabajo para ganarte la vida. Tu dinero está generando más dinero y has logrado la libertad financiera.

Mitos comunes sobre la inversión

Soy consciente de que aprender a invertir en la bolsa puede parecer intimidante, sobre todo si no creciste en un hogar que te enseñara los conceptos básicos del mercado de valores, como las Pattys Privilegio del mundo. Sin embargo, seguro que en algún momento escuchaste hablar de invertir y del interés compuesto, ya sea en clases de matemáticas o en el trabajo. Tal vez estés familiarizada con este concepto misterioso y hayas visto esas pantallas con indicadores bursátiles en las noticias. Sabes que está relacionado con el dinero, pero no comprendes con claridad cómo funciona.

Ya como adulta, quizás alguien te ha dicho que invertir es una decisión "inteligente", pero no sabes cómo dar el primer paso. O tal vez conoces lo básico, pero aún no has comenzado porque te sientes estancada. Antes de explorar cómo invertir, es importante aclarar algunos conceptos erróneos comunes que puedas tener acerca de la inversión.

MITO: INVERTIR PUEDE RESULTAR COMPLICADO Y ESTRESANTE. SOLO DEBERÍAS INVERTIR SI ERES UNA EXPERTA.

Verdad: invertir es tan complicado como tú quieras que sea. No necesitas ser una experta para comenzar a invertir.

Esta suele ser la objeción número uno que escucho al impartir mis talleres de Introducción a la Inversión. La gente tiende a temer aquello que no comprende, en especial cuando está en juego su dinero. La jerga financiera, con términos como bear market, dividendos, curvas de rendimiento y comercio de commodities, hace que invertir parezca intimidante. Escuchar estos términos extraños puede resultar tan confuso como no entender cuando te hablan en un idioma extranjero. Es comprensible pensar: "No sé qué significa esto y no quiero quedar como una boba si pregunto, así que mejor ahí nos vidrios". Y de pilón, un día escuchas en las noticias que el mercado de valores cayó: ¡apúrenle, vendan, vendan! Y al día siguiente se recupera: ¡órale, compra, compra! En medio de tu scrolling por las redes sociales, te aparecen publicaciones y videos que hablan de criptomonedas, meme stocks y NFTs, todos asegurando que te harán millonaria, rápido y fácil. Pero ¿en cuáles puedes confiar de verdad?

¿Invertir puede ser difícil, estresante y arriesgado? ¡Pos claro! Pero no tiene por qué ser así. La dificultad y el riesgo dependen por completo de tu estilo de inversión y de las opciones que elijas.

Mi método de inversión es sencillo y de bajo estrés. Aunque me gusta hablar de dinero, prefiero dedicar mi tiempo a otras actividades en lugar de estar pendiente de las noticias del mercado bursátil y de los pronósticos financieros del día. Mi estilo de inversión requiere muy poco esfuerzo, lo que me permite disfrutar más de las cosas que de verdad me gustan, como relajarme en el sofá y ver de nuevo episodios clásicos de Sex and the City.

No necesitas ser una experta para empezar a invertir. La clave es comenzar, incluso mientras aprendes.

Piénsalo así: si quieres empezar una rutina de ejercicio, no necesitas ser una experta ni investigar todas las técnicas para que sea lo más intensa posible. Lo más importante es dar el primer paso con algo simple, como salir a correr o seguir un entrenamiento en YouTube desde la comodidad de tu hogar.

No necesitamos complicarlo. Cuando empiezas a sentirte más segura con tu rutina de ejercicio, inmediatamente quieres aprender nuevas técnicas para elevar tus metas de fitness. Lo mismo sucede al invertir: simplemente comienza y aprende en el camino.

MITO: INVERTIR ES SOLO PARA LOS RICOS.

Verdad: Invertir es para todos, sin importar los ingresos.

Es fácil sentir que invertir no es para nosotras si no crecimos en una familia de inversionistas. Mis padres, abuelos y antepasados nunca invirtieron en la bolsa. ¿Recuerdas la última vez que Hollywood hizo una película como The Wolf of Wall Street con una mujer latina como protagonista? Esa representación no la vemos ni en casa ni en los medios; por eso resulta natural pensar que no es para nosotras.

Invertir está al alcance de todos, sin importar cuánto ganes. Aunque es cierto que suele ser más sencillo para quienes tienen más recursos económicos, no necesitas una fortuna para empezar. Puedes iniciar con apenas $20 al mes y, poco a poco, ir aumentando esa cifra. Eso, más o menos, cuesta una suscripción a Netflix. ¿Ves que sí te alcanza? Cuando tengas más dinero, podrás incrementar esa inversión, pero lo fundamental es comenzar cuanto antes. Así, te familiarizarás con el hábito de invertir y le darás más tiempo a tu dinero para que se multiplique y crezca. Hablaremos de esto en un ratito.

MITO: SOLO DEBES INVERTIR CUANDO ESTÉS LIBRE DE DEUDAS.

Verdad: Puedes acceder a la inversión mientras pagas activamente tu deuda.

Muchos inversionistas principiantes piensan erróneamente que invertir una cantidad mayor siempre resultará en mayores ganancias. Creen que, debido a sus deudas, lo más recomendable es pagarlas primero; solo después podrán invertir con mayor libertad, cuando dispongan de más dinero.

El factor más importante que determina el crecimiento de tu dinero en la bolsa no es cuánto inviertes, sino cuánto tiempo mantienes tu inversión. Cuanto más tiempo tengas tu dinero invertido, más posibilidades tendrás de que crezca de manera constante.

Si hubiera esperado a estar libre de deudas para comenzar a invertir, habría empezado cerca de los treinta años, cuando ya no tenía deudas. Comencé a ganar un salario como empleada a tiempo completo a los veintiún años, por lo que habría perdido casi una década de crecimiento. Esos años no se recuperan.

Ahora bien, tu nivel de enfoque en las inversiones depende del tipo de deuda que tengas. Una regla práctica es que, si tienes deuda con altos intereses, como tarjetas de crédito o préstamos de auto con tasas superiores al 5%, es mejor usar dinero extra para pagar esas deudas más pronto y destinar solo una cantidad mínima a invertir.

Si tienes una deuda con una tasa de interés baja, como un préstamo estudiantil, generalmente es mejor aprovechar el dinero extra para invertir más en la bolsa mientras cumples con los pagos mínimos de tu deuda.

Aquí tienes un desglose rápido como referencia:

Si el interés de tu deuda es	>5% APR	Concéntrate en la deuda, pero invierte una cantidad mínima hasta que la hayas saldado.
Si el interés de tu deuda es	<5% APR	Haz los pagos mínimos de la deuda y usa el dinero adicional para invertir en la bolsa de valores.

¿Pero qué pasa si pierdes tu dinero?

Luego de aclarar algunos mitos comunes sobre la inversión, abordemos un temor frecuente que muchas veces nos paraliza: el miedo a perder dinero ante un colapso del mercado. Seguro has escuchado historias alarmantes sobre la caída del mercado durante la Gran Depresión y la Gran Recesión, eventos que arruinaron financieramente a muchas familias en Estados Unidos. Este temor es comprensible; nadie quiere invertir y terminar perdiendo dinero. Sin embargo, hay más detalles por considerar en esa historia.

Repasemos una breve lección sobre la historia del mercado de valores. Aunque la bolsa ha experimentado caídas, al analizar su trayectoria de los últimos 100 años verás que, en general, el mercado tiende a recuperarse y aumentar su valor a largo plazo. Mira el gráfico a continuación:

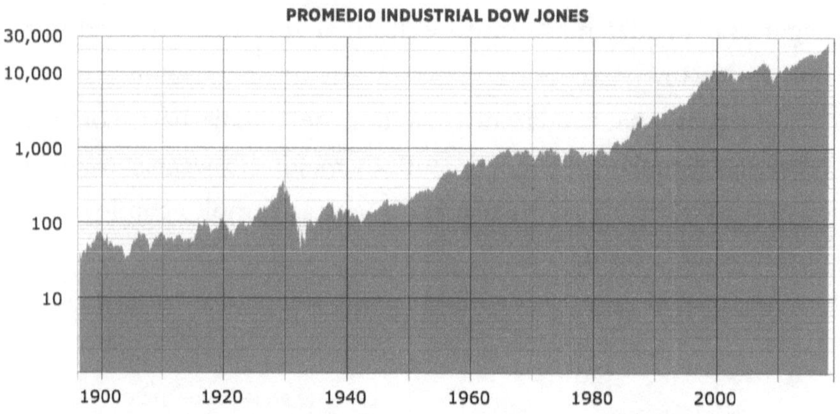

Aviso: El rendimiento pasado no garantiza resultados futuros.

Este gráfico representa el Promedio Industrial Dow Jones, también conocido como "el Dow". Es una medida del rendimiento general del mercado de valores y un indicador que se utiliza con frecuencia para evaluar la economía de los Estados Unidos. En el gráfico se observa su comportamiento durante los últimos 100 años, con múltiples subidas y bajadas, destacando en especial la Gran Depresión de 1929 y la Gran Recesión de 2008.

¿Es posible perder dinero en la bolsa de valores? Sí, sobre todo si entras en pánico y retiras tus fondos durante una caída del mercado. Sin embargo, si observas el gráfico, notarás que, a largo plazo, la tendencia es al alza. En los últimos 100 años, el mercado ha tenido un rendimiento promedio anual del 9,81 %[14]. Esto indica que si mantienes tu inversión y la dejas crecer con el tiempo, su valor tiende a incrementarse.

El gráfico demuestra que, por lo general, las empresas en Estados Unidos son resilientes y suelen superar los desafíos, incluso en los

---

14 "Stock Market Returns Between 1928 and 2022," S&P 500, https://www.officialdata.org/us/stocks/s-p-500/1928?amount=100&endYear=2022.

altibajos. Recuerda que invertir en la bolsa es invertir en negocios. Y el objetivo de un negocio es crecer y obtener ganancias con el tiempo.

No obstante, esto no quiere decir que la bolsa se recupere todas las veces. No hay garantía de que una inversión tenga rendimiento. Solo porque en el pasado se haya recuperado, no significa que ocurra de la misma forma en el futuro. Sin embargo, conocer la historia del mercado puede ayudarte a superar el miedo y la percepción equivocada de que invertir solo implica pérdidas. Sus recuperaciones pasadas deberían inspirarte confianza en que el proceso puede repetirse y lograrse de nuevo.

Considera esto: si invertir en la bolsa fuera un pozo sin fondo en el que todos perdieran su fortuna de manera constante, ¿seguirían los ricos invirtiendo allí? Obvio que no. Ellos tienen acceso a las mejores asesorías financieras y a todos los recursos necesarios para invertir en lo que deseen. Su objetivo es incrementar su patrimonio, no perderlo. Si conocieran una forma más efectiva de invertir, no perderían su tiempo en la bolsa. Pero invierten allí porque saben que el mercado bursátil está diseñado para aumentar su valor con el tiempo. A los ricos les encanta seguir siendo ricos.

Aguas con los malos consejos bienintencionados

Hablemos un poco sobre lo que llamo "malos consejos bienintencionados". Esto está relacionado con otro posible obstáculo: que tus padres inmigrantes, por protegerte, te desanimen de forma constante.

Cuando comencé a aprender sobre inversiones, estaba muy emocionada por compartir con mis padres todo lo que descubría acerca de la bolsa, el interés compuesto y cómo podía usarse para crear riqueza y lograr estabilidad económica. En lugar de recibir apoyo y aprobación por tomar decisiones financieras más sabias y por convertirme en la primera de la familia en invertir en la bolsa, me desalentaron de inmediato.

Mis padres dijeron: "¿Pero por qué no compras mejor una casa? ¡Esa es la mejor inversión que puedes hacer!" Para empezar, no son opciones excluyentes. Puedes invertir en la bolsa y comprar una vivienda. No tienes que elegir una u otra.

Pero, ante todo, comprar una casa para vivir en ella no se considera una inversión. A menos que la vivienda genere ingresos activos, como lo haría una propiedad en renta, no es una inversión.

Comprendo de dónde proviene esa percepción de mis padres. Cuando no tienes mucho, es natural no querer arriesgar lo poco que tienes. Reaccionaron así por tratar de cuidarme. Ellos nunca adquirieron el mismo conocimiento financiero que yo, así que para ellos invertir en la bolsa de valores puede parecer arriesgado, mientras que comprar una propiedad es una opción más segura. Sienten esto porque una casa es algo que pueden ver y tocar, ¡es tangible! La bolsa, en cambio, no. Pero recuerda: no permitas que el miedo ajeno, incluso si es el de tus padres, te impida abrirte camino en el mundo de las inversiones.

Por qué necesitas invertir

Hagamos un resumen de lo aprendido en este capítulo. Vimos cómo invertir puede brindarte la independencia financiera que buscas y que la bolsa de valores es un mercado donde puedes invertir en empresas en crecimiento. También desmentimos varios mitos comunes sobre la inversión y explicamos por qué no debes temer un colapso del mercado bursátil. Además, aprendimos por qué es mejor ignorar los malos consejos de quienes queremos, aunque tengan buenas intenciones.

A continuación, descubriremos por qué es necesario invertir, en particular para una latina First-Gen que busca construir riqueza.

LA BRECHA SALARIAL LATINA

Según LeanIn.org, la mujer latina promedio gana 54¢ por cada dólar que gana un hombre blanco no hispano[15]. Debido a esta brecha salarial, las latinas están predispuestas a perder al menos $1,000,000 a lo largo de su vida. Mientras buscamos una solución para cerrar la brecha salarial que nos afecta de manera sistemática, podemos usar la inversión como herramienta para disminuir la brecha de riqueza.

NADIE QUIERE TRABAJAR HASTA MORIR

¿Quieres trabajar hasta que mueras? ¡Yo ni siquiera quiero trabajar ahora mismo y tengo treinta y seis años! No puedo imaginar cómo debe sentirse tener más de ochenta años pesándote en los hombros, habiendo chambeado la mayor parte de esas ocho décadas y aún tener que presentarte a trabajar. Desafortunadamente, esta es una realidad para muchas personas, ya sea porque no planificaron su jubilación o porque no contaron con los recursos financieros ni con el conocimiento para construir un fondo de ahorro para el retiro.

Vi a mi abuelo de setenta y cinco años volver al trabajo después de sufrir una embolia porque no tenía los medios para jubilarse. No quiero que me pase lo mismo. No quiero tener que preocuparme por el dinero cuando llegue a una edad avanzada. Después de dedicar la mayor parte de mi vida adulta al trabajo, deseo una jubilación digna y la oportunidad de disfrutar de los frutos de mi esfuerzo. Sueño con pasar la última etapa de mi vida rodeada de quienes amo y dedicando mi tiempo a las actividades y hobbies que me hagan feliz, en lugar de estar atrapada en un cubículo bajo luces fluorescentes de nueve a cinco para pagar las cuentas.

---

15 "Latinas Aren't Paid Fairly—And That's Just the Tip of the Iceberg: Get the Facts about the Pay Gap for Latinas," Lean In, accessed July 13, 2023, https://leanin.org/data-about-the-gender-pay-gap-for-latinas.

Invertir genera un flujo de ingresos que puede reemplazar tu salario, para que no tengas que pasar tus años de vejez trabajando por un sueldo. Y dado que la expectativa de vida de las mujeres latinas es la segunda más alta en Estados Unidos[16], es importante que estemos preparadas para una longevidad digna.

EL SEGURO SOCIAL NO VA A SER SUFICIENTE

Un concepto erróneo frecuente es que el Seguro Social (www.ssa.gov/es) es, en realidad, un plan de retiro. Cada vez que recibes tu salario, en el recibo de nómina aparece una deducción por impuestos de la Seguridad Social. Algunas personas piensan que el gobierno está guardando ese dinero en una especie de caja fuerte con su nombre y que, cuando llegue el momento de jubilarse, solo tendrán que tocar la puerta y pedirles que les entreguen ese dinero. ¡Pero así no es la cosa!

Los impuestos del Seguro Social que pagas ahora se destinan a cubrir los beneficios de las personas jubiladas en este momento. No se guardan en un fondo que puedas usar en el futuro. Cuando envejezcas y tengas canas, tus beneficios serán financiados por las personas más jóvenes que trabajen en ese momento. La generación más joven paga los beneficios de las generaciones mayores y jubiladas.

El problema de ese modelo es que la población de Estados Unidos ya no crece como antes. Según el Centro Nacional de Estadísticas de Salud de los CDC, los datos recogidos muestran una caída significativa en las tasas de fertilidad. Las familias estadounidenses tienen menos hijos, lo que reducirá la fuerza laboral y disminuirá el

---

16   "Latinas Are Paid Less than White Men and White Women," Lean In, https://leanin.org/data-about-the-gender-pay-gap-for-latinas#the-pay-gap.

fondo de la Seguridad Social. Hasta ahora, se estima que las reservas de la Seguridad Social se agotarán en 2037[17]. Esto significa que si planeas jubilarte después de esa fecha, recibirás menos dinero que la generación de los Boomers en la actualidad.

Por último, recuerda que el Seguro Social no fue creado para ser nuestro único plan de jubilación. Su propósito es complementar nuestro fondo de retiro personal y cubrir alrededor del 25% de nuestros ingresos. ¿Te alcanzaría ese 25 % para vivir? ¡A mí no! Por eso, es importante que comiences a invertir por tu cuenta desde ahora para cerrar esa brecha y asegurar tu estabilidad financiera cuando llegue tu jubilación.

TU EMPLEADOR TAMPOCO TE JUBILARÁ

¿Pero tu empleador no te ayudaría con la jubilación? Antes, esto se hacía mediante pensiones. Así funciona una pensión: trabajas en una empresa durante unos veinticinco a treinta y cinco años. Tras ese tiempo de servicio, tu empleador te ofrece un ingreso garantizado de por vida como recompensa por tu lealtad.

Hoy en día, solo el 4% de los empleadores del sector privado ofrecen pensiones, en comparación con el 60% a principios de los años 80[18]. Si no trabajas para el gobierno, es muy posible que no tengas derecho a una pensión, por lo que deberás buscar formas de asegurar una jubilación cómoda por tu cuenta.

---

17   Stephen C. Gross, "The Future Financial Status of the Social Security Program," Social Security Administration 70, (2010), accessed June 26, 2023. https://www.ssa.gov/policy/docs/ssb/v70n3/v70n3p111.html.

18   "Ultimate Guide to Retirement: Just how Common Are Defined Benefit Plans?" CNN Money, https://money.cnn.com/retirement/guide/pensions_basics.moneymag/index7.htm.

LA JUBILACIÓN NO ES UNA EDAD, ES UN NÚMERO

¿Te decepciona saber que las pensiones y el Seguro Social no serán suficientes? ¡No te agüites! Recuerdo que cuando escuché esto por primera vez, pensé: "¿Entonces tengo que planear mi propia jubilación cuando otras generaciones disfrutaban de pensiones generosas? ¡Qué injusto! ¡Los Boomers siempre arruinan todo!"

Pero en realidad esto es más liberador de lo que imaginas. Con el modelo antiguo, los empleados tenían que trabajar entre veinticinco y treinta y cinco años para poder acceder a su pensión y jubilarse. Por eso, cuando piensas en el jubilado típico, imaginas a una persona mayor, de cabello gris, en sus sesenta.

Pero ahora que la jubilación está completamente en nuestras manos, también podemos decidir cuándo jubilarnos. No existe ninguna ley que obligue a esperar hasta los sesenta años para hacerlo. No necesitamos esperar treinta años como las generaciones anteriores. Esto significa que puedes jubilarte en tus cincuenta, cuarenta o incluso en tus treinta. Todo dependerá de cuánto dinero ahorres e inviertas.

Porque la jubilación no es una edad, es un número. ¡Eso significa que, tan pronto como tengas los recursos financieros necesarios, podrás jubilarte! Me motiva sobremanera poder enfocarme en invertir para mi jubilación. A veces, es difícil emocionarse por algo que parece estar muy lejos, quizás a décadas de distancia. Pero ¿y si en realidad pudieras jubilarte en tan solo diez o quince años?

Estas enseñanzas provienen de la comunidad FI/RE, que, por sus siglas en inglés, significa Independencia Financiera y Retiro Temprano. Es un movimiento en el que las personas ahorran de forma intensiva para su jubilación, con el fin de recuperar su tiempo y retirarse mucho antes de los sesenta y cinco años. Aunque este tema no será tratado en este libro, si te interesa, investiga y decide si es adecuado para ti. El movimiento FI/RE me impulsó a tomar el control de mis finanzas.

¿CUÁL RIQUEZA GENERACIONAL?

Otra razón por la que invertir es imprescindible para las latinas First-Gen es que no contamos con la comodidad de la riqueza generacional. Las Pattys Privilegio y las Danis Del Medio pueden relajarse. Con seguridad, ellas contarán con la ayuda de sus padres y quizás incluso de sus abuelos, que las van a apoyar en lo económico, pagar la universidad o contribuir al enganche de una casa. O bien recibirán una herencia cuando alguien de su familia estire la pata. Nosotras no contamos con eso. Tenemos que crear esa base no solo para nosotras, sino también para las futuras generaciones y para nuestros padres, quienes no contaron con los recursos económicos para priorizar sus finanzas. No hay un bote salvavidas listo para rescatarnos en el futuro. O lo creamos nosotras mismas, o simplemente no existirá.

INTERÉS COMPUESTO: HAZ QUE TU DINERO TRABAJE

Y ahora, una razón aún más emocionante para invertir: aprovechar el interés compuesto. Albert Einstein lo llamó "la octava maravilla del mundo"[19] y con razón, pues parece magia. El interés compuesto ocurre cuando tu dinero genera más dinero, lo que hace que tu inversión en la bolsa crezca gracias a este efecto. La explicación más clara se muestra en el gráfico a continuación:

---

19 Maurie Backman, "Einstein Said Compound Interest Is the 8th Wonder of the World. Why Graham Stephan Thinks That's Right," The Ascent the Motley Fool Service, January 5, 2023, https://www.fool.com/the-ascent/buying-stocks/articles/einstein-said-compound-interest-is-the-8th-wonder-of-the-world-why-graham-stephan-thinks-thats-right/.

	CONTRIBUCIÓN MENSUAL	CONTRIBUCIONES DE POR VIDA	DESPUÉS DE 40 AÑOS	INTERÉS COMPUESTO GANADO
Marisol empieza a los 25 años	$300	$144,000.00	$1,593,333.20	$1,499,333.20
Fernanda empieza a los 35 años	$300	$108,000.00	$592,178.48	$484,178.48

¡Marisol ganó casi tres veces más!*

*Suponiendo una tasa de retorno del 10%

Este gráfico muestra a dos inversionistas, Marisol y Fernanda.

Marisol empezó a invertir a los veinticinco años, destinando $300 cada mes durante cuarenta años, hasta su jubilación a los sesenta y cinco años. Gracias al interés compuesto, su dinero creció de manera constante desde esa edad. Cuando cumplió sesenta y cinco, tenía un portafolio de inversión de 1,5 millones de dólares, habiendo invertido solo $144,000 de su propio dinero (suponiendo una tasa de rendimiento anual del 10%). Su dinero ha generado aún más dinero. ¡Brava, Marisol!

Ahora revisemos la trayectoria de Fernanda en sus inversiones. Ella creía que debía estar completamente libre de deudas antes de comenzar a invertir, por lo que no empezó hasta los 35 años, después de saldar su deuda estudiantil. Durante los siguientes treinta años, invirtió la misma cantidad de $300 al mes. En total, aportó $108,000 de su propio dinero y, al jubilarse a los 65 años, había acumulado un portafolio de $592,000.

Ella aportó solo $36,000 menos que Marisol, pero al comenzar antes, la inversión de Maribel generó $1 millón más en interés compuesto. ¡$1 millón adicional! Este ejemplo ilustra el verdadero poder del interés compuesto. Con interés compuesto, tu dinero crece sin pausa, sobre todo si comienzas pronto y mantienes tu inversión durante más tiempo. La lección: ¡vale la pena comenzar temprano!

¿AÚN NO ESTÁS CONVENCIDA?

¿Cómo pudo Marisol multiplicar casi por diez su inversión, mientras que Fernanda solo la aumentó por cinco, a pesar de que la diferencia en sus aportes fue de solo $36.000? La discrepancia no es proporcional. Parece que las matemáticas no cuadran, ¿verdad? La razón por la que la inversión de Marisol es mayor es que comenzó antes. Como ya vimos, el factor más importante que influye en el crecimiento de tu dinero en la bolsa es el tiempo. Esto se debe a que el interés compuesto no crece de forma lineal, sino de forma exponencial.

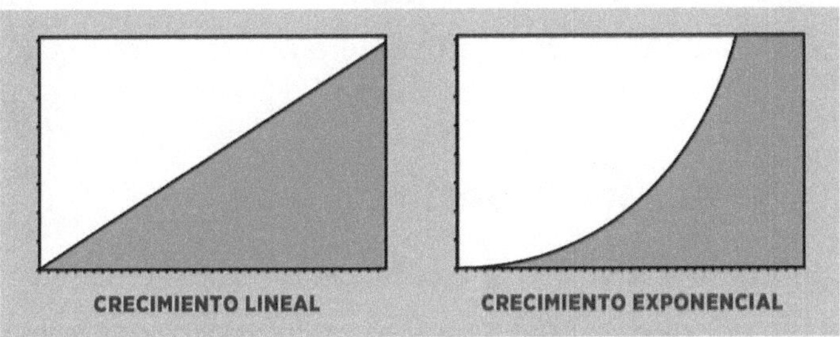

El dinero no crece en una línea recta, estable y predecible. Crece siguiendo una curva. Esto significa que, cuanto antes comiences a invertir, más tiempo tendrá tu dinero para multiplicarse y trabajar con más intensidad para ti. Por eso, es clave empezar cuanto antes para que el interés compuesto impulse tu ahorro. Si tú trabajas duro, ¿no crees que tu dinero también debería hacerlo?

LA INFLACIÓN ES UN ASESINO SILENCIOSO

Otra razón matemática por la que debes invertir es la inflación. La inflación ocurre cuando los precios de los bienes aumentan con el tiempo, lo que reduce tu poder adquisitivo. ¿Sabías que una barra de chocolate de Hershey's solía costar 5¢ en los años 50? Esa misma barra cuesta $1.59 hoy en día. Eso es la inflación en acción. Con el tiempo, te cuesta más dinero comprar las mismas cosas.

El tema de la inflación ha sido algo difícil de enseñar a mis alumnos de educación financiera. Puede parecer un concepto abstracto, pero muchos estadounidenses sintieron en carne propia el impacto de la inflación durante la pandemia de COVID-19. Actualmente, comprar un auto, alimentos o una vivienda cuesta mucho más que antes de la pandemia.

La inflación afecta nuestras finanzas porque, con el tiempo, disminuye el valor de nuestro dinero. Esto significa que un dólar hoy no tendrá el mismo poder adquisitivo en el futuro. Nuestro dinero pierde valor si simplemente lo dejamos sin invertir. Por eso, invertir es crucial para hacer crecer nuestro dinero y contrarrestar la inflación.

Cómo empezar a invertir

Ahora que hemos definido qué es invertir, aclarado mitos comunes y explicado por qué es importante, en especial para una latina First-Gen con miras a construir su riqueza, hablemos de cómo puedes empezar a invertir.

Muchas personas escuchan hablar de invertir en la bolsa y piensan que lo primero que deben hacer es decidir en qué acciones invertir. "¡Ándale, Gigi! ¿Entonces debería comprar acciones de Disney, Starbucks o Tesla? ¿En qué empresa puedo obtener más valor? ¿Por dónde empiezo a investigar?" Pero esas decisiones vienen un poquito después. Comencemos por el paso 1.

PASO 1: ABRIR UNA CUENTA DE INVERSIÓN

Para comenzar a invertir, el primer paso es abrir una cuenta de inversión. No puedes comprar acciones de Apple con tu cuenta de cheques o de ahorros. Necesitas abrir una cuenta de inversión que te permita acceder al mercado de valores.

Hay varios tipos de cuentas de inversión que debemos considerar, como cuentas de corretaje, 401(k), 403(b), SEP IRA y Roth IRA, entre otras. Discutiremos algunas de estas en breve. Sin embargo, todas estas cuentas se clasifican en una de dos categorías: las que ofrecen ventajas fiscales o las gravables.

Cuentas con ventajas fiscales

Las cuentas con ventajas fiscales te brindan un alivio en el pago de impuestos. ¿Alguna vez has oído a alguien decir: "¡Quiero pagar más impuestos, por favor!"? Por supuesto que no. Con este tipo de cuentas de inversión puedes optar por posponer el pago de impuestos o pagarlos ahora, para evitar preocuparte por ese gasto más adelante.

Las cuentas con ventajas fiscales que mencionaremos a continuación están creadas para facilitar la inversión para tu retiro. Solo ten en cuenta que si usas el dinero antes de la edad de jubilación o para algo distinto de la jubilación, podrías tener que pagar penalizaciones altas e impuestos. Sin embargo, hay excepciones: visita el sitio web del IRS para obtener más información.

¿Por qué el gobierno otorga beneficios fiscales por invertir en tu jubilación? ¿Realmente se preocupan por nosotros? ¡Ay, claro que no! Lo hacen para motivarnos a crear nuestro propio fondo para la vejez. No quieren lidiar en el futuro con una población de adultos mayores sin dinero y sin chamba. Si no ahorramos para la jubilación, dependeremos más de programas sociales y de la ayuda del gobierno, lo que acarrea más problemas. Por eso, nos dan una pequeña ayuda y beneficios fiscales para preparar nuestra jubilación. ¡Aprovecha!

Cuentas de retiro

Al elegir entre cuentas de inversión con ventajas fiscales y cuentas gravables, considero que las First-Gen que están creando patrimonio deberían iniciar su inversión con cuentas fiscales, que son las alternativas que te ofrecen en el trabajo, como un 401(k) o un 403(b). Es una opción práctica y fácil de empezar.

Un 401(k) es un plan de ahorro para la jubilación ofrecido a la mayoría de los empleados del sector privado, desde despachos de abogados hasta supermercados. Un 403(b) es similar, pero generalmente está dirigido a trabajadores del sector educativo y a organizaciones sin fines de lucro. Para simplificar, cuando menciono los 401(k) en este capítulo, también incluyo otros tipos de cuentas de retiro en el lugar de trabajo, como los planes 403(b) y 457.

A continuación, algunas razones por las que una cuenta de retiro laboral, como tu 401(k), es la opción más sencilla para empezar a invertir.

ES MÁS SENCILLO COMENZAR EN COMPARACIÓN CON OTRAS CUENTAS

Registrarse en el plan 401(k) de tu lugar de trabajo es fácil. Para comenzar a invertir con tu plan de retiro laboral, solo necesitas inscribirte en Recursos Humanos. Tendrás que llenar algunos formularios en los que indiques que deseas formar parte de su plan existente y escoger cuánto de tu salario quieres aportar a la cuenta en cada período de pago. Puedes modificar esta cantidad en cualquier momento si es necesario. No se requiere ninguna otra configuración para comenzar. ¡Es así de simple!

Con otras cuentas de inversión, como una Roth IRA o una cuenta de corretaje, tendrás que realizar más pasos. Deberás investigar para encontrar el mejor corredor, abrir una cuenta, vincularla a tu banco, depositar dinero y elegir en qué acciones invertir de una lista extensa. No necesitas ser experta para ello, pero mientras más pasos implique el proceso, mayor será la probabilidad de que te rindas diciendo: "¡Qué hueva, ya me doy!". Mientras menos obstáculos tengas para empezar, más pronto podrás empezar.

CONTRIBUCIONES AUTOMÁTICAS

Otro beneficio de utilizar tu cuenta de retiro en el trabajo es que las contribuciones se realizan de forma automática. Cada vez que recibes tu salario, el monto que designaste se deduce y se acredita de manera directa en tu cuenta de retiro. No ves ese dinero y, al no verlo, no puedes gastarlo. De esta manera, mientras te concentras en tu vida, tu inversión crece automáticamente cada vez que te pagan.

ES MÁS FÁCIL ESCOGER INVERSIONES

Los inversionistas más experimentados podrían ver esto como una desventaja del 401(k), pero en realidad resulta muy conveniente para quienes están comenzando. Con un 401(k), las opciones de inversión son limitadas. En lugar de acceder a todas las acciones disponibles en la bolsa, solo puedes invertir en las quince o veinte opciones que tu empleador ha preseleccionado. Si pudieras acceder a las miles de acciones que cotizan en el mercado, a lo mejor te sentirías abrumada al ver tantas opciones, te quedarías paralizada y no elegirías ninguna. Esto se llama sobrecarga de opciones. Recuerda que no puedes aprovechar al máximo el interés compuesto si no empiezas, así que, en tus inicios, tener más opciones no siempre es mejor.

CONTRIBUCIÓN DEL EMPLEADOR

Y mi motivo favorito: ¡los aportes del empleador! Muchas empresas motivan a sus empleados a invertir en su 401(k) ofreciendo que igualarán sus contribuciones. Esto significa que por cada dólar que aportes a tu 401(k), tu empleador añadirá otro igual. Por ejemplo, si ganas $50,000 al año y tu empleador ofrece un match del 6% y decides aportar el 6% de tu salario ($3,000), tu empleador sumará otro 6% ($3,000) en dinero de la empresa a tu cuenta.

Quiere decir que, aunque solo hayas aportado $3,000 de tu dinero, ¡tu cuenta de inversión recibe $6,000! Es un beneficio estupendo para los empleados y deberías aprovecharlo al máximo. El match del 401(k) forma parte de tu paquete de compensación y, si no lo usas, estás dejando dinero en la mesa, lo cual sería una tontería. ¡Y tontas no somos! Pregunta a Recursos Humanos si ofrecen igualar las contribuciones al plan de retiro y asegúrate de contribuir al menos lo necesario para obtenerlas.

Nota adicional: No te limites a aportar solo lo que tu empleador igualará. Si puedes rebuscarte un poquito en los bolsillos para contribuir más, hazlo. Alguna vez trabajé para una empresa súper coda que solo igualaba mis aportes con un 3%. Como solo me daban ese 3%, yo solo aportaba el mismo porcentaje de mi dinero y pensaba que me la estaba rifando (aguas, Kris Jenner, que aquí vengo yo). Pero en retrospectiva, un aporte total del 6% para la jubilación no es gran cosa, como pensaba. La mayoría de los expertos financieros recomiendan aportar al menos un 15% para tener una jubilación digna. Contribuir solo hasta la aportación del empleador es lo mínimo. Si ahora solo puedes permitirte esa cantidad, está bien; ¡que no te dé pena! Pero ponte como meta incrementarlo en cuanto puedas.

¿PERO QUÉ PASA SI NO PLANEAS QUEDARTE MUCHO TIEMPO EN TU EMPLEO?

Esta es una pregunta frecuente en los comentarios de mis redes sociales. Tu decisión de invertir en tu cuenta de retiro laboral no debería verse afectada por cuánto tiempo planeas permanecer en ese trabajo.

Ya sea que trabajes en una empresa durante seis meses o treinta años, el dinero de *tus* aportes siempre será *tuyo*. Es decir, si aportaste $20,000 a tu cuenta de retiro, esos $20,000 te pertenecen. Ese dinero es portátil y puede transferirse al plan de retiro de tu nuevo empleador.

Sin embargo, es posible que no puedas quedarte con el dinero que tu empleador igualó como parte de tus beneficios, ya que esto depende del cronograma de adquisición de derechos jubilatorios (vesting schedule) de tu empresa. Cada compañía tiene su propio cronograma. Algunas empresas te permiten conservar tu dinero desde el inicio, mientras que otras lo hacen después de que cumplas cierta antigüedad. Consulta con tu departamento de Recursos Humanos para conocer el cronograma aplicable a tu contrato laboral.

Roth IRA

¿Pero qué pasa si tu empleador no te ofrece un plan de retiro, como un 401(k) o un 403(b)? Entonces, considera abrir una Roth IRA. Como no puedes inscribirte a través de tu empleador, tendrás que esforzarte un poco más para configurarla por tu cuenta, pero el proceso puede ser rápido y sencillo con las instrucciones adecuadas. No dejes que esto te desanime. ¡Ponte al cien!

¿QUÉ ES UNA CUENTA ROTH DE INVERSIÓN?

IRA significa "cuenta de retiro individual", por lo que vendría siendo un plan de retiro privado no vinculado a tu empleador. Una IRA Roth no pertenece a una industria específica, lo que permite que seas maestra, peluquera o paseadora de perros y, aun así, tener una IRA, siempre que cumplas con los requisitos. Revisa en el sitio web del IRS (IRS.gov) las últimas directrices para verificar si calificas y presta especial atención a los límites de ingresos.

Puedes considerar abrir una Roth IRA si no tienes un 401(k) a través de tu empleador. Incluso si ya tienes un 401(k) en tu trabajo y estás dentro de los límites de ingresos, todavía puedes abrir una Roth IRA como cuenta adicional para tu retiro. Contribuir a ambas cuentas te brindará más recursos en el futuro. Mientras más dinero aportes, mayor será tu ahorro para la jubilación. En mi caso, tengo ambos tipos de cuentas.

Una de las mayores ventajas de usar una Roth IRA es que no pagas impuestos al retirar el dinero en la jubilación. Nadie sabe cómo serán los impuestos en el futuro. Podrían ser más bajos que ahora, pero si tuviera que apostar, todo indica que serán más altos.

¿Recuerdas que en nuestra discusión sobre el Seguro Social mencionamos que los estadounidenses están teniendo menos hijos? Menos hijos significan menos contribuyentes. Y menos contribuyentes significan menos dinero para que el gobierno opere. Mi sexto sentido me dice que los impuestos tenderán a aumentar en el futuro. Al usar una cuenta Roth IRA, pagas impuestos ahora y no tienes que preocuparte por los impuestos futuros en esa cuenta.

APROVECHA MIENTRAS PUEDAS

Es posible que no siempre seas elegible para una Roth IRA; por eso, deberías aprovechar esta opción si cumples con los requisitos en este momento. A diferencia de un 401(k), una Roth IRA solo estará a tu disposición si tus ingresos se encuentran por debajo de un límite. Esto significa que, si ganas mucho dinero, no podrás abrir una cuenta ni acceder a los beneficios fiscales que la hacen una opción atractiva para invertir.

Permíteme ser una nerd por un ratito y profundizar en los beneficios fiscales de una cuenta Roth IRA. Desde 2026, el IRS solo permite contribuir a una Roth IRA si tus ingresos son de $153,000 o menos si declaras como soltera, o de $242,000 o menos si declaras en conjunto con tu pareja. Por lo tanto, si algún día eres una jefa chingona que gana $250,000, ya no calificarás para una Roth IRA porque tus ingresos superan el límite establecido por el IRS.

Si ganas bien, ¡qué padre! Eso se llama "tener un buen problema". Pero te resultará un poco más difícil abrir y contribuir de forma directa a una cuenta Roth IRA. Existen estrategias fiscales y vacíos legales para darles la vuelta a estos casos, pero, por lo general, requieren la orientación de un profesional experimentado. La clave aquí es aprovechar la cuenta mientras esté fácilmente accesible para ti.

Puedes abrir una Roth IRA en menos de quince minutos, ya que el proceso es simple pero requiere algo de esfuerzo. Para obtener una lista actualizada de mis opciones recomendadas para abrir una Roth IRA, visita culturaandcash.com y descarga el Paquete de Recursos C&C.

Cuentas gravables

¿Recuerdas que mencioné que existen dos tipos de categorías fiscales para las cuentas de inversión? Ya cubrimos las cuentas con ventajas fiscales. Las cuentas 401(k) y las Roth IRA pertenecen a esta categoría. Ahora exploremos las cuentas gravables o sujetas a impuestos.

Una cuenta de corretaje es una cuenta de inversión que está sujeta a impuestos. Las cuentas de corretaje ofrecen muchos beneficios. No tienen límites de ingresos ni de contribución, lo que significa que una persona con ingresos altos, por ejemplo, $800,000 al año, puede calificar y aportar la cantidad de dinero que desee a la cuenta. Además, no están vinculadas a ninguna industria específica, por lo que cualquier persona, sin importar su sector, puede calificar para una.

LAS CUENTAS GRAVABLES PUEDEN OFRECER MAYOR FLEXIBILIDAD.

Desde mi punto de vista, uno de los mayores beneficios de tener una cuenta de corretaje es la posibilidad de acceder a tu dinero en cualquier momento, incluso antes de llegar a la edad de jubilación. Si estás interesada en invertir en la bolsa pero quieres tener la opción de usar ese dinero antes de cumplir cincuenta y nueve años y medio, una cuenta de corretaje puede ser una excelente opción para ti.

Supongamos que tu plan es invertir en la bolsa y, después de quince años, comprarte una casa de vacaciones con ese dinero. Puedes utilizar una cuenta de corretaje para incrementar tu capital y retirar el dinero en cualquier momento sin penalización. Es una excelente opción para construir riqueza a largo plazo sin bloquear los fondos para la jubilación.

TOMA EN CUENTA LO QUE ESTÁ EN JUEGO

Sin embargo, dado que una cuenta de corretaje genera impuestos, no ofrece tantas ventajas fiscales como las otras opciones que mencionamos. Como Latina First-Gen, tu prioridad principal debe ser asegurar tu jubilación, especialmente cuando este camino viene acompañado de beneficios fiscales. Recuerda que la mayoría de nosotras no tendremos la suerte de recibir grandes herencias, por lo que es esencial construir una base financiera sólida. Este objetivo a largo plazo es mucho más importante que buscar ganancias rápidas en las inversiones; por eso, no recomiendo comenzar a fortalecer tu estabilidad financiera por esta vía.

Es importante mencionar las cuentas gravables, ya que son muy populares en redes sociales. Robinhood y Acorns se han consolidado como sinónimos de inversión y ambas están sujetas a impuestos. A los influencers financieros les encanta promocionar estas empresas porque ganan una comisión al convencerte de abrir una cuenta en Robinhood o Acorns a través de sus enlaces de afiliado. Ellos no obtienen beneficios económicos si simplemente inviertes en tu 401(k).

A ellos les vale que tú tengas que enfrentar consecuencias fiscales o que una de estas cuentas no sea la adecuada para esta etapa de tu trayectoria financiera. Lo único que les interesa es recibir su comisión. He visto sus videos y son muy persuasivos. Te convencen de que las cuentas gravables son la única forma de invertir, lo que puede llevarte a descuidar tu cuenta de retiro, que, según ellos, no es tan sexy como las que promueven.

Lo más inteligente es aprovechar primero tus cuentas con ventajas fiscales. Una vez que esas cuentas hayan sido aprovechadas por completo, entonces puedes pasar a una cuenta de corretaje gravable. O también puedes usar una antes, siempre y cuando entiendas las consecuencias y los compromisos que implica.

	CUENTAS CON VENTAJAS FISCALES		CUENTAS GRAVABLES
Nombre de la cuenta	401(K), 403(B)	401(K) TRADICIONAL, ROTH 401(K), ROTH IRA	CUENTA DE CORRETAJE
Contribuciones	Libres de impuestos	Taxed	Sujetas a impuestos
Crecimiento	Libres de impuestos	Libres de impuestos	Sujeto a impuestos
Retiro de fondos	Sujetos a impuestos	Libres de impuestos	Sujetos a impuestos
Se permiten retiros	Al jubilarse	Al jubilarse	En cualquier momento

Invertir en criptomonedas y en seguros de vida

En este capítulo, hemos explorado las cuentas de inversión con beneficios fiscales, como los 401(k) y las Roth IRA. Pero también es muy relevante hablar de las criptomonedas y los seguros de vida, ya que son temas que despiertan gran interés y son muy populares en las redes sociales. Considero importante que conozcas mi perspectiva sobre ambos.

¿QUÉ SON LAS CRIPTOMONEDAS?

En su definición más sencilla, la criptomoneda es una forma de dinero digital. Permite comprar bienes y servicios utilizando moneda virtual en lugar de monedas tradicionales como el dólar (USD) o el peso mexicano (MXN). Tal vez estés familiarizada con diferentes criptomonedas, como Bitcoin, Ethereum o Dogecoin. Se clasifica como una inversión alternativa por su reciente aparición y porque no está tan regulada como las inversiones tradicionales, como las acciones y los bonos, que llevan siglos en existencia.

Si te preocupa que invertir sea arriesgado, las criptomonedas quizás no sean la mejor opción para ti. Son intrínsecamente riesgosas. El marco legal y regulatorio aún está en desarrollo, lo que hace que su valor sea más volátil que el de otros activos tradicionales. Su precio depende de la oferta y la demanda, de la cobertura mediática y del sentimiento de los inversionistas. Celebridades como Kim Kardashian, Snoop Dogg y Tom Brady han promovido la compra de criptomonedas. Pero ¿qué tanto saben ellos sobre el tema? ¿De dónde se graduaron con un doctorado en finanzas? Moriré esperando la respuesta.

UNA ADVERTENCIA SOBRE LAS CRIPTOMONEDAS

El valor de las criptomonedas puede subir mucho en una semana y desplomarse a la siguiente. La mayoría de los inversionistas novatos puede asustarse ante una fluctuación tan dramática, por lo que, si no puedes soportar condiciones difíciles, es mejor que no inviertas en criptomonedas en absoluto. Los criptobros y otros fanáticos suelen ser muy ruidosos y te convencerán de lo contrario. Han logrado que muchas personas confíen todos sus ahorros en esta inversión alternativa, incluyendo a mi hermano Pablo, en ese entonces de 21 años, quien lo hizo en contra de mi consejo.

Pero invertir tanto dinero en una sola operación es muy arriesgado. Cuando inviertes, no es recomendable poner todos los huevos en una sola canasta. Incluso los grandes inversionistas institucionales con los que solía trabajar, que gestionan millones o incluso miles de millones de dólares, suelen asignar solo alrededor del 5% de su capital a inversiones alternativas[20].

Nosotras, las First-Gen con miras a construir riqueza, no podemos darnos el lujo de perder dinero como muchos criptobros en Reddit, una plataforma en línea donde la gente comparte opiniones y consejos sin respaldo profesional. Es mejor que te enfoques en mis First-Gen Five y uses tu dinero en cosas prácticas, como pagar deudas, ahorrar para emergencias e invertir para el retiro en un 401(k) o en una Roth IRA.

Por suerte, la fiebre de las criptomonedas ya se ha calmado desde el colapso de FTX en 2022, uno de los intercambios de criptomonedas

---

20 Cuando hablo de inversiones alternativas, me refiero a inversiones que no forman parte de las opciones tradicionales, como acciones, bonos o cuentas de retiro. Aquí entran, por ejemplo, las criptomonedas, bienes raíces especulativos, arte, objetos de colección y otros activos cuyo valor suele ser más impredecible y con mayor riesgo.

más grandes, cuando desaparecieron 8 billones de dólares en fondos de los clientes. ¡Se quedaron con ganas de llegar a la Luna!

¿QUÉ ES EL SEGURO DE VIDA?

Aviso: este tema puede parecer un poco mórbido, pero es importante discutirlo. El seguro de vida es una forma de protegerte a ti y a tus seres queridos ante una muerte inesperada. Así como un seguro de auto te ofrece dinero en caso de accidente, una póliza de seguro de vida te paga si la persona asegurada fallece. Tener una póliza de seguro de vida puede evitar que tengas que organizar una campaña en GoFundMe, una plataforma en línea para recaudar dinero, para cubrir gastos funerarios imprevistos. Si alguien depende de tus ingresos para pagar sus cuentas o mantener su vida diaria, como tu pareja, tus hijos o tus padres mayores, entonces adquirir una póliza de seguro de vida es una decisión inteligente.

LA DIFERENCIA ENTRE UNA PÓLIZA DE VIDA A TÉRMINO (TERM LIFE INSURANCE) Y UNA PÓLIZA DE VIDA ENTERA (WHOLE LIFE INSURANCE)

En términos generales, existen dos tipos de seguros de vida: el seguro de vida a término y el seguro de vida entera.

El seguro de vida a término te proporciona cobertura durante un período específico y no incluye inversión. Por ejemplo, una póliza de veinte años te protegerá en caso de fallecimiento durante ese plazo.

El seguro de vida entera te cubre durante toda tu vida y sí tiene un componente de inversión.

Los expertos en finanzas debatimos sobre el método de presupuestación más eficaz o la estrategia óptima para saldar deudas, pero coincidimos en que el seguro de vida no debe verse como una inversión.

La póliza de vida entera es mucho más cara que la de seguro de vida a término (¡alrededor de cinco veces más!) y el componente de inversión suele tener un rendimiento inferior al del mercado bursátil. Esto significa que obtendrás más valor por tu dinero si inviertes tú misma en la bolsa de valores en lugar de contratar una póliza de seguro de vida completa. También se vende como un buen producto para evadir impuestos, aunque en la práctica solo resulta útil para las personas extremadamente ricas, es decir, los millonarios del mundo.

ADVERTENCIA SOBRE AGENTES DE SEGUROS DE VIDA

Por último, te voy a ser sincera. Los vendedores de seguros de vida obtienen una excelente comisión por venderte pólizas de vida entera.

Cuando estaba en la universidad, hice una pasantía en una compañía de seguros de vida (no me juzgues, solo era una plebe intentando ganar experiencia profesional). Primero, te ofrecen una revisión financiera gratuita. En su discurso de ventas, te dicen que comprar un seguro de vida entera es una inversión inteligente porque es lo que usan los ricos, ¡así que tú también deberías hacerlo!

Y tienen razón. Algunas personas con mucho dinero sí optan por comprar seguros de vida entera, pero por lo general lo hacen después de haber invertido en cuentas con beneficios fiscales, cuentas gravables, propiedades, negocios, arte exótico, autos de colección y muchas otras cosas en las que las personas con recursos suelen invertir. Es solo una de las muchas opciones que consideran, pero no la única.

Reitero: el seguro de vida entera suele tener sentido para las personas extremadamente ricas. Si no se trata de un seguro de vida a término, lo más probable es que no resulte conveniente para una First-Gen que busca construir patrimonio.

Invertir pensando en la familia

Una de las cosas que más me emocionan al enseñar a invertir es compartir con otros cuán poderosa puede ser esta herramienta, sobre todo para los niños pequeños. Ya sea que estés pensando en tener hijos, ya tengas chiquilines en casa o simplemente quieras ser esa fabulosa tía ricachona, esta sección es para ti.

Recuerda que el factor más importante del interés compuesto es el tiempo. ¿Y qué tienen todos los niños? ¡Tiempo! Disponen del resto de sus vidas para invertir. Si comienzas a invertir para un niño cuando es pequeño, ese dinero tendrá la oportunidad de multiplicarse a lo largo de los años, desde su infancia hasta que se convierta en adulto.

Aquí tienes algunos conceptos básicos sobre las cuatro cuentas de inversión que deberías considerar si estás pensando en invertir para esa criatura especial en tu vida.

529

Un plan 529 es una cuenta de inversión creada para pagar gastos universitarios, como matrícula, libros y alojamiento. De acuerdo con Bankrate, la matrícula suele subir un 8% cada año[21]. Esto indica que en veinte años, el costo de estudiar en una universidad pública podría alcanzar aproximadamente $54,000 por año. Si deseas ayudar a las futuras generaciones a evitar endeudarse, abrir una cuenta 529 es una estrategia muy efectiva para asegurarles un buen futuro.

---

21   Justin Estes, "How College Tuition Inflation Has Impacted College Costs," Bankrate, August 13, 2025,https://www.bankrate.com/loans/student-loans/college-tuition-inflation/.

ROTH IRAS CON CUSTODIA

Al igual que las Roth IRAs, una Roth IRA con custodia es una cuenta de inversión para la jubilación. Si un menor de edad trabaja y recibe ingresos gravables por su trabajo, puede calificar para una Roth IRA con custodia. Pero eso sí, aguas con ponerte demasiado creativa: muchas personas intentan engañar al sistema diciendo que su niño de cuatro años "trabaja" limpiando su oficina por $6,000 al año. ¿Quién contrataría a un chavito de 4 años para limpiar la oficina? Ese tipo de tranzas puede provocar una auditoría del IRS. Si un menor de edad tiene un empleo de a deveras, como una chamba de medio tiempo en una pizzería del barrio, entonces una Roth IRA con custodia tiene sentido.

UTMA/UGMA

Primero, una breve explicación de las siglas: UTMA corresponde a la Ley de Transferencias Uniformes a Menores, y UGMA a la Ley de Regalos Uniformes a Menores. Este tipo de cuenta ofrece la mayor flexibilidad en comparación con las otras dos que mencionamos. Una cuenta 529 debe destinarse exclusivamente a gastos educativos y una Roth IRA con custodia se utiliza para la jubilación.

No hay un uso definido para una cuenta UTMA/UGMA; el dinero puede destinarse a gastos universitarios o incluso a comprar un auto nuevo, y al IRS le vale. Aunque su flexibilidad es una gran ventaja, hay que tener en cuenta que, una vez que el menor cumple dieciocho años, se convierte en el dueño legal de todo el dinero en esa cuenta. Por eso, es importante que te sientas cómoda con la idea de que no tendrás autoridad legal sobre cómo se usará ese dinero cuando el niño sea adulto.

CUENTA DE CORRETAJE (BROKERAGE ACCOUNT)

Y, por último, puedes abrir una cuenta de corretaje a tu nombre, sabiendo que los fondos serán donados al niño en el futuro. La ventaja de este tipo de cuenta es que, al estar registrada a tu nombre, tienes control sobre cuánto dinero recibirá el niño y cuándo.

Esto es lo que hago por mi bella sobrina y ahijada, Samantha Baby. Samantha tiene seis añitos y un enorme cabello rizado como el mío. Como su madrina y tía rica, abrí una cuenta de corretaje el año en que nació y le deposito dinero cada cumpleaños y Navidad. Mi plan es regalarle el dinero cuando sea adulta. Amo a mi ahijada bebé, pero si es como mi hermana, a los dieciocho años va a ser una desmadrosa. Y no me siento cómoda entregándole tanto dinero a una Samantha de dieciocho años que no conozco. Por eso, una cuenta de corretaje en la que yo mantenga el control es lo más conveniente para mi situación.

Si estás interesada en aprovechar alguna de estas cuentas, por favor, consulta a un profesional en impuestos que pueda ofrecerte orientación experta.

PARA PADRES

Quizás ya estás emocionada por todo lo que has aprendido sobre el interés compuesto, cómo puede hacer que tu dinero crezca y cómo los niños especiales en tu vida pueden beneficiarse más si empiezan temprano. Pero ¿y qué de tus padres?

Nuestros padres inmigrantes no tuvieron el privilegio de aprender sobre el sistema financiero de Estados Unidos. Muchos de ellos podrían estar atrasados en su planificación para su jubilación o incluso no tener un plan de retiro. Según Morningstar, solo el 8% de los hogares hispanos reportan tener una cuenta IRA u otro plan de retiro similar.[22]

Sé que para muchas de nosotras, planear la jubilación de nuestros padres puede ser una gran preocupación. No solo debemos pagar nuestras deudas, ahorrar para emergencias e invertir para el futuro, sino también pensar en cómo brindar apoyo financiero a nuestros viejitos cuando llegue su retiro. Sé por experiencia propia la gran presión que esto conlleva. Mi papá tiene algunos bienes raíces que planea usar como fuente de ingresos durante su jubilación. Pero como soy la mayor de sus hijos, confía en que lo apoyaré cuando surjan imprevistos y gastos médicos. Ya comencé a prepararme para este compromiso.

También he visto a mis tías y tíos esforzarse para reunir el dinero y apoyar a mis abuelos, quienes dejaron de trabajar sin contar con ahorros ni ingresos de jubilación. Una de mis tías ha retrasado su retiro y ha seguido trabajando para tener suficiente dinero y enviarlo a mis abuelos en México. Como es normal en una cultura colectiva, nos enseñan a cuidar a nuestros viejitos, así como ellos nos cuidaron cuando éramos más jóvenes.

Si planeas apoyar a tus padres en su jubilación y ellos tienen los recursos para contribuir con su propio dinero, aquí te presento algunas estrategias prácticas para empezar:

- **Considera primero su plan de retiro laboral:** pídeles que consulten con Recursos Humanos para confirmar si califican para un plan 401(k) o 403(b) y si su empleador ofrece igualar

---

22   Michelle Fox, "Most Latinos Aren't Saving for Retirement, and Information Is a Big Factor: More than Two-thirds of Hispanic Households Aren't Putting Aside Anything through Workplace Savings Vehicles such as 401(K) Plans," NBC News, October 18, 2021, https://www.nbcnews.com/news/latino/latinos-arent-saving-retirement-information-big-factor-rcna3221.

sus contribuciones. Como mencioné anteriormente, esta opción no requiere configuración y, si la empresa ofrece un match, sería un error no aprovechar ese dinero adicional gratuito.

- **Considera una cuenta de retiro individual:** si no cuentan con un plan de retiro en el lugar de trabajo, pueden ser elegibles para una cuenta de retiro individual, como una Roth IRA o una IRA tradicional. Si su empleador ofrece un plan de retiro, también pueden tener una Roth IRA siempre y cuando califiquen para ello. Visita IRS.gov para revisar la información más reciente, ya que cambia cada año.

- **Aprovecha las contribuciones adicionales:** si tus padres tienen cincuenta años o más, califican para ellas. Estas contribuciones permiten que los empleados de mayor edad aporten más dinero a sus planes de retiro que los empleados más jóvenes. La idea es brindar a los empleados mayores la oportunidad de compensar el tiempo perdido y ponerse al día, ya que están más cerca de la edad de jubilación. Visita el sitio web del Internal Revenue Service (IRS.gov) para más información.

Si tus padres no tienen los recursos financieros para aportar su propio dinero para su retiro, o si no lograste convencerlos de invertir en la bolsa, intenta lo siguiente:

- **Ayúdales a reducir sus gastos:** para crear mayor holgura económica y que puedan ahorrar más para la jubilación, ayúdales a revisar sus gastos y explorar oportunidades para reducir o eliminar los que no sean necesarios. Hace poco me enteré de que mi tía paga $150 mensuales por una bodega que tiene alquilada desde hace tanto tiempo que ni siquiera se acuerda de lo que guarda allí. Limpiar esa bodega y reducir su tamaño sería una excelente manera de ahorrar dinero que podría destinar a su jubilación.

- **Consígueles un seguro de salud:** a medida que tus padres envejecen, es natural que sus gastos médicos aumenten. Si todavía no tienen seguro de salud, pagar las primas de su póliza puede ser una buena opción para evitar facturas médicas altas y garantizar que reciban toda la atención necesaria.

- **Inclúyelos en tu presupuesto:** si los ingresos de tus padres son bajos, quizás no tengan suficientes fondos para su jubilación, incluso después de reducir gastos. Si quieres brindarles apoyo financiero, platica con ellos de forma abierta y pregúntales qué gastos necesitarán cubrir cuando dejen de trabajar y de ganar dinero. ¿Necesitarán ayuda con la renta, los servicios o la comida? Sé honesta contigo misma y con ellos sobre cuánto apoyo económico puedes brindar y destina en tu presupuesto un fondo para estos gastos.

NORMALIZA NO ASUMIR LA JUBILACIÓN DE TUS PADRES

Algunas personas me han preguntado por las redes sociales: "¿Qué pasa si no quiero hacerme responsable de jubilar a mis padres?"

Desde mi experiencia como educadora financiera, he observado tres posturas distintas que las personas pueden adoptar con respecto a la jubilación de sus padres inmigrantes: algunas harán todo lo posible por hacerse cargo de ellos cuando se retiren, mientras que otras solo desean brindarles apoyo económico hasta cierto punto, y, por último, están quienes no consideran que sea su responsabilidad financiar su jubilación.

Si decides que no quieres o no puedes ayudar a tus padres con su jubilación, estás en todo tu derecho. No eres una mala hija por priorizar tus propias necesidades. Hacerse cargo de la jubilación de otra persona es una gran responsabilidad y solo vale la pena asumirla si así lo deseas y cuentas con los recursos para hacerlo. Es decir: si Quieres y Puedes.

Como discutimos en el capítulo 2, cada persona tiene una historia y una dinámica familiar únicas, y cada quien elige lo que mejor se ajusta a sus valores y a lo que considera mejor para su familia y sus finanzas. Es una decisión personal.

Antes mencioné que apoyaría a mi papá con sus gastos de jubilación, pero con mi mamá no será así. Y no, no es por lo del Corolla. La verdad es que ella y yo tenemos una relación complicada. Ojalá las cosas fueran diferentes, pero, para mi pesar, esa es la realidad. Después de pensar con calma y aplicar el enfoque Quiero y Puedo, lo más apropiado para mi situación fue establecer un límite financiero.

Si has decidido hacer lo mismo con tus padres, te sugiero que hables con ellos sobre esta decisión. Culturalmente, se espera que los hijos adultos apoyen con dinero a sus padres en la vejez, pero si eso no forma parte de tus planes, debes comunicarlo para que no asuman que recibirán esa ayuda y que la realidad los agarre en curva.

Platica con ellos de frente y con anticipación para que puedan prepararse. Sé honesta y cuéntales que tienes otras metas financieras y que no puedes asumir responsabilidades adicionales. Aunque puede ser una conversación difícil, es importante afrontarla. Mantente firme en tu decisión y en los límites que has establecido. No estás siendo egoísta al priorizar tus necesidades. Como latina bicultural, tienes todo el derecho a dejar de lado los valores y expectativas tradicionales que no te benefician.

Si no puedes brindar apoyo financiero, recuerda que puedes ayudar de otras formas, como guiarlos para que hagan un presupuesto que les ayude a ahorrar, revisar juntos sus gastos para eliminar los innecesarios y compartir tus conocimientos sobre fondos de retiro.

Ayudar a la familia no tiene por qué ser de una sola manera; en la variedad se encuentra el equilibrio.

Resumen del capítulo

¡Híjole! Platicamos un montón. Hagamos un repaso general de lo que aprendimos en este capítulo:

- Invertir en la bolsa es una herramienta que podemos usar para lograr la libertad financiera y no depender de un empleo.

- Las creencias limitantes o los conceptos erróneos comunes no deben impedir que tomemos decisiones para invertir y hacer crecer nuestro dinero.

- Invertir es absolutamente necesario para las latinas First-Gen, ya que no heredaremos riqueza.

- Invertir nos permite tener una jubilación digna y ganarle a la inflación.

- El interés compuesto es la octava maravilla del mundo y la clave para que nuestra riqueza crezca de forma exponencial.

- Para las latinas First-Gen, la forma más sencilla de comenzar a invertir en la bolsa es a través de cuentas de retiro en el trabajo, como 401(k), 403(b) o 457(b). Contacta a tu departamento de Recursos Humanos para inscribirte.

- Aporta al menos la cantidad necesaria para aprovechar el match de tu empleador, si está disponible. Si puedes aportar más, hazlo.

- Si no hay una cuenta de retiro en tu lugar de trabajo, verifica si calificas para una IRA, como Roth IRA, IRA tradicional o SEP IRA.

- Una cuenta de corretaje te permite acceder a tu dinero antes de la jubilación, aunque en la mayoría de los casos está sujeta a más impuestos que otras cuentas de inversión.

- No inviertas en criptomonedas a menos que tengas claro el riesgo que implica.

- Las pólizas de seguro de vida entera suelen tener sentido solo para personas de la élite. El seguro de vida a término es una opción más inteligente para la mayoría.

- Podemos ayudar a la próxima generación a alcanzar el éxito financiero invirtiendo en una cuenta 529, una Roth IRA con custodia, una cuenta UTMA/UGMA o una cuenta de corretaje gravable.

- Podemos ayudar a nuestros padres a planear su jubilación, ayudándolos a abrir cuentas de inversión, aprovechar las contribuciones adicionales, reducir sus gastos, pagar su seguro de salud y considerarlos en nuestro presupuesto.

- Si eliges no ser responsable de la jubilación de tus padres, comunícalo con honestidad y busca maneras alternativas de apoyarlos que no sean financieras.

Hemos aprendido mucho, pero esto es solo la punta del iceberg. Me encantaría ponerme en modo nerd y compartir contigo todo lo que sé sobre inversiones, pero eso sería demasiado para un solo capítulo de un libro.

En este capítulo sobre inversión, mi objetivo es ayudarte a superar creencias limitantes, entender los beneficios de invertir y mostrarte cómo empezar. No necesitas esperar a tener más dinero ni a avanzar en tu carrera para comenzar a invertir. Basta con abrir una cuenta. ¡Y ahora estamos empoderadas y con el conocimiento para hacerlo!

Próximos pasos

Una vez que abras tu cuenta, necesitarás agregar dinero con regularidad y seleccionar tus inversiones. También deberás seguir aprendiendo sobre finanzas para ampliar tus conocimientos y sentirte más segura al invertir en la bolsa. Es importante que aprendas cuánto dinero invertir, cómo usar la página web de tu corredor y cómo decidir entre opciones como acciones, bonos, fideicomisos de inversión en bienes raíces (REITs), fondos mutuos, fondos cotizados (ETFs) y otros. Recuerda: abrir una cuenta de inversión es solo el primer paso.

Si te apuntas a seguir aprendiendo conmigo, te invito a checar mi curso de autoaprendizaje en línea: "Investing for First-Gen Wealth Builders". El curso incluye más de veinte videos que explican en detalle todos estos temas, tutoriales paso a paso y cuestionarios cortos para poner a prueba tus conocimientos y darte un empujón en tu camino hacia la riqueza. Puedes acceder a uno de los videos de forma gratuita y descubrir si este curso es adecuado para ti descargando el Paquete de Recursos C&C en culturaandcash.com.

Si quieres aprender sin costo, mis sitios web favoritos de finanzas personales son Investopedia.com, NerdWallet.com y TheBalance.com. También puedes pedir libros en tu biblioteca local. Dos libros que me ayudaron a entender el mercado de valores son La guía Boglehead de inversión y El camino simple a la riqueza. Si prefieres aprender en persona, busca talleres gratuitos sobre inversión ofrecidos por organizaciones sin fines de lucro como la YWCA. Infórmate y mantén tu compromiso de avanzar con paso firme hacia la educación financiera. ¡Confía en ti; estoy contigo!

¡Invertir también es para ti!

A estas alturas, seguro que ya tienes una idea básica de cómo invertir en la bolsa y te sientes preparada para empezar. Recuerda, no necesitas ser una experta para dar ese primer paso. Invertir en la bolsa puede hacer que tu dinero crezca y rinda más, porque la bolsa trabaja para ti. No esperes a tener más conocimientos ni más dinero para comenzar. El factor más importante para que tu dinero crezca es el tiempo y el mejor momento para empezar es ahora, cuando aún eres joven. ¡Estoy aquí para acompañarte en este camino y ayudarte a ser la primera de tu familia en invertir en la bolsa!

LA TRANSFORMACIÓN FINANCIERA ESPERA POR TI

Puedo lograr lo que realmente deseo.

Hace unos años, visité a Rebeca, mi amiguis de la infancia. Estábamos en la casa de su mamá, chismeando y recordando nuestros años en el colegio. Como soy un poco entrometida, me puse a checar una estantería en su cuarto y vi que estaba llena de libros sobre crecimiento personal. Le pregunté si podía prestarme uno y, sin dudarlo, me dijo: "¡Los que quieras!" Uno de los que escogí fue *Smart Women Finish Rich*, de David Bach.

Había leído algunos libros sobre dinero antes, pero ninguno me tocó tanto como este. Apenas terminé de leerlo, supe que algo había cambiado dentro de mí. Fue el primer libro con el que me cayó el veinte y comprendí que ser inteligente con el dinero no consiste en tener una gran cuenta bancaria para presumir, sino en vivir una vida que refleja lo que de verdad valoras. Este libro me motivó a explorar otras obras sobre finanzas de distintos autores para comprender diversas perspectivas. Fue el impulso que necesitaba para comenzar mi camino en el mundo de las finanzas.

Sigue aprendiendo el idioma del dinero

Aprender sobre el dinero puede ser fácil, pero no siempre resulta intuitivo. Es crucial que tengas conciencia y propósito al estudiar finanzas y que busques información que te haga sentir con mayor confianza y fortalezca tus habilidades para administrar el dinero. Mientras avanzas en tu educación financiera, continúa explorando contenido que te motive y te anime a seguir aprendiendo. Recuerda que esto no se limita a leer un libro; busca más publicaciones sobre finanzas personales, de autores con los que puedas identificarte y que comprendan los desafíos específicos de tu camino financiero.

Suscríbete y escucha varios pódcast sobre finanzas. ¿No te laten los pódcast? Sigue a creadores de contenido financiero en redes sociales que compartan tus valores y tu experiencia de vida. Gracias a Internet, ahora es más fácil que nunca acceder a esta información. Suscríbete a boletines financieros gratuitos. Inscríbete en una clase de educación financiera de bajo costo en un colegio comunitario de tu zona. Verifica si tu empleador ofrece seminarios online de finanzas como beneficio laboral. Si no, solicita uno o colabora con Recursos Humanos para implementarlo en tu empresa. Estoy disponible para trabajar, ¡yo nomás digo!

Siéntete orgullosa de todo lo que has aprendido

Solo por haber llegado al final de este libro, ya estás mucho más preparada que cuando comenzaste para tomar las riendas de tus finanzas y adaptarlas a la vida que quieres vivir. ¡Esto es un gran logro y motivo de celebración!

Aprendiste que el punto de partida de las latinas First-Gen es diferente. Nuestra falta de conocimiento y riqueza generacional no debe desanimarnos de buscar una vida de libertad financiera. Reconoce que esa es nuestra realidad. Nuestros padres hicieron lo mejor que pudieron con lo que tenían. Nos trajeron a este país para abrirnos nuevas oportunidades y ahora nos toca a nosotras cambiar la trayectoria financiera de las futuras generaciones, como lo hicieron ellos cuando inmigraron con valentía.

Identificamos algunas de las barreras únicas que enfrenta nuestra comunidad, como la mentalidad de escasez heredada, el conflicto entre los valores colectivos respecto al dinero y los valores individualistas, y el comportamiento que nos mantiene atrapadas en el ciclo de vivir de sueldo en sueldo. También explicamos cómo los fondos para la tranquilidad pueden ayudarte a salir de relaciones y espacios que no son adecuados para ti, y cómo un presupuesto basado en tus valores puede ser tu aliado para alcanzar tus metas financieras sin renunciar a lo que te hace feliz.

Platicamos sobre cómo la deuda es un mal necesario para muchas de nosotras, pero debe tratarse como un grifo que gotea en tus finanzas y requiere reparación inmediata. Ahora entiendes cómo las puntuaciones de crédito pueden jugar a tu favor y cómo una buena puntuación puede conseguirte las mejores ofertas y ahorrarte la mayor cantidad de dinero.

Por último, aprendimos que invertir no es un privilegio solo de los ricos, sino una necesidad para nosotras, las latinas First-Gen. Es una estrategia eficaz para construir patrimonio y asegurar nuestro bienestar financiero y el de nuestra comunidad.

Nuestro camino es diferente, pero no imposible

La experiencia de una latina First-Gen es diferente a la de una familia promedio de clase media. Cuando empecé mi camino financiero a los veintitantos, no imaginaba cuánto influirían mi familia, mi cultura y mi comunidad en mi éxito económico. Mientras otras personas podían concentrarse solo en su bienestar financiero, para mí, el dinero siempre estuvo relacionado con mi familia y nuestras raíces.

Para no perder de vista el lado humano del dinero y destacar algunos desafíos que podrías enfrentar, te compartí algunas historias personales sobre cómo mi identidad bicultural afectó mis finanzas. Espero que esto te ayude a superar algunos obstáculos con más facilidad. Solo tú tienes la capacidad de encontrar el equilibrio perfecto para ti y decidir de qué manera honrar a tu familia, cultura y comunidad, sin olvidar tus propias necesidades. Cada camino es único, ¡pero recuerda que eres fuerte, resiliente y capaz!

Planea tu camino hacia el éxito financiero

Pero todo lo que hayas aprendido no tendrá valor a menos que actúes ahora. Considero que este libro sería un fracaso si lo lees y piensas: "Qué padre, aprendí un chorro, pero lo haré más tarde, después de que . . . —piensa en tu excusa favorita—". No conozco a nadie que hubiera deseado tomarse en serio sus finanzas después. Todos los que conozco lamentan no haber sido más conscientes con su dinero antes. ¡Este es tu momento!

Recuerda que no necesitas saberlo todo para comenzar; solo debes dar el primer paso. Empieza a ahorrar dinero para tu fondo de tranquilidad, no importa si son solo $50 al mes. Usa ingresos adicionales, como bonos o devoluciones de impuestos, para aumentar tus ahorros. Experimenta con diferentes métodos de presupuesto y comienza a monitorear tus gastos para entender mejor a dónde va tu dinero. No necesitas hacerlo para siempre; solo durante el tiempo necesario para entender tus patrones de gasto. Mantén presente tu "por qué", esa razón que te motiva a seguir adelante. Ten clara tu situación de deuda y sé intencional al pagarla. Trabaja en mejorar tu puntuación de crédito para construir un buen historial crediticio de forma automática y contar con él cuando más lo necesites. Además, aporta dinero a tus cuentas de retiro para asegurar una jubilación cómoda y digna.

Seguramente cometerás errores en el camino, ¡pero no pasa nada! Es normal gastar un poco más de lo presupuestado o incluso olvidar pagar una tarjeta de crédito. Lo importante es que aprendas de cada experiencia y te propongas hacerlo mejor la próxima vez. No dejes de avanzar y ¡dale, que tú puedes!

Cómo fortalecer la autonomía financiera en nuestra comunidad

¡Pero lo más importante es pasar la voz! Comparte lo que has aprendido con tu familia, tus amigas y tu comunidad. Queremos que más Latinas First-Gen escuchen este mensaje y se sientan empoderadas. Nuestro dinero y nuestra riqueza son importantes, pero todo empieza con la educación.

Mi camino de aprendizaje no comenzó con un curso costoso ni con un diploma sofisticado. Comenzó cuando una buena amiga me prestó uno de los libros que conservaba desde su infancia. Comparte este nuevo conocimiento como una herramienta para fortalecer a nuestra comunidad y dejar un impacto en las futuras generaciones.

Aquí hay diez cosas que puedes hacer para promover la conciencia financiera en la comunidad de latinas First-Gen:

1. Muéstrale a tu hermana menor, que ya está en edad laboral, cómo funciona la magia del interés compuesto con una calculadora online y ayúdala a abrir una Roth IRA.

2. Enséñale a tu prima cómo solicitar una línea de crédito y muéstrale los truquitos para mejorar su puntuación crediticia.

3. Habla con tus amigas sobre sus metas y sueños económicos mientras disfrutan de un brunch y un buen chisme juntas.

4. Explícale a tu compañera más joven en el trabajo cómo funciona la contribución del empleador en el plan 401(k) de la empresa y anímala a inscribirse para aprovechar ese beneficio.

5. Visita SSA.gov con tus padres para averiguar cuánto recibirán de la Seguridad Social y platica con ellos sobre sus planes de jubilación.

6. Trabaja con los líderes del equipo de recursos humanos de tu empresa para establecer programas de bienestar financiero en tu organización.

7. Escribe una reseña sobre este libro en Amazon. Tu opinión puede inspirar a más mujeres como tú que necesitan escuchar este mensaje.

8. Forma un club de lectura virtual con tus amigas para compartir y debatir juntas temas de este libro y de otros relacionados con finanzas personales.

9. Normaliza las conversaciones con tu familia sobre temas financieros. Inclúyelos en tu planificación de metas para que te hagan porras cuando consigas lo que más te emociona.

10. Comparte en tus redes sociales cada vez que elimines deudas para motivar a otras latinas First-Gen a alcanzar la libertad financiera.

No tienes que ser todo un cerebrito en finanzas para marcar la diferencia. Al compartir tu conocimiento y fomentar las conversaciones sobre el dinero, puedes contribuir a reducir la brecha de conocimiento y mejorar la situación financiera de quienes te rodean. ¡Tú puedes ser el motor que ayude a otras latinas a construir riqueza generacional y a transformar para siempre la trayectoria de sus familias!

Del fracaso a la prosperidad

A través de las páginas de este libro, has llegado a conocer una versión de mí que solo existe en la escritura. Tuve que escarbar en lo profundo para traer de vuelta recuerdos dolorosos de mi época de fracasos y rescatar detalles estresantes que decidí incluir en este libro. Fue incómodo en ocasiones, pero echando a perder se aprende, y me pareció importante transmitirte estas lecciones.

En ese entonces, esperaba con ansias mi quincena, anticipando cómo se esfumaría apenas llegara a mi cuenta bancaria. Estaba sumergida en deudas, sin saber cómo manejarlas ni pagarlas. No me quedaba más que permanecer atrapada en una rueda de hámster, compartiendo departamento con compañeros difíciles y enfrentando ambientes laborales tóxicos que me desgastaban. Todo esto afectó mucho mi salud mental. No tenía una red de apoyo ni seguridad financiera. Gastaba más de lo que debía para impresionar a amigos y familiares con cosas superficiales que, en realidad, no tenían importancia. Vivía en un conflicto constante con mi familia por sus expectativas económicas y me cuestionaba si era una buena hija, nieta y hermana. Incluso llegué a dudar de mi propia latinidad.

Mi ansiedad financiera me desvelaba casi todas las noches y sentía que era imposible disfrutar de la vida cotidiana sin ayuda de medicamentos. No sabía cómo mejorar mi situación económica y me sentía indefensa; apenas sobrevivía con la poca lana que ganaba. En otras palabras, mi vida era más complicada de lo necesario.

Hoy llevo una vida relajada y con pocas complicaciones. Disfruto de una buena salud financiera y utilizo mi dinero como una herramienta para mejorar mi calidad de vida. No permito que el dinero controle mi estado de ánimo. Dispongo de un fondo de emergencia que me cubre durante ocho meses en caso de tener que abandonar lugares donde no me valoren o no me sienta segura.

Tengo mis gastos bajo control y casi no dependo de un presupuesto, ya que tengo claro qué es prioritario para mí y gasto de forma intuitiva siguiendo esos valores. Estoy libre de deudas, lo que me permite destinar más recursos a metas financieras importantes, como ahorrar para ayudar a mi papá con sus gastos médicos e invertir en el futuro de mi sobrina.

Tengo ingresos que puedo gastar en cosas que facilitan mi vida, como pagar un cargo extra para que Instacart me entregue mis compras y así disfrutar más mis domingos en casa. Cuando tuve que tomar ocho semanas de descanso por una cirugía inesperada, me reconfortó saber que tenía ahorros que me apoyaron durante ese período sin chamba.

Viajo gratis a Europa aprovechando las ventajas de las tarjetas de crédito y sin endeudarme, gracias a mi maravilloso fondo de reserva. Invierto de manera agresiva en mi fondo de retiro y no planeo trabajar más allá de los cincuenta, pues prefiero pasar mis días disfrutando de mis hobbies y de mi familia en lugar de luchar por un sueldo. Todo esto lo logré con un salario modesto de $70,000.

En esta etapa de mi vida, vivo en armonía con mi familia. Comunico con claridad mis valores y metas financieras y establezco límites económicos con amor. Ya no relaciono mi autoestima ni mi valor personal con ser obediente y complaciente ante las demandas familiares. Les doy dinero en mis propios términos, no por obligación, sino porque tengo los recursos y me nace. Porque quiero y puedo.

La confianza que obtuve al asegurar mi estabilidad financiera me permitió dejar un trabajo estable en el sector corporativo para seguir mi pasión y educar a jóvenes adultas como yo. Tuve la oportunidad de abandonar lo que mis padres consideraban el escalón más alto del éxito porque aprendí a administrar mi dinero. Vivo muy bien haciendo lo que me gusta y ayudando a otras mujeres a cambiar sus vidas. Pero eso sí, la vida que disfruto ahora no habría sido posible sin la educación financiera.

Ahora te toca a ti

No comparto esto para presumir ni porque me creo muy muy. Mi objetivo es mostrarte que tú también puedes alcanzarlo. Si te comprometes con tu camino financiero, puedes crear la vida que deseas, incluso con un punto de partida diferente y sin riqueza heredada.

Puedes tomar el control de tus finanzas y hacer movimientos más inteligentes con tu dinero para diseñar una vida que realmente te haga feliz. Si sigues las enseñanzas de este libro y de mi programa First-Gen Five, podrás lograr lo que yo he alcanzado y mucho más.

Pon en práctica lo aprendido, repite tus afirmaciones y busca apoyo cuando lo necesites. Quiero que avances con confianza y emoción hacia tu futuro. ¡La vida relajada te espera!

AGRADECIMIENTOS

Escribir un libro no fue como lo había pensado. Me imaginé con mis lentes y mi computadora, disfrutando de mis sesiones de escritura, acompañadas de un cafecito, cada día en una cafetería distinta de Chicago. Pasando horas sumergida en mis pensamientos y capturando cada idea. Tal vez haciendo amistad con los baristas o con otros clientes y platicándoles todo sobre mi libro. Incluso me emocionaba mucho la idea de por fin cumplir mis sueños de viajar al extranjero. Me imaginaba escribiendo durante el día y explorando mi nuevo entorno por las tardes.

Porque un libro se puede escribir desde cualquier lugar, ¿verdad?

El proceso de escritura fue bastante solitario, aburrido y monótono. Como persona ambivertida y Leo, que puede estar frente a una cámara y conectar fácilmente con otras personas, entendí que escribir puede resultar aislante. Estoy muy feliz y orgullosa de mí misma por haber puesto tanto esfuerzo y haber superado obstáculos y dudas para lograr uno de mis mayores sueños en la vida. Sé que este libro puede tener un impacto muy positivo, y eso me llena de esperanza. Estoy muy agradecida con todas las personas que me apoyaron en este camino.

Primero, quiero agradecer a mi esposo David, quien ha sido mi guía y apoyo en la redacción, publicación y marketing de este libro, sin recibir remuneración alguna. Cariño, sé lo feliz que estás, igual que yo, por haber culminado esta aventura literaria. Gracias de corazón por encargarte de las tareas del hogar y por permitirme dedicarme a escribir con toda mi pasión. Gracias por ser mi apoyo constante y por ser la persona a la que siempre puedo acudir, sin importar la situación. Te amo.

Mi más sincero agradecimiento a mi equipo de traducción al español, Susana Illera Martínez y Pilar Vélez. En el contexto actual, en la que muchas personas creen que la inteligencia artificial puede traducir con facilidad un libro a otro idioma, su trabajo es de suma importancia. Juntas logramos una adaptación hermosa, de relevancia cultural, que refleja mi voz y captura en detalle las enseñanzas de la obra en inglés. ¡Gracias por su arduo trabajo y dedicación!

Gracias a mi increíble coach de libros, Stacy Ennis. Stacy, tengo la certeza de que no habría terminado este libro sin ti. Gracias por preocuparte por mí, por mis lectoras y por mi negocio. Gracias por ayudarme a entender el proceso de publicación y por animarme a optar por una publicación híbrida. Gracias por ser una amiga y por brindarme apoyo mucho más allá de nuestro tiempo de coaching.

Quiero agradecer a Rachel y Lissette, de Influence with Impact, por encargarse de toda mi labor de marca mientras yo me dedicaba a escribir. Chicas, ya sé que coordinar mi calendario de escritura y los plazos de las campañas fue como jugar al Tetris, pero ustedes lo hicieron a toda madre y se aseguraron de que mi trabajo fuera remunerado. Una mención especial a mis patrocinadores: ustedes son mis ángeles inversionistas e hicieron posible que pudiera subsistir mientras trabajaba en este libro. (¡Para esta chamba no dan adelantos!)

Gracias a TikTok, Macro y UnbeliEVAble por otorgarme la beca TikTok Latinx Creatives. Gracias a su apoyo financiero, pude saltarme los dos o tres años que habría tardado en lanzar este libro con una editorial tradicional. Su financiamiento hizo posible que escribiera el libro que quería y que mis lectoras necesitan, no una versión suavizada y aceptable para una industria editorial en su mayoría blanca (¡el 79% si tienes curiosidad!). Con su ayuda, contraté a mi coach de escritura y asigné el proceso de publicación a una editorial híbrida, lo que me permitió centrarme por completo en mi labor de escritura. No los voy a defraudar y pienso retribuirlos con mi compromiso de apoyar a quienes vengan después.

Gracias a mis lectoras beta: Noemí, Violeta, Vicky, Ale y Alexia. Sus reflexiones y comentarios me ayudaron a eliminar las partes más cringe del manuscrito. Gracias por ser sinceras y por decirme lo que necesitaba escuchar. Ver lo emocionadas que estaban con este libro me motivó a continuar.

Gracias a las Pattys Privilegio, Danis Del Medio y Ginas First-Gen de carne y hueso por ayudarme a dar forma a mi libro cuando solo era un concepto. Mucho antes de TikTok, mucho antes de The First Gen Mentor, mucho antes de la beca. Ustedes me apoyaron con su tiempo, su transparencia y sus historias personales. Saben quiénes son. ¡Las quiero a todas!

Gracias a todo el equipo de Greenleaf Book Group por ayudarme a hacer realidad mi visión. Fue muy reconfortante saber que podía enfocarme en otros proyectos mientras un talentoso equipo de profesionales se encargaba de la producción tras bambalinas. Una mención especial a Danny por creer en mi concepto desde el principio y a Jen y Lindsey por mantener el proyecto en marcha. Jared: ¡me encanta la portada del libro! Gracias por captar mi visión.

Gracias a mis editores, Johanie y Jon, por acompañarme en la trinchera y por corregirme cuando fue necesario. Gracias por preocuparse por mis lectoras y por fortalecer el mensaje de mi manuscrito. Ustedes hicieron que no me sintiera tan sola.

Gracias a Alyssa González por las hermosas ilustraciones del libro. Alyssa: ¡Creaste las imágenes perfectas para que mis lectoras conecten con el mensaje y se sientan seguras al leerlo! Gracias por tu dedicación, esfuerzo y por ajustarte a un plazo de entrega tan corto.

Gracias a todas las mujeres poderosas e inspiradoras que me permitieron usar su nombre y respaldaron mi libro con un elogio anticipado. ¡Son la encarnación de las mujeres que apoyan a otras mujeres! Mil gracias. Un agradecimiento especial a Macro y UnbeliEVAble por ayudarme a obtener el respaldo de mi ídola de toda la vida. Mis amigas más cercanas saben cuánto esto significa para mí. ¿Un elogio de Eva en la portada de mi libro? ¡Ni de loca me lo hubiera imaginado! Eva: siempre estaré agradecida por tu amabilidad.

Gracias a mi comunidad en las redes sociales por apoyarme y mantenerme motivada. Cada vez que compartía avances de mis libros en las redes o en los boletines de correo, podía sentir su energía y entusiasmo.

Escribir un libro es un arte que ofrece satisfacción retrasada. Lo estuve redactando durante casi un año, recibiendo opiniones de muy pocas personas y sin saber si tendría aceptación. Sin embargo, sus mensajitos de ánimo me motivaron a seguir adelante. Gracias.

Y por último, pero no menos importante, quiero agradecerme a mí misma. Al estilo de Snoop Dogg, me doy las gracias por creer en mí misma. Por hacer el trabajo. Por no tomar días libres. (Es broma, sí tomé días libres, pero sacrifiqué muchos fines de semana, días festivos y muchos de los mejores días de verano en Chicago para cumplir con los plazos de entrega).

Estoy orgullosa de mí misma por haber trabajado duro en mi propuesta para la beca y por haber obtenido un grant de 50 mil dólares para este proyecto. Estoy muy orgullosa de haberme levantado de nuevo después de mi histerectomía. Me siento orgullosa de haber superado el FOMO (fear of missing out) y de haber establecido los límites de tiempo necesarios para finalizar este libro.

Me alegra haber rechazado esa oferta editorial predatoria e insultante, así como a un editor culturalmente insensible que intentó suavizar mi escritura y adaptarla a su modo gringo, que nada que ver. Estoy orgullosa de haber logrado equilibrar con éxito mis patrocinios con los plazos de escritura. Estoy orgullosa de defender con firmeza mi visión, a mis lectoras, a mi comunidad y a mí misma. Nuestras historias necesitan ser contadas a nuestra manera.

Espero que esa Giovanna de veinticinco años, que tanto necesitaba este libro, se sienta muy orgullosa.

CONOCE A LA AUTORA

GIOVANNA "GIGI" GONZÁLEZ es una experta en educación financiera, influencer en redes sociales, conferencista y fundadora de The First-Gen Mentor® y orgullosa hija de inmigrantes mexicanos. Tras la ola de renuncias masivas provocada por la pandemia, Gigi dejó su carrera de diez años en servicios financieros para dedicarse a su verdadera pasión: enseñar educación financiera a jóvenes adultas.

Giovanna comparte conocimientos sobre finanzas personales y orientación profesional para latinas First-Gen en universidades, grupos de networking (ERGs, Employee Resource Groups) y otras organizaciones, así como en su cuenta de TikTok: @ thefirstgenmentor.

Obtuvo una licenciatura en Economía Empresarial en la Universidad de California, Santa Bárbara. Ha sido destacada en varias publicaciones, entre ellas Nasdaq, Business Insider y The Wall Street Journal.

En 2025, fue reconocida por Bankrate como la Mejor Influencer en Finanzas Personales en pro de la Equidad Racial y por Telemundo como Mujer Imparable. Además, su libro, *Cultura y Cash*, ha recibido tres premios literarios y Forbes lo ha destacado como una lectura esencial para el desarrollo financiero de las mujeres en 2026.

Gigi es originaria de California y en la actualidad disfruta de su vida en España junto a su pareja y su adorable perrihija Mia.

Conecta con la autora en su sitio web **www.thefirstgenmentor.com**

Y en las redes sociales:

TikTok @thefirstgenmentor

LinkedIn /giovannagonzalez

Instagram @gigithefirstgenmentor

www.ingramcontent.com/pod-product-compliance
Lightning Source LLC
Chambersburg PA
CBHW051217130726
47988CB00001B/118